会计训练营
新手学查账

许建德 ◎ 编著

中国纺织出版社有限公司

内 容 提 要

本书依据最新《中华人民共和国会计法》《企业会计准则》和有关税收法规进行编写，全书脉络清晰，由简入深，层层推进。首先，以查账的基础知识让读者认识企业经营管理中的"治安警察"；其次，讲述常见会计错弊、舞弊及查账的基本策略、方法与技巧；再次，对会计凭证与账簿、货币资金、应收账款、存货业务、对外投资、固定资产、无形资产、递延资产、负债、所有者权益、收入、成本费用及利润十余项会计事项的常见错弊及查证进行详细讲解；最后，引出防止会计错弊及舞弊弊端的企业经营管理免疫系统——企业内部控制系统。

本书内容设置与《会计训练营．新手学做账》相互对应，更便于读者对会计做账与查账知识的学习与融会贯通。本书全面剖析会计查账的理论体系，深度梳理会计查账的专业知识，抽丝剥茧般详细介绍会计查账的策略、方法与技巧，以生动简洁的语言为读者全面开启会计查账的学习之旅。

图书在版编目（CIP）数据

会计训练营．新手学查账 / 许建德编著．-- 北京：中国纺织出版社有限公司，2020. 6（2021.3重印）

ISBN 978-7-5180-7480-8

Ⅰ．①会… Ⅱ．①许… Ⅲ．①会计学②会计检查 Ⅳ．① F230

中国版本图书馆 CIP 数据核字（2020）第 092716 号

策划编辑：史　岩　　责任编辑：曹炳镝
责任校对：韩雪丽　　责任印制：储志伟

中国纺织出版社有限公司出版发行
地址：北京市朝阳区百子湾东里A407号楼　邮政编码：100124
销售电话：010—67004422　传真：010—87155801
http://www.c-textilep.com
中国纺织出版社天猫旗舰店
官方微博 http://weibo.com/2119887771
三河市宏盛印务有限公司印刷　各地新华书店经销
2020年6月第1版　2021年3月第2次印刷
开本：710×1000　1/16　印张：19
字数：266千字　定价：58.00元

凡购本书，如有缺页、倒页、脱页，由本社图书营销中心调换

前言 PREFACE

关注股票的你,对于电视上爆出的上市公司"重大经济问题",是否知其然不知其所以然?

你知道会计人员可能会"挪用公款""贪污",但你知道他们是如何挪用,又是如何被查出来的吗?

"小金库"行为屡禁不止,其深层次原因是什么?

同事的女儿在做会计,你一头雾水地问,"做会计就是给人做假账的吧?"

你可能学过一点儿会计知识,但你能看出账目中存在的问题吗?

你听说的"查账"故事大略是:某有几十年工作经验的老会计,一把年纪,退休返聘回来的,带着老花镜翻着账本,从中找出问题,为公司节省了几十万元云云。

诚然,懂得查账无论对于会计人员而言,还是对公司管理层而言,都很重要。查账需要的是经验不假,但并没有那么神秘而高深,通过学习一些案例和经验,我们也可以看出账目中的问题。

本书正是一本自学的查账书,面向广泛!

如果你是企业管理人员,如果你想谋求升职的突破口,或者你是初入职场的审计人员;当然你也可能仅仅是因为购买了股票,甚至你是博览群书的爱好者。

购买本书你就选对了!因为本书绝对是你提升职业技能、查账打假必备。

本书拥有两大优点：

第一，有了本书，你可以尽情地拽了。

本书的体系是由简入深，层层推进的，从查账的基础知识入门，着重曝光了各种舞弊行为，分门别类按照科目进行分析，其中更是引入了案例，使描述更为清晰。

本书知识体系十分全面，知识量也是足够的，可以说，系统性、全面性、权威性也是本书的一大特点。

我们聘请了知名大学会计系教授研读了本书，并且在大学生中做了调查，发现本书的知识含量相当于大学会计系课程整整一个学年的内容。

也就是说，阅读完本书以后，你的会计知识可以和科班出身的大学生相媲美，这种感觉实在是太美妙了。

试想，当你拥有如此全面而又系统的会计知识，在人前侃侃而谈，或者在生活中表露出你的会计学素质时，接受到别人羡慕的目光时，你完全走在了大队伍的前方。

第二，我们对你零要求。

阅读本书需要基础吗？不需要吗？不需要吗？

真的，不需要基础！

我们将从"查账是什么"入手，即使你从来没听说过"查账"这个词儿，只要你识字，并想提高自己，就能学查账。

购买本书之前，你可以问自己一个问题"你想变得更拽吗？"如果答案是肯定的，那就赶紧下手吧。

许建德

2020 年 4 月

第1章 你认识企业经营中的"治安警察"吗——查账基础知识

1.1 什么是查账 / 002

    1.1.1 查账的概念 / 002

    1.1.2 查账应遵循什么原则 / 002

1.2 查账的对象、目的及作用 / 003

    1.2.1 查账的对象 / 003

    1.2.2 查账的目的 / 005

    1.2.3 查账的作用 / 005

    1.2.4 查账与审计、稽核的关系 / 005

1.3 查账的程序 / 006

    1.3.1 查账准备阶段 / 007

    1.3.2 查账实施阶段 / 007

    1.3.3 查账终结报告阶段 / 008

第2章 知己知彼，百战不殆——会计错弊概念、特征及成因

2.1 会计错弊概述 / 010
    2.1.1 什么行为属于会计错弊行为 / 010
    2.1.2 会计错弊的特征 / 011
    2.1.3 会计错弊的危害 / 012

2.2 会计错弊行为的产生原因及常见手段 / 013
    2.2.1 哪些人可能产生会计错弊行为 / 013
    2.2.2 导致会计错弊的主客观因素 / 014
    2.2.3 常见会计错误 / 016

第3章 磨刀不误砍柴工——查账的策略、方法与技巧

3.1 查证会计错弊的基本策略 / 024
    3.1.1 确立科学的查证思路 / 024
    3.1.2 发现疑点，顺藤摸瓜 / 026
    3.1.3 科学推理，查清问题 / 027
    3.1.4 调查询问，取证落实 / 027
    3.1.5 盘点实物，核对账实 / 028
    3.1.6 鉴别测定，去伪求真 / 030

3.2 查账的基本方法 / 030
    3.2.1 顺查法与逆查法 / 031
    3.2.2 详查法和抽查法 / 031
    3.2.3 逻辑推理分析法 / 032

3.2.4 核对法 / 034

3.2.5 查询法 / 036

3.2.6 比较法 / 037

3.2.7 实地盘点法 / 037

3.2.8 调节法 / 039

3.2.9 观察法 / 039

3.2.10 鉴定法 / 040

3.3 查账常用技巧 / 040

3.3.1 高度重视不合常规的地方 / 042

3.3.2 运用核对法，检查有关内容是否相符 / 046

3.3.3 三查三找法 / 048

3.3.4 账外账检查法 / 049

第4章 了解会计错弊症状，对症下药——常见会计舞弊大曝光

4.1 通过会计票证进行的舞弊行为 / 052

4.1.1 通过发票、收据等进行的舞弊行为 / 052

4.1.2 费用报销中的舞弊行为 / 054

4.2 资产业务中常见的舞弊行为 / 057

4.2.1 现金管理中的错弊行为 / 057

4.2.2 银行存款管理中的错弊行为 / 058

4.2.3 其他货币资金的作弊手法 / 059

4.2.4 应收款方面的作弊手法 / 060

4.2.5 预付账款业务往来作弊手法 / 064

4.2.6 存货方面的作弊手法 / 065

4.2.7　固定资产业务中的作弊手法　/ 067

4.2.8　无形资产作假的常见手法　/ 072

4.2.9　递延资产业务中的常见作弊手法　/ 074

4.3　流动负债中常见的舞弊方法　/ 076

4.3.1　短期借款中常见的舞弊方法　/ 076

4.3.2　应付账款中常见的舞弊方法　/ 077

4.3.3　预收账款中常见的舞弊方法　/ 079

4.3.4　预提费用中常见的舞弊方法　/ 080

4.3.5　应付职工薪酬中常见的舞弊方法　/ 080

4.3.6　其他应付款中常见的舞弊方法　/ 081

4.3.7　应交利润中常见的舞弊方法　/ 082

4.3.8　长期借款中常见的舞弊方法　/ 082

4.3.9　应付债券中常见的舞弊方法　/ 083

4.3.10　长期应付款中常见的舞弊方法　/ 084

4.4　所有者权益业务处理方面的作弊手法　/ 086

4.5　收入、成本和利润业务中常见作弊手法　/ 088

4.5.1　成本费用中常见的舞弊方法　/ 088

4.5.2　利润方面的作弊手法　/ 094

第5章　站好边防哨——会计凭证和账簿中的常见错弊及查证

5.1　会计凭证的常见错弊及查证　/ 098

5.1.1　会计凭证的意义和种类　/ 098

5.1.2　会计凭证名称错弊与查证　/ 099

5.1.3　会计凭证数字书写错弊与查证　/ 100

5.1.4 会计凭证编号错弊与查证 / 101

5.1.5 会计凭证摘要错弊与查证 / 101

5.1.6 会计凭证日期错弊与查证 / 102

5.1.7 会计凭证汇总错弊与查证 / 102

5.1.8 会计凭证格式错弊与查证 / 103

5.2 会计账簿的常见错弊及查证 / 103

5.2.1 会计账簿的意义和种类 / 103

5.2.2 会计账簿启用中的常见错弊及查证 / 106

5.2.3 会计账簿登记错弊与查证 / 107

5.2.4 会计账簿更正错弊与查证 / 108

5.2.5 会计结账错弊与查证 / 108

5.2.6 会计账簿设计与设置错弊与查证 / 110

5.3 会计报表的常见错弊与查证 / 110

5.3.1 会计报表概述 / 110

5.3.2 会计报表编制中的错弊与查证 / 112

5.3.3 会计报表勾稽错弊与查证 / 113

5.3.4 会计报表分析中的错弊与查证 / 113

5.4 会计档案保管中常见错弊及查证 / 114

5.4.1 会计档案的保管 / 114

5.4.2 会计档案建档时的常见错弊及查证 / 116

5.4.3 会计档案保管的错弊与查证 / 117

5.4.4 会计档案处理中的常见错弊及查证 / 118

第6章 看好企业的钱袋子——货币资金的常见错弊及查证

6.1 现金收支业务中的常见错弊及查证 / 120

　　6.1.1 现金收支业务概述 / 120

　　6.1.2 现金的管理 / 120

　　6.1.3 现金收支业务中的常见错弊行为 / 122

　　6.1.4 现金业务中错弊的查证 / 124

　　6.1.5 备用金的错弊与查证 / 128

6.2 外币业务中的常见错弊及查证 / 129

　　6.2.1 外币业务中的常见错弊 / 129

　　6.2.2 外币业务中常见错弊的查证 / 131

6.3 银行存款业务中的常见错弊及查证 / 132

　　6.3.1 银行存款的会计核算概述 / 132

　　6.3.2 银行存款的管理 / 133

　　6.3.3 银行存款的内部控制制度 / 133

　　6.3.4 如何编制银行存款余额调节表 / 137

　　6.3.5 银行存款业务中的常见错弊 / 139

　　6.3.6 查证银行存款业务中错弊的方法 / 143

　　6.3.7 外埠存款中的常见错弊及其查证方法 / 145

　　6.3.8 银行汇票存款中的常见错弊及其查证方法 / 146

6.4 其他货币资金业务中的常见错弊及查证 / 147

　　6.4.1 其他货币资金业务中一般性的错弊 / 147

　　6.4.2 其他货币资金业务中错弊的查证方法 / 148

　　6.4.3 在途货币资金业务的查证技巧 / 148

第 7 章 会计错弊的"顽症"——应收款项的常见错弊及查证

7.1 应收账款业务中的常见错弊及查证 / 154

    7.1.1 应收账款的核算概述 / 154

    7.1.2 应收账款的常见错弊及其查证 / 154

7.2 预付账款的常见错弊及查证 / 157

    7.2.1 预付账款的核算概述 / 157

    7.2.2 预付账款的常见错弊及其查证 / 158

7.3 应收票据中的常见错弊及其查证 / 160

    7.3.1 应收票据的核算概述 / 160

    7.3.2 应收票据的常见错弊及其查证 / 162

7.4 其他应收款的错弊及其查证 / 165

    7.4.1 其他应收款业务错弊 / 165

    7.4.2 其他应收款业务中错弊的查证 / 165

第 8 章 盈利源头需重视——存货业务的常见错弊及查证

8.1 存货的核算概述 / 168

    8.1.1 存货的概念与类别 / 168

    8.1.2 存货的核算原则 / 168

    8.1.3 存货的盘点制度 / 171

8.2 存货业务中的错弊及其查证 / 175

    8.2.1 存货取得环节的错弊与查证 / 175

8.2.2 存货发出环节的常见错弊及查证 / 177

8.2.3 存货结转环节常见的错弊与查证 / 178

8.2.4 存货储存环节常见的错弊与查证 / 180

第9章 投资有风险，企业须谨慎——对外投资的常见错弊及查证

9.1 短期投资的常见错弊及其查证 / 184

    9.1.1 短期投资的会计核算概述 / 184

9.2 长期投资业务中常见的错弊及其查证 / 187

    9.2.1 长期投资的会计核算 / 187

    9.2.2 投资范围中的常见错弊及其查证 / 191

    9.2.3 投资计价中的常见错弊及其查证 / 192

    9.2.4 会计期间选择中的常见错弊及其查证 / 192

    9.2.5 对外投资手续、文件与合同方面的常见错弊及其查证 / 193

    9.2.6 对外投资收入与损失会计处理中的常见错弊及其查证 / 194

第10章 企业根基要看牢——固定资产业务中的常见错弊及查证

10.1 固定资产的会计核算 / 196

    10.1.1 固定资产的概念与分类 / 196

    10.1.2 固定资产的会计核算概述 / 196

10.2 固定资产的常见错弊及查证 / 199

    10.2.1 取得固定资产环节的常见错弊及查证 / 199

    10.2.2 固定资产增减业务的常见错弊及查证 / 201

10.2.3　固定资产折旧中的常见错弊及查证　/ 205

10.2.4　固定资产修理中的常见错弊及查证　/ 208

第11章　智力成果须保护——无形资产、递延资产的常见错弊及查证

11.1　无形资产的会计核算　/ 213

11.1.1　无形资产的概念与特点　/ 213

11.1.2　无形资产的分类　/ 213

11.1.3　无形资产的核算概述　/ 214

11.2　无形资产的常见错弊及查证　/ 216

11.2.1　无形资产计价的常见错弊及查证　/ 216

11.2.2　无形资产摊销的常见错弊及查证　/ 217

11.2.3　无形资产转让中的常见错弊及查证　/ 218

11.3　递延资产的常见错弊及查证　/ 219

11.3.1　递延资产的会计核算概述　/ 219

11.3.2　待摊费用的常见错弊及其查证　/ 220

11.3.3　开办费的常见错弊及其查证　/ 222

11.3.4　大修理费用的常见错弊及查证　/ 223

第12章　欠人财物要厘清——负债项目的常见错弊及查证

12.1　长期借款业务的常见错弊及其查证　/ 226

12.1.1　长期借款的会计核算概述　/ 226

12.1.2　编制长期借款计划时的会计错弊与查证　/ 227

12.1.3　使用长期借款时的会计错弊与查证　/ 227

12.1.4　计提长期借款利息时的常见错弊及查证　/ 227

12.1.5　归还长期借款中的错弊与查证　/ 228

12.2　应付职工薪酬的常见错弊及查证　/ 228

12.2.1　应付职工薪酬的会计核算　/ 228

12.2.2　应付职工薪酬计算中的常见错弊及查证　/ 230

12.2.3　应付职工薪酬发放中的常见错弊及查证　/ 230

12.3　应付福利费业务的常见错弊及查证　/ 231

12.3.1　应付福利费的会计核算概述　/ 231

12.3.2　计提应付福利费中的错弊与查证　/ 232

12.3.3　使用应付福利费中的错弊与查证　/ 232

12.4　预提费用的常见错弊及查证　/ 233

12.4.1　预提费用的会计核算概述　/ 233

12.4.2　计算预提费用中的常见错弊及查证　/ 233

12.4.3　使用预提费用中的常见错弊及查证　/ 233

第13章　保卫股东权益——所有者权益的常见错弊及查证

13.1　实收资本业务中的常见错弊及查证　/ 236

13.1.1　实收资本的会计核算概述　/ 236

13.1.2　缴纳投资款时的常见错弊及查证　/ 237

13.1.3　投资款的入账依据和价值的错弊与查证　/ 237

13.1.4　增减资本金的常见错弊及查证　/ 237

13.2　留存收益业务的常见错弊及查证　/ 238

13.2.1　留存收益的会计核算概述　/ 238

13.2.2　留存收益核算内容的常见错弊及查证　/ 239

13.2.3　留存收益计提基数和比例的常见错弊及查证　/ 239

13.2.4　使用留存收益时的常见错弊及查证　/ 239

第14章　循环系统的畅通——收入、成本费用、利润的常见错弊及查证

14.1　主营业务收入业务中的会计错弊与查证　/ 242

　　14.1.1　主营业务收入的会计核算概述　/ 242

　　14.1.2　主营业务收入中的常见错弊　/ 243

　　14.1.3　主营业务收入的查证　/ 246

14.2　成本核算中的常见错弊及查证　/ 249

　　14.2.1　成本的会计核算概述　/ 249

　　14.2.2　直接生产费用的常见错弊及查证　/ 250

　　14.2.3　制造费用的常见错弊及查证　/ 251

　　14.2.4　在产品成本的常见错弊及查证　/ 252

　　14.2.5　产成品成本核算的常见错弊及查证　/ 253

　　14.2.6　期间费用的常见错弊及查证　/ 254

14.3　利润形成与分配环节的常见错弊及查证　/ 257

　　14.3.1　利润计算与分配的会计核算概述　/ 257

　　14.3.2　利润分配的核算　/ 259

　　14.3.3　利润核算环节的常见错弊及查证　/ 261

　　14.3.4　利润分配环节的会计错弊与查证　/ 262

第15章 免疫系统有效吗——评价企业的内部控制系统

15.1 内部控制与查账 / 266

    15.1.1 内部控制系统的概念 / 266

    15.1.2 企业内部控制的内容 / 266

    15.1.3 查账与内部控制系统的联系 / 267

15.2 企业内部控制系统 / 268

    15.2.1 企业内部控制系统概述 / 268

    15.2.2 对企业内部控制系统进行调查记录的方法 / 269

15.3 如何评价企业内部控制系统的有效性 / 270

    15.3.1 测试企业内部控制系统常用的方法 / 270

    15.3.2 如何对企业内部控制系统进行测试 / 271

    15.3.3 企业内部控制系统中常见的错误 / 272

    15.3.4 鉴别企业内部控制系统错误的技巧 / 273

    15.3.5 评价企业内部控制系统有效性时应注意的问题 / 274

附录1 / 276

附录2 / 282

参考文献 / 287

第 1 章 你认识企业经营中的"治安警察"吗
——查账基础知识

本章导读

查账，可以形象地理解为企业经营过程中的"治安警察"，它涉及了企业经营的方方面面：销售人员，根据销售的产品清单来盘查销售数量，这是查账；采购人员，根据采购清单来盘查货物，这是查账；会计人员，根据提供的报表和分类汇总来盘查记账的正确性，这是查账；税务机关，根据企业提供的会计科目和汇总表，实地盘查，这也是查账……"查账不是万能的，但没有查账是万万不能的"，查账工作对于确保企业的财务工作顺畅、有序进行，保证财务部门会计核算和会计监督的职能得以有效的行使，起着至关重要的作用。因此我们可以称查账为经营活动中的"治安警察"。

查账是一门学问，是财务人员以及企业其他管理者必备的一种技能，也是日常财务工作的重要内容。同时，审计部门、税务部门、银行等也需要掌握查账技能来保证整个经济活动的顺利进行。因此，掌握查账技能对于财务人员乃至所有经济管理者来说至关重要。

在本章中，我们将学习以下内容：

（1）什么是查账？

（2）查账的对象、目的及作用分别是什么？

（3）查账工作按照怎样的程序进行？

1.1 什么是查账

1.1.1 查账的概念

查账是指依据国家的政策、法律、法规、制度规定等，采用专门的方法对企业、其他经济组织的会计档案进行审查，以确定其经济业务是否真实、合法、有效的一种经济监督活动。

查账是一个企业内部控制制度的重要组成部分，是保证企业健康、稳定、协调发展的重要手段。通过查账可以促使企业正确地组织财务收支，严格遵守财务会计制度，完善内部控制机制，使企业遵纪守法。同时通过查账还可以揭露那些贪污舞弊、以权谋私、偷漏税款、行贿受贿等违反国家法律法规的行为，并对违法、违纪者予以查处。随着企业规模的扩大，经济业务的复杂性日益增加，查账在企业中发挥着越来越重要的作用。

1.1.2 查账应遵循什么原则

进行查账工作，必须严格遵循查账的原则，它是查账工作的行动准则和行为规范。如图 1-1 所示，查账应该遵循以下原则，具体内容如下：

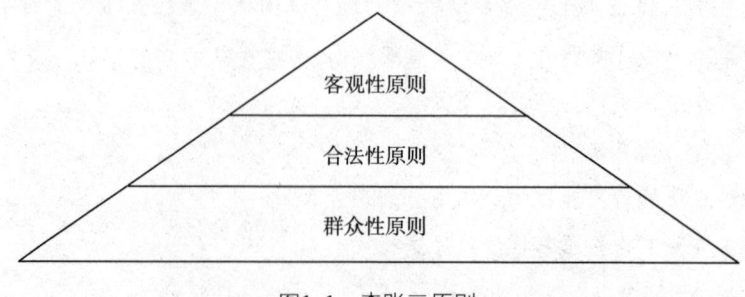

图1-1 查账三原则

（1）客观性原则。查账必须根据真实正确的客观事实下结论，不得违背事物发展的客观规律。特别是审计人员，不得参与企业的任何经济活动，不得独立地对被审单位作出结论和处理决定。查账人员取得证据，必须深入实际，以事实为依据，不能旁听偏信。

（2）合法性原则。查账人员必须遵循国家制定的方针、政策、法律、法令，这是做好查账的前提。查账人员在工作过程中始终要贯彻以事实为依据、以法律为准绳的思想，在没有明确的法律规章制度的情况下，审查组人员要共同研究，根据形势发展和存在的客观事实，作出比较公正合理的判断。查账人员在查账过程中也要受法律的约束，要刚直不阿，为政清廉，认真行使国家赋予的财经监督权。

（3）群众性原则。查账是一个应用比较广泛的经济活动监督方法，有专门的查账机关如审计部门、会计师事务所，还有银行、税务、纪检及内部稽核等部门的一般性的查账。它涉及面广、情况复杂，特别需要群众的关心和支持。

以上这三项原则是相互联系、相辅相成的，客观性是前提，合法性是行动规范，群众性是保证，只有将这三项原则有机地结合起来，会计查账才能真正起到监督的作用。

1.2 查账的对象、目的及作用

1.2.1 查账的对象

查账的对象是指被查单位的全部经济活动或部分经济活动。查账既可以是各级人民政府或者有权部门对各类企事业单位进行查账，也可以是企业内部的审计部门，对本单位内部财务部门及其他部门进行的查账。如图

1-2所示，查账对象的具体内容包括以下几个方面：

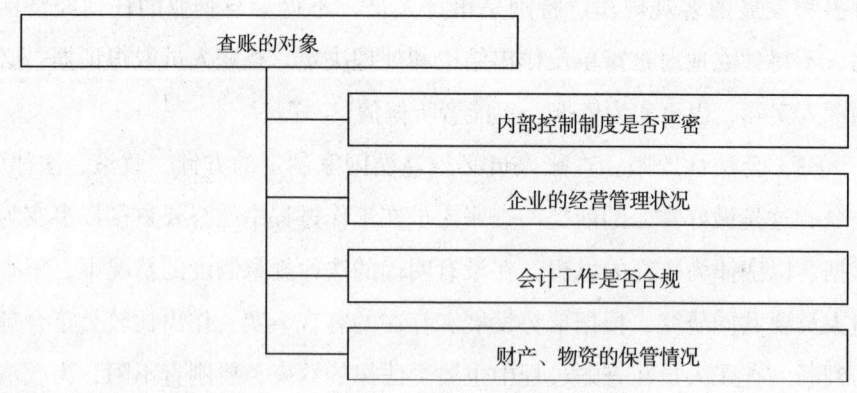

图1-2　查账对象

（1）内部控制制度是否严密，有无有章不循、遮人耳目的问题。内部控制制度是查账首先应注意的问题，它制定得完善与否，直接关系到企业部门人员之间相互制约的关系是否明确，内部管理是否井井有条，通过对内部控制制度的审查可以确定查账的重点。

（2）企业的经营管理状况。企业的经营管理水平直接关系到企业的生命力强弱，企业只有制定完善的经营管理机制，才能保证在激烈的市场竞争中生存发展下去。为此，查账人员应该检查企业管理职能机构和其有关制度是否健全、有效；决策、计划、组织、指挥、协调、控制、考核以及事前预测、事中监督、事后分析等是否科学有效；是否人、财、物各尽其用。

（3）会计工作是否合规。会计工作是查账的重点，因为会计工作忠实地记录了企业整个经营情况和资金运转情况。通过对会计凭证、账簿、报表的审查，确定会计资料的正确性和合法性。对那些通过涂改会计凭证、账簿等弄虚作假、营私舞弊或擅自扩大支出范围，滥发奖金、津贴，请客送礼、挤占挪用公家钱财、为个人谋私利的行为予以查处。

（4）财产、物资的保管情况。通过对会计账簿的审查，掌握了账上的数字后，还有必要检查一下财产、物资的保管情况。这一环节很重要。有的单位由于管理不严，手续不清，长期不进行库存物资的清点，存在许多盘亏盘盈问题，致使账上数字失控，领导作出的决策发生误差，为跑、冒、滴、漏等丑恶现象提供了滋生的温床。

1.2.2 查账的目的

由于查账委托人的要求和查账对象的具体情况不同，查账的目的也不尽相同。有的是经济效果的认定，如厂长离任审查、承包审计、厂长工作期间审查；有的是对经济效益的审查；对专项资金运用情况的审查；对举报违法乱纪行为的审查等。总之，查账是被人们所普遍认同的监督方法。

1.2.3 查账的作用

查账是国家经济监督的组成部分，是保证国民经济健康发展的重要手段。

通过查账，可以检查经济资料及反映的经济活动的真实性和准确性；监督机关、企事业单位严格按照国家有关法规办事；对遵纪守法，为国家经济发展做出贡献的给予公正客观的评价；对以权谋私、贪污受贿的坚决查处，以维护社会财经法纪，促进经济效益的提高。另外，通过查账还可以针对带倾向性的问题提出解决意见，为制定方针、政策，健全法规，完善内部控制制度提供客观依据。

1.2.4 查账与审计、稽核的关系

查账与审计的关系十分密切。查账是审计的重要手段，审计是查账技术得以发挥作用的重要领域。很多审计项目都是通过查账手段，发现线索，使问题得以揭露的。所以，审计离不开查账，但查账与审计又有区别。

如表1-1所示，审计与查账的区别主要体现在以下几个方面：

表1-1 审计与查账的区别

比较项目	审计	查账
范围不同	对被审单位经济活动的全面审查，不仅包括会计的账簿、凭证，还包括企业的内部控制制度的制定、人员分工情况等	仅限于会计的账簿、凭证，范围要比审计窄
主体不同	独立的专业人员，他必须地位超脱，是与委托人和被查对象无任何利害关系的第三者，他具有独立性、客观性、公正性	可以由企业的会计人员、稽核人员，或财政、税务、银行等经济监督机构人员执行，他们受所从事的专业性质限制，不能像审计人员那样超脱，因而独立性、权威性较差
作用不同	不仅仅反映经济活动的真实性、合法性、有效性与可行性，而且还对被审查单位经济活动和经济效益进行鉴证	查账可以查证被审单位会计资料的真实性、合法性，促进被审单位建立完善的内控机制，加强会计基础工作，维护财经纪律

1.3 查账的程序

查账实施程序是指查账人员从开始到结束的全过程。如图1-3所示，查账一般分为三个阶段，即查账准备阶段、查账实施阶段和终结报告阶段。

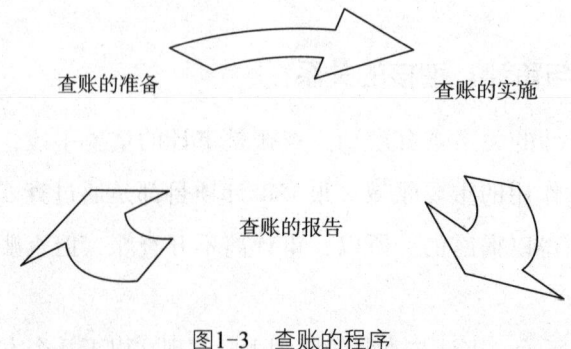

图1-3 查账的程序

1.3.1 查账准备阶段

查账准备包括组织准备工作、资料准备工作和查账方案准备工作。

组织准备工作是指根据不同的委托指令,确定查账方式、查账对象、查账人员、查账任务、查账要求,下达查账通知书(查账通知书要在查账工作开展前三天送达被查账单位)。

资料准备工作是指根据不同查账方式,向被查账单位索取财务等相关资料,了解被查账单位的财务管理制度及对象运作情况,综合分析确定查账范围和查账内容。

查账方案准备工作是根据查账范围和内容,制订查账工作方案,确定查账工作进程,确定查账人员的分工,同时要求被审单位做好接受查账的各项准备工作。

1.3.2 查账实施阶段

查账实施是查账工作的主要阶段,如图1-4所示,查账人员要根据所确定的查账范围和内容及查账工作进程按四个程序进行查账。

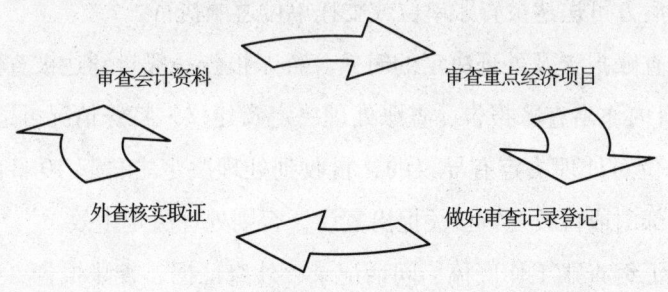

图1-4 查账工作的四个程序

(1)审查会计资料。审查会计资料是为了查证财务收支及其状况的合法性、合理性、正确性、真实性。它包括资金取得、占用、支出和分配,以及收支的预算、收支的凭证、收支账簿记录、收支的会计报表等。从会计资料中发现一般性错误和弊端,查找问题线索。

(2)审查重点经济项目。查账人员要根据群众反映举报,结合审查会计资料所掌握的情况审查资金贪污、私分、占用、挪用、虚报虚列情况，找出问题的突破口，实施追踪审查，为外查获得事实依据。

（3）做好审查记录登记。做好审查记录登记是查账工作的重要环节，是为终结查账拟定报告和指导调整被查账单位账目差错，完善制度及建议提供便利的文字数据。

（4）外查核实取证。外查核实取证是查账工作的重要方法。外查就是要走访调查知情人，证明事实的真假，索取有利证据。核实就是在外查的前提下，对当事人要进一步盘问证实，做出有效的询证笔录，从程序上取得法律效果，为下一步处理落实问题，提供坚实的法律依据。

1.3.3 查账终结报告阶段

查账终结报告阶段是指查账完毕后，查账工作组要依据准备阶段和实施阶段所掌握的情况拟写查账报告、查账处理决定及建议。

（1）分类整理查账工作底稿、问话记录、外查证据等资料。

（2）作出对问题定性、定量处理的初步意见。

（3）拟写查账报告初稿，报告初稿要交查账组负责人或主管领导复核。复核后方可送达被查账单位或委托单位遵照执行。

（4）查账报告及处理决定的时效。查账报告一般自到达被查账单位之日起60日内作出查账报告、查账处理决定及建议，特殊情况可适当延长。被查账单位对处理决定有异议的，自收到处理决定之日起10日内向上级业务主管部门或行政复审机关提出复议，否则处理决定生效。

（5）汇编查账工作底稿、问话记录、外查证据、查账报告、处理决定及意见书，将其按顺序编号装订存档。

（6）续审工作，为了维护查账工作的严肃性和权威性，在查账终结报告结论后，要开展查账结论回访工作，对生效的结论、意见及建议，如果被查账单位故意拒不执行落实，并重复老问题的，必须按法律规定给予经济制裁或法律处分。

第 2 章 知己知彼，百战不殆
——会计错弊概念、特征及成因

本章导读

要做好查账工作，必须要先清楚常见的会计错弊有哪些及各自的形成原因是什么。掌握了常见的会计错弊类型及其成因，才能够有的放矢，做到知己知彼，百战不殆，查账在经济运行中的治安作用才能得到很好的发挥。在企业的查账业务中，最直接的工作对象就是企业财务工作中出现的财务部门的错误或者舞弊，以及企业财务信息中反映出的其他业务部门的错误或者舞弊。

本章中我们将要重点针对查账的对象——会计舞弊行为进行阐述，重点解决以下问题：

（1）如何认定会计错弊行为？
（2）会计错弊行为是如何产生的？
（3）会计错弊行为主要有哪些类型？

2.1 会计错弊概述

2.1.1 什么行为属于会计错弊行为

会计错弊行为是查账活动中寻找的直接目标，它是会计错误和会计舞弊行为的合称。所谓会计错误，是指会计人员或有关当事人在计算、记录、整理、制证及编表等会计工作或与会计有关的工作中，由于客观原因所造成的行为过失；所谓会计舞弊，是指会计人员或有关当事人为了获得不正当的经济利益而采用非法手段进行会计处理的一种不法行为。

会计错误与会计舞弊都是与会计原则、会计目的相悖的，都不利于会计职能的充分发挥。这类问题发生后，都会造成会计资料之间或会计资料与实际经济活动的不符。但会计错误与会计舞弊有着本质的区别。尽管如此，但二者之间并没有不可逾越的鸿沟。错误和舞弊在一定条件下可以相互转化。某些舞弊者也往往借错误之名行舞弊之实，即采取故意制造错误的手法达到不良企图。因此，在实际工作中，必须结合各种因素，正确区分错误和舞弊，恰当处理两种性质不同的错弊行为，以达到保护无辜者，惩治违法者的监督目的。

如表 2-1 所示，会计错误与会计舞弊的主要区别如下：

表 2-1 会计错误与会计舞弊的主要区别

比较项目	会计错误	会计舞弊
原因不同	错误形成的原因是客观的，是行为人不精通业务、技术和政策，不精心操作以及单位管理不善造成的	产生舞弊的原因却是行为人经不住物质利益和管理漏洞的诱惑，侥幸或故意为之所造成的

续表

比较项目	会计错误	会计舞弊
手段不同	错误产生时行为人没有采取故意手段,错误发生后行为人也很少去实施掩盖手法	舞弊行为人在舞弊时就采取篡改凭证、重复报销等故意手段,舞弊后又往往实施销毁证据、转移钱物等掩盖手法,所有手段都是围绕着舞弊这个中心目的而策划和实施的
形式不同	错误一般表现为原理性错误和技术性错误,错误形式比较明显,如借贷不平、书写错误等,可以通过正常业务程序得以自我校验并改正	舞弊在形式上则较为隐蔽,迹象不明,结果难查,一般通过正常业务程序难以发现和纠正,如开具虚假发票、虚列成本费用等,就比较隐蔽和难以查证
目的不同	错误不是行为人故意所为,行为人也不以实现错误的结果为目的,也即不以侵吞钱物、粉饰财务状况为目的	舞弊则恰恰相反,行为人正是为了实现舞弊的结果,如贪污公款、盗窃财物、提供虚假财务报表等,而筹划、制造和掩盖舞弊行为
结果不同	错误是由于无意所为,因此,其结果在数值上可能是正数也可能是负数;在形式上可能是不影响核算内容的形式性错误,也可能是影响核算内容的实质性错误。此外,错误的数额一般较小,且不据为己有	舞弊的结果在数值上,若是侵吞财产一般表现是实物负差(财产短缺),若是粉饰财务状况则是账面正差(利润增加);在形式上,一般是对核算内容有影响的实质性错误;最重要的是,舞弊所形成的结果,总是使国家、集体或他人资财遭受损失,行为人或行为人所在单位获取非法所得或收益
性质不同	属于一种过失行为	属于一种不法行为

2.1.2 会计错弊的特征

如图 2-1 所示,随着社会经济的发展,会计错弊行为呈现出以下特点:

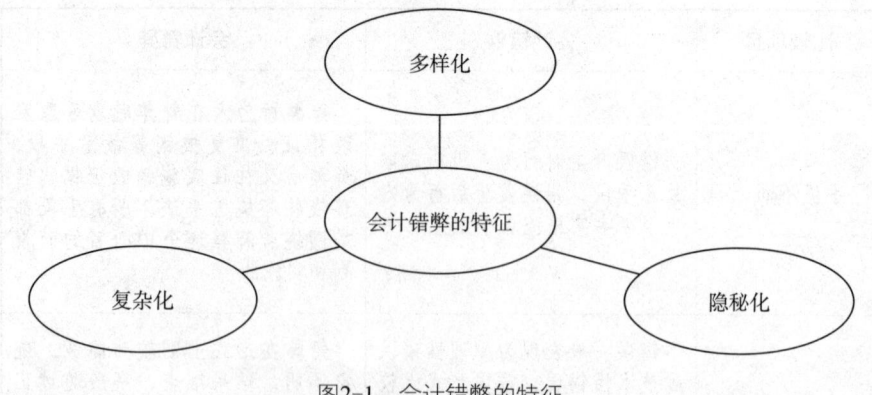

图2-1　会计错弊的特征

（1）多样化。如随意提供坏账准备金，未对资本金予以保全、未按规定进行产品成本与销售成本计算等；再如对于营业外支出，既存在过去虚列多列等问题，也增加了将有关违反税法支付的滞纳金、罚款列入营业外支出后，在计缴所得税时，未将其计入应税所得中的问题，等等。

（2）复杂化。我国实施新的会计与税务制度，在一定程度上有利于与国际惯例接轨，其总体效果是减少了国家以行政手段对会计工作及其所反映的经济活动的管理，增强了企业与会计主体自我会计设计与管理的能力与机会。应该说，这是科学与合理的。但是，也应该看到与预测到，在我国目前各种经济制度新旧交替、会计与税制尚未真正与国际接上轨的背景下，企业与会计主体自我会计设计与管理机会的增加从一定意义上讲也促成了制造会计错弊的动机与机会；这样，在缺乏外部强有力制约的情况下，加之上述会计错弊又呈多样化特征，就使得会计错弊又更趋复杂化了。

（3）隐秘化。隐秘，是会计错弊固有的特征。在会计错弊趋于多样化与复杂化后，这种固有的特征也就更加明显了。

2.1.3　会计错弊的危害

（1）会计错误的危害。会计错误发生后，其危害就是会造成会计核算信息的失真，影响会计职能与作用的充分发挥。

第 2 章 知己知彼，百战不殆——会计错弊概念、特征及成因

（2）会计舞弊的危害。会计舞弊发生后，其危害往往是比较严重的，如图 2-2 所示，主要将造成以下危害：

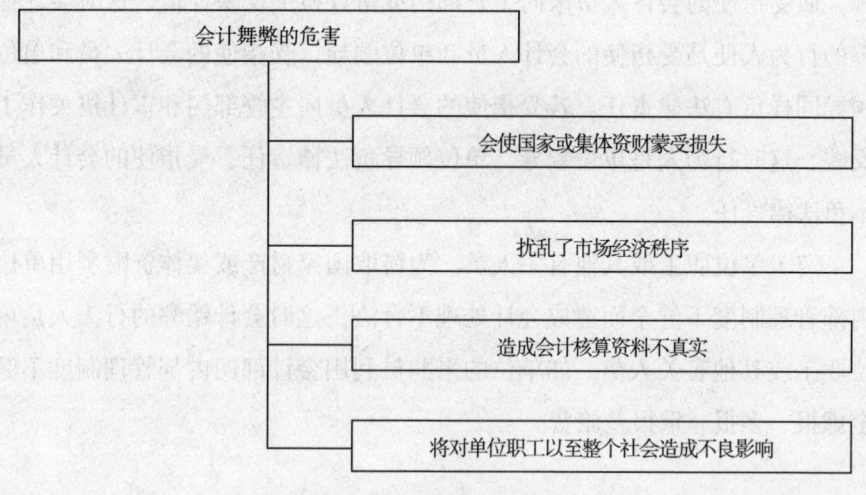

图 2-2 会计舞弊的危害

2.2 会计错弊行为的产生原因及常见手段

2.2.1 哪些人可能产生会计错弊行为

尽管从字面上来看，称为会计错弊，但会计错弊行为也不全是会计人员所为，在企业中，下列人员均有可能实施或者参与会计错弊行为：

（1）会计人员。会计人员是会计核算与管理活动的主体，直接且经常参与会计工作或活动。某个会计人员或几个会计人员合谋、为达到不良目的而进行非法的会计处理，如涂改发票、伪造单据、利用非本单位业务凭证进行欺骗，虚报费用。又如在现金日记账上虚增、虚减合计数，窃取库存现金。

（2）会计人员和单位领导。单位领导人员指使会计主管人员、会计人员或与这些人员共谋，为了偷漏税款、损害国家利益进行非法的会计处理。而受指使的会计人员未向主管部门或审计机关反映详情，这时会计错弊的行为人便是受指使的会计人员和单位领导，受指使的会计人员和单位领导同样负有法律责任。若受指使的会计人员向主管部门和审计机关作了反映，这时行为人是单位领导，单位领导负法律责任，受指使的会计人员不负法律责任。

（3）单位职工或其他有关人员。为窃取国家财产或集体资财利用单位内部管理制度不健全而造成会计处理不合法，这时会计错弊的行为人是单位职工或其他有关人员。如单位的采购员利用会计部门内部管理制度不健全虚报、多报、重报差旅费。

2.2.2 导致会计错弊的主客观因素

1. 导致会计错弊的主观因素

（1）由于会计人员或有关当事人不熟悉会计原理。会计原理是会计人员处理会计业务的基本理论、基本方法和基本原则。会计人员若是生手，工作起初对此不甚熟悉就会造成会计错误。

（2）由于会计人员或有关当事人工作疏忽。会计人员或有关当事人工作粗心、责任心不强也会造成会计错误。如会计凭证上的有关数字计算错误，账户记串、记重等会计错误，其形成原因并不是当事人不懂业务，而是由于其工作粗心和疏忽所致。

（3）由于会计人员或有关当事人不了解有关会计制度及有关财经法规。会计人员必须按照会计制度和财经法规对本单位、本部门的经济活动进行核算与监督。如果会计人员对国家的会计制度和财经法规不熟悉、不了解，就会造成会计错误。如新的会计制度和法规颁布后，会计人员未及时学习和掌握，在工作中就会出现执行已废止了的会计制度和法规的会计错误；对新的会计制度和法规理解不准，在执行中也必然会出现偏差，就会形成会计错误。

（4）具有制造会计错弊的不良动机或企图。有关人员制造会计错弊尽管需要有客观环境和条件，但根本原因还是其内部行为动机或企图。一些单位的领导、会计或其他职工本位主义、小集团思想、私欲观念严重，法制观念淡薄，只想着本单位、本企业及个人的利益和名誉，不惜巧取豪夺国家和人民的利益，弄虚作假，化大公为小公，甚至损公肥私。

2. 导致会计错弊的客观因素

（1）具有制造会计错弊的外部的客观环境和条件。这种客观环境可以从两方面分析：一方面是大环境，这主要是国家缺乏强有力的宏观经济调控机制，经济监督系统不完善，存在执法不严、执法犯法的问题。如目前，审计监督与财政、银行、税务等经济监督形式存在诸多不协调、不一致的问题，对经济活动存在要么重复监督、要么无人监督的现象，没有形成以审计监督为中心的健全有效的经济监督系统；在经济监督过程中，审计或其他专业经济监督形式的监督人员执法不严，甚至执法犯法。这样，就为企业或单位制造会计错弊提供了大气候。又如，社会上的不良风气，也为有关人员贪污、挥霍公款，为会计错弊制造了氛围。另一方面是小环境，这主要是从某一单位或部门的角度讲，在其内部存在着管理混乱、内部控制系统不健全，如企业或单位的会计基础工作薄弱，未按规定建立健全内部审计等经济监督机构，在职工中未经常地、正确地进行经济法制教育，致使单位职工缺乏法制观念等，所有这些都为有关行为人制造会计错弊提供了可乘之机。

（2）由于企业或单位的管理混乱，制度不健全。单位或企业财会部门、物资保管部门与使用部门之间若在工作程序与管理制度上不配套、不协调，就会造成有关账证、证证、账账、账实等不符。如有的单位在材料领用手续上，不是根据生产任务制订用料计划，然后根据用料计划和生产进度制领料凭证，经生产班组、车间签证后到仓库领料；而是随意领发材料，缺乏部门、人员之间的控制手续。这样就会造成材料及成本账证、账账、账实不符的问题。可见，造成会计错误的主要原因是客观环境。

但值得说明的是，有些会计错弊有时是以上述客观环境或原因为遁词或挡箭牌而出现的。如利用单位管理混乱、制度不健全而故意多报销费用，或以自己不了解新颁布的会计制度为借口，故意进行不合规定的会计处理等。

这些都是会计错弊形成的根源，因为会计错弊作为一种违纪的表现形态是自古就有的，可以说是随着会计的产生而产生，伴着会计的发展而变化与复杂，而且会计错弊还随着会计的不断发展与科学程度的提高而越来越多样化、隐秘化与复杂化。会计错弊的这种变化着的特征都是与社会、经济、政治等制度相关联的。

伴随社会发展与进步的阴影——私欲，在社会发展过程中只有表现形式与程度不同，但并不能得到消除，这种情形在会计上的表现就是制造会计错弊，以达到满足私欲的目的。

2.2.3 常见会计错误

所谓会计错误，是指会计人员或有关当事人在计算、记录、整理、制证及编表等会计工作中，由于工作疏忽、技能不高、学识水平限制等客观原因造成的会计处理结果不合理、不合法、不真实，但其动机并无恶意或无任何不良意图的一种错误。

会计错误与会计舞弊的重要区别在于：会计错误是一种过失，而舞弊则是一种非过失性的故意行为，其行为人主观上具有不良的企图和特殊目的，并采用了种种伪装、掩盖、粉饰手段。

造成会计错误的原因有很多，其中主要原因有：运用会计原理不当；会计人员或有关当事人疏忽；会计人员或有关当事人对有关会计及财经制度、法规不熟悉；企业单位管理混乱、制度不健全。

如图2-3所示，常见会计错误的产生原因如下：

第2章 知己知彼，百战不殆——会计错弊概念、特征及成因

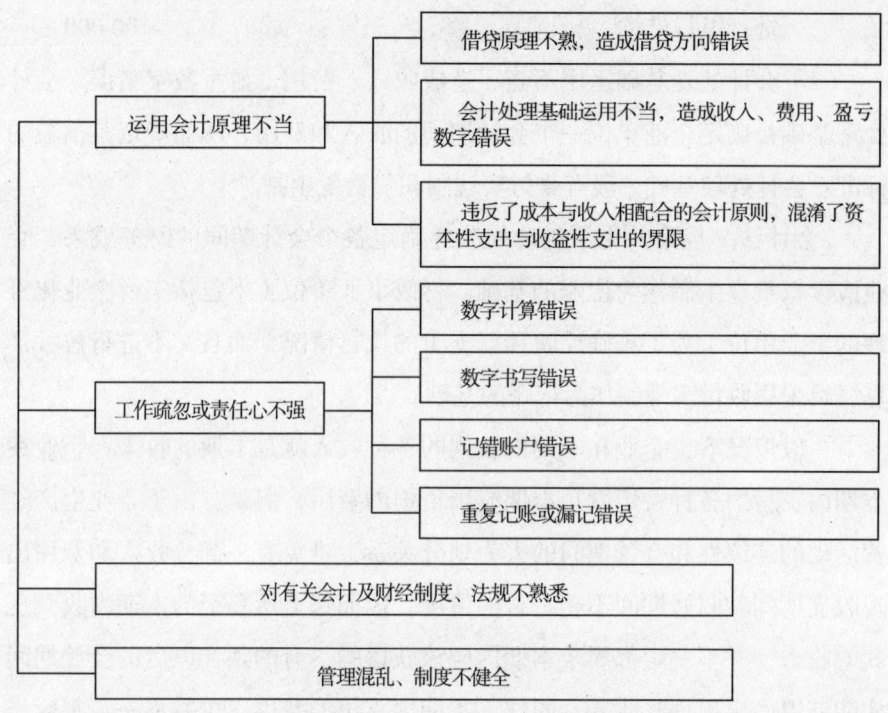

图2-3 造成会计错误的主要原因

1. 运用会计原理不当造成的会计错误

会计原理是会计人员对企业经济业务进行会计处理的基本理论、基本方法和基本原则。运用会计原理不当造成的会计错误有：

（1）借贷原理不熟，造成借贷方向错误。比如，某公司从银行取得银行贷款10万元，此笔贷款仍然存放在本企业在该银行开立的银行账户中。对于这笔业务，有些会计人员由于对借贷记账法中的"借""贷"符号理解不透，认为"借"就是银行对外借款，"贷"就是企业获得的贷款。因此，错误地将上述业务做成如下会计分录：

借：短期借款　　　　　　　　　　　　　　　　100 000
　　贷：银行存款　　　　　　　　　　　　　　　　100 000

正确的分录应该是：

借：银行存款　　　　　　　　　　　　　　　　100 000

　　　　贷：银行借款　　　　　　　　　　　　　　　100 000

　　（2）会计处理基础运用不当，造成收入、费用、盈亏数字错误。会计处理基础是确定企业单位一个会计期间的收入和费用，从而确定其损益的标准。会计处理基础一般有收付实现制和权责发生制。

　　《会计法》规定，为了正确划分并确定各个会计期间的财务成果，企业应以权责发生制作为记账的基础。行政事业单位（不包括实行企业化管理的事业单位）为了正确反映预算支出的执行情况，而且又不进行盈亏计算，可采用收付实现制作为记账的基础。

　　一般情况下，企业在本期内收到的各种收入就是本期的收入；企业在本期内支付的各种费用就是本期应当负担的费用，但是，由于企业生产经营活动的连续性和会计期间的人为划分关系，难免有一部分收入和费用出现收支期间和归属期间不相一致的情况，因而账上所登记的本期内收到现款的收入，并不一定都属于本期内应该获得的，有的须在以后的会计期间才能获得，出现预收收入。同样，本期内支付的费用，也并不一定都应当由本期负担，有的应由以后会计期间来负担，则出现预付费用，即待摊费用。另一种情况是有些收入虽在本期尚未收到，但属于本期内应获得的收入，即应计收入。同样，有些费用在本期内虽然尚未支付，但应当由本期负担的，称为应计费用，即预提费用。

　　会计人员在处理有关会计事项时，由于对权责发生制原则的运用不当，就可能发生把不属于本期的费用支出记入当期成本，或把当期费用支出延至下期的错误做法；也可能发生把不属于本期的销售记入本期，或把属于本期的销售延至下期的错误做法。

　　（3）违反了成本与收入相配合的会计原则，混淆了资本性支出与收益性支出的界限。成本与收入配合的会计原则，是指每期损益应根据当期已实现的收入与产生收入所耗费的成本相配合而定。损益的确定，主要在于收入与费用的适当配合。如果某项收入根据应计基础应归属下期的收入，则与之有关的费用同样应为下期的费用。会计人员如果把应属于下期的费用由本期收入中减去，不仅会使本期损益的计算不正确，而且也将影响下期损益计算的正确性。因此，《企业会计准则》明确规定，会计核算应当严格划分收益性支出与资本性支出的界限，以正确计算当期损益。并且强调，凡支出的效益仅属于当期的，应作为收益性支出，如管理费用、销售费用、财务费用等，从当期实现的收入补偿；凡支出的效益属于几个会计期间的，应作为资本性支出，如购建固定资产、从事科研开发发生的费用等，应采取折旧、摊销等方式，从以后各期实现的收入中逐步收回。

2. 由于工作疏忽或责任心不强造成的会计错误

一个工作认真、责任心较强的会计人员，尽管他可能业务水平低、工作经验少，但工作兢兢业业，认真细致，不怕烦，不怕累，当天的事当天完，即或出现差错，也能在当天或第二天及时发现解决处理，不会因为待处理业务的积压而积累更多的错误，使问题难以查清。加上他不断地钻研，认真地学习，业务水平会逐渐提高，经验会不断丰富，出现的差错也就会越来越少。相反，一个有一定业务水平的会计人员，如果不负责任，工作不上心，马马虎虎，对发生的经济业务不及时处理，也很难保证不出差错。由此而造成的会计错误主要有：

（1）数字计算错误。会计人员常用的计算方法一般有算盘、计算器和笔算等。计算的错误有会计凭证、账簿、报表中的数字计算错误、各种费用分配表中分配率、分配金额的计算错误。常见的计算错误大都是加、减、乘、除计算时发生的，其原因不是因为没有掌握这些方法，而是因为疏忽；再就是因为计算量太大，往往又集中在月终与月初，难免发生一定的计算错误。根据错误发生的时间，此类计算错误可以分为入账前的计算错误和入账后的计算错误。前者如销货发票上的货物数量、单价不正确，造成小计金额错误，但不影响账目的平衡，因此不易查处；后者如账簿记录合计数的错误，则会影响账目的平衡，在工作中可自动发现。

（2）数字书写错误。数字书写错误就是指单纯的笔误，即会计人员在填制会计凭证、登记各种账簿和编制所有报表时，写错了数字。其错误有数字颠倒、数字错位、错写和惯性错误等类型。

①数字颠倒错误。所谓数字颠倒，就是把一列数字中的相邻两位数字或隔位的两位数字写颠倒了。例如，把36写成63，把3 310写成3 301，把25 039写成23 059等。

凡颠倒数以后，不论其状态怎样，颠倒后的数同本来数的差数，都可以被"9"整除，且其商数必是被颠倒的两位数字之差。如将47错写成74，数值之差为27，被"9"整除后得商数"3"，即颠倒数7与4的差。与此类似的数还有将14写成41，将52写成25，将36写成63，将58写成85，将69写成96等，它们的数值之差都是27，其颠倒数个位数字与十位数字的差必然都是"3"。如果商数是"30"，则是十位数字与百位数字被颠倒了，其余以此类推。

②数字错位错误。所谓数字错位，就是把一列数字的位数，即个位、十位、百位等提前或挪后一位。例如，把"100"写成"10"，或写成"1 000"。此种错误经常在珠算定位时出现，或者会计人员疏忽造成（如将12.00看成1 200）。由于位数的差错，使正确的数字减少了90%，或者增加了"9"倍。因此，正、误数字之差能用"9"除尽。假设移一位，其差错数可以被"9"除尽，若移两位，则差数可被99除尽，其余依此原理类推。由于数字错位是提前或挪后一位，所以，可在账内查找所得的那个商数，如果有此数，即为记错的数额，将此数扩大"10"倍，就是应该记的正确数字；如果账内有此数的"10"倍数，则账上的数字就是记错了的数，再把账上的数字缩小"10"倍，则此数就是应该记的正确的数字。

③写错数字的错误。所谓写错数字，就是由于错觉或疏忽，将某一个数字写成另一个数字。这种写错数字的错误，可以根据原始资料或有关记录来查证。另外一种写错数字是误将相似的数字写错。

例如，把1误写为7，把7误写为9，把3误写为8，把4误写为9，或者正好相反。这样就会出现6、2、5、5等差数，或6、2、5、5的十倍数、百倍数……我们可以根据产生这个差数的数字来查证错误之所在。

（3）记错账户错误。记错账户，就是把本来应该记到甲账户的业务记入乙账户，这种错误有三种情况：

①记账凭证没有错误，但在登记账簿时，没有记入应记的账户内，而误记入其他账户。这种记账错误一般多发生在明细分类账中，因为总分账是根据记账凭证汇总表或科目汇总表登记的，每月登记业务笔数相对较少，发生错误的概率也相对较小，即使发生错误，查找也较方便。这种错误将使总分类账中有两个账户的本期发生额与其所属的明细分类账发生额不等、其差数即为记错账户的数字。当通过查对，在某个明细账中找到这个数字，就说明该账户多记了这笔账，另一明细账户少记了这笔账（为了慎重起见，您最好根据这笔账的凭证号数去查找记账凭证，以确认是否记错了账户）。

②记账凭证没有错误，在登记账簿时，登错了栏次。即记反了方向，本该记借方的，误记贷方，或者相反。这种错误的结果是账户的一方合计数增加，另一方合计数减少，使得该账户变动前后的借贷双方都产生了差错。这两个差数的差，正好是记错方向的数字的"2"倍。

③记账凭证的账户对应关系发生错误，致使总分类账户发生相应的错误。这种错账，如果总分类账和记账凭证登记一致，不影响账目的平衡关系，所以不易被发现。

（4）重复记账或漏记错误。重复记账或漏记错误，就是在登记账簿时，将记账凭证的双方重复记账或漏记；或者只登记一方，重复记账或漏记另一方，前者重复记账或漏记，不影响账目的平衡关系，在试算表上无从发现。因此，这种错误较难查找，需根据原始凭证或有关账目加以详细查核，才能发现错误所在。后者部分重复记账或漏记，将影响账目的平衡关系，在作试算表时，很容易被发现。

3. 由于对有关的会计及财经制度、法规不熟悉造成的会计错误

新的会计制度和财务制度及法规颁布后，会计人员未及时学习，仍按原有制度法规处理有关会计事项，就会造成错误；对有关制度法规的精神吃得不透，理解有出入，在执行中也会产生偏差。比如，劳动保险费，新制度改革以前，记入营业外支出，新制度实施以后，要求记入管理费用，不理解这一点，必然会出现错误。再有，对于有关的税务法规，如果吃不透，搞错了应税产品的品种及税率，必然造成税金计算不正确。

4. 由于管理混乱、制度不健全造成的会计错误

单位财会部门、物资供销保管部门、物资使用部门之间若在管理制度与工作程序上不配套、不协调，就往往会造成会计账证、账账、账实不符的账目错误。如有的单位在材料领用手续上，不是根据生产任务制订用料计划，再根据用料计划和生产进度填制领料凭证，经生产班组、车间签证后到仓库领料；而是随意领发材料，既没有科学的手续程序作保证，也没有部门之间、人员之间的互相牵制，这种情况就必然会造成材料及生产成本账证、账账、账实不符的问题。又如某单位会计部门由于在会计凭证传递程序上没有作出统一、合理的规定，则会造成会计凭证传递速度慢以至丢失会计凭证的情况，从而影响正常经济业务的记录。

在生产过程中，由于企业管理混乱，生产计划不周密，产品成本无目标，材料耗用无定额，工时消耗无记录或记录不准、不全，半成品转移交接手续不严，也必然引起成本费用计算、核算错误。

第 3 章　磨刀不误砍柴工
——查账的策略、方法与技巧

本章导读

用兵打仗讲究运筹帷幄，决胜千里之外，查账亦是如此。要解决企业经营活动中的各种弊病，必须要掌握查账的策略、方法和技巧。"魔高一尺，道高一丈"，尽管会计舞弊的手段方法层出不穷，但查账的方法也是与时俱进，与舞弊手段齐头并进，使得稽查人员得以对症下药，直中要害。在查账业务中，针对不同的查账目的，结合正确的查证方法也就成了查账工作的关键所在。

在本章中，我们重点学习以下问题：

（1）如何确定查账工作的基本策略？

（2）查账工作中有哪些基本的查证方法？

（3）查账工作中有哪些常用的技巧？

3.1 查证会计错弊的基本策略

在查账业务的方法论问题上，如图3-1所示，应该是一个有3个层次的方法体系，即查证会计错弊的基本策略、查证会计错弊的基本方法、查证会计错弊的常用技巧。因此在查账工作中，首先要选择正确的策略。正确的基本策略可以让我们有正确的查账方向；扎实的基本方法可以让我们找到问题所在；丰富的查账技巧来源于查账业务的时间，可以帮我们提高查账工作的效率。

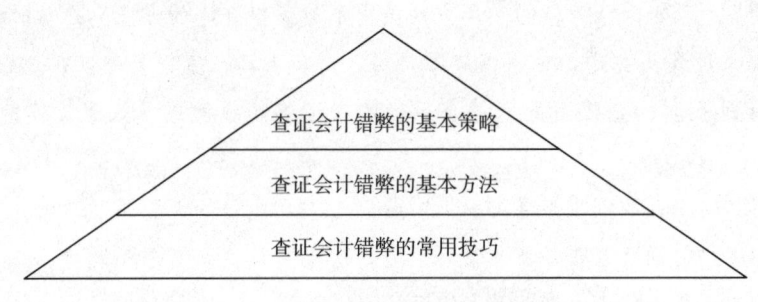

图3-1 查证会计错弊的方法体系

3.1.1 确立科学的查证思路

能否及时地、准确地捕捉会计错弊的疑点或线索，在很大程度上取决于查证人员的业务水平和职业经验。其中，查证人员是否具备科学的查账思路是一个相当重要的因素。因此，捕捉会计错弊疑点的技巧之一便是确立科学的查证思路。

科学的查证思路，应从以下几方面确立：

（1）确立科学的假设观念。查证人员在查证工作中，甚至在查证工作开始前，应假设被查单位的会计资料或其他有关方面中必定存在会计错弊，只不过尚不知其具体表现形态及其存在环节。事实上，会计错弊也许不存在，但查证人员只有确立这一假设，才有可能以审查监督者的态度和眼光查阅被查单位的每一份所需检查的会计资料，对待与审视被查单位的每一件与查证工作有关的事项，才有可能从多方面、多角度检查和评价被查单位会计资料和有关事项的准确性、合理性与合法性，也才可能及时、准确地发现或捕捉会计错弊的疑点或线索。

（2）重视对内部会计控制制度的检查、测试与评价。内部会计控制制度是在本部门或本单位内部建立的预防和控制会计错弊发生的有关措施、手续、方法和程序的总称。会计错弊的查证由于其自身特性及检查对象或内容的复杂性、多样性决定了它具有一定的盲目性。为避免或者减少这种盲目性，就要求查证人员不能于查账伊始便埋头于具体会计资料的检查工作，而应首先通过调查、询问、观察等方式方法检查和测试内部会计控制制度，以确定其是否健全、有效。如果结论是否定的，那么，便可根据其具体形态及情形来确定或判断会计错弊存在的重点环节及可能的表现形态，然后，运用一般查证方法便可较快较准确地抓住会计错弊的疑点并进而查证其具体形态及形成或制造过程。经过检查与测试，如果认为被查单位的内部会计控制系统部分环节健全、部分环节不健全，那么，查账人员可以将不健全环节的会计资料及其所反映的经济活动作为检查的重点内容，从而使会计错弊查处工作收到事半功倍之效。

（3）处理好顺查与逆查的关系。会计错弊的查证工作对会计凭证、账簿、报表若按其先后顺序依次进行检查，则称为顺查；若按其反顺序依次进行检查，则称为逆查。顺查法运用简便且能够把问题查彻底，但费时费力且抓不住问题的重点，它适用于规模小、资料少、经济业务简单的被查单位以及内部控制制度不健全、发现了重大会计错弊案件的被查单位。逆查法与顺查法刚好相反，运用起来较省时省力且容易抓住问题的重点，但有时会遗漏重大问题，不便把问题彻底查清楚。在会计错弊查证工作中，不能机械呆板地运用顺查或逆查，而应将二者有机地结合起来。一般说来，查账伊始，宜先运用逆查法，通过反映全面、综合情况的会计报表的检查抓住会计错弊存在的重点环节，然后，根据确定的重点环节确定需要检查的会计账簿并对其进行详查。在检查会计凭证和账簿时，若为了证实某处记录是否存在会计错弊或错弊线索，可运用顺查法开始，从中再结合运用逆查法。总之，顺查和逆查可变换运用，顺查中有逆查，逆查中有顺查，顺查与逆查相互结合、相互渗透。只有正确认识并处理顺查与逆查的关系，才能在顺查与逆查的灵活运用过程中，既尽快抓住会计错弊存在的重点环节，又及时、准确地捕捉住会计错弊的疑点或线索。

（4）处理好详查与抽查的关系。对被查单位一定范围内的会计资料及其所反映的经济活动进行全面、细致的检查称为详查；或有重点地抽取其一部分进行检查则称为抽查。详查与上述的顺查、抽查与上述的逆查，是相对应的方法，其优缺点和适用范围是相同或相似的。在会计错弊的查证工作中，也应将详查与抽查有机地结合起来，以便使查证工作收到事半功倍之效。一般说来，查账伊始应先运用抽查法确定或判断会计错弊存在的重点环节的会计资料及其所反映的经济活动进行详细检查，并以其审查结果推断整个范围的查账结论；必要时，可扩大抽查范围直至进行整个查账范围的详细检查。当然，有时查账伊始即进行详细检查，但即使这样，也应在详查前确定详查会计资料及其所反映的经济活动的范围，这种范围的确定便体现了抽查的特性。总之，详查与抽查也是相互联系、相互渗透的，在会计错弊查证工作中必须正确处理它们之间的关系。

3.1.2 发现疑点，顺藤摸瓜

经济活动尽管错综复杂，但是有其变化规律可循的。作为核算和监督经济活动的会计管理形式，是建立在客观经济规律基础上的。一项经济业务发生后，客观上使两个或两个以上的账户形成特定的科学的对应关系；同时，也使会计凭证、会计账簿、会计报表等会计资料以及业务、统计等经济活动资料形成一个有机的信息系统。因此，发现了或捕捉到会计错弊的疑点或线索后，就可以根据会计资料及其他经济活动资料的内在规律或经济活动的内在变化规律，依照科学、合理的操作程序进行追踪查证会计错弊的具体形态及形成或制造过程。

3.1.3 科学推理，查清问题

会计作为经济核算与监督的一种形式，各种会计资料构成了一个科学的信息系统；同时，会计资料与各种业务和统计等资料构成更大的信息系统。正因为这样，查账人员才有可能在此基础上运用追踪法查证会计错弊。从另一角度讲，查账人员可在此基础上运用逻辑推理法查证会计错弊。如查账人员在检查某企业一定时期内会计资料时，未发现其有租入固定资产业务，但却发现有支付租入固定资产租金费用的记录。根据逻辑关系，支付租金应建立在有租入业务的基础上，否则，便违反了逻辑。运用逻辑推理法可以查证被查单位虚列财务费用的问题。又如，查账人员通过调查情况，审阅会计资料，了解到某业务人员到珠海出差，回来报销的凭证却有去郑州的车票、在郑州的住宿凭证等。这在地点与业务内容上违反了逻辑关系。运用逻辑推理法可以查证该业务员虚报多报差旅费的问题。

3.1.4 调查询问，取证落实

发现会计错弊的疑点后，在适当的时候，应对当事人进行调查询问，以取得会计错弊的证据。调查询问作为一种查证会计错弊的方法，包括观察法和询问法。观察法要求查账人员亲临现场，对会计资料反映的经济活动的全过程或某一环节，以及会计资料的制作或传递过程进行察看，以收集假账的证据。询问法要求查账人员以调查询问的方式了解有关情况的真相。询问可以面询，也可以函询。调查询问是查证会计错弊必不可少的方法。如查账人员在审阅某企业会计资料时，发现其期末集中结转销售成本业务没有销售成本计算过程的原始凭证。为了查明被查单位有无多计或少计销售成本以及人为调节利润的问题，应询问被查单位转账凭证的编制人员及会计主管人员，了解其所采用的销售成本的计算方法，然后通过复核计算，对照分析来确定问题。再如，在审阅核对某企业其他应付款账证时，发现一笔记录不详的业务，这时，可以面询或函询收款单位，了解其与被查单位发生该笔业务的来龙去脉，以查证被查单位有无虚设应付款、截留收入、隐瞒利润、偷漏税款的舞弊行为。又如，查账人员了解到被查单位存在会计凭证传递程序不合理的可能时，应到会计、业务、保管等会计凭证的传递现场进行观察，掌握第一手资料，证实问题的存在与否，如果存在，了解其存在的具体环节以及不合理的具体表现。进行调查询问，应事先准备好调查提纲或调查表，根据调查询问对象及所调查询问问题的不同，采用不同的调查询问方法，或个别询问，或多人座谈；或一问一答，查账人员作记录；或由接受询问的人员填表回答所列问题等。对调查记录和收回调查表应让被调查人签章以使其合法化，具有其应有的证明力。现场观察时，应视具体情况决定亮明身份还是隐匿身份，以获取客观真实的效果。

3.1.5 盘点实物，核对账实

有些会计错弊发生后，需要结合盘点有关实物，核对账实，才能彻底查证。如某企业以让销货单位开假发票的形式将购入的小轿车挤入了材料成本。对此弊端，发现其疑点或线索后，若被查单位尚未通过假领料单结转材料成本时，可通过对材料的实物盘点，并将实际结存数与账面余数相核对，一般可出现材料盘亏，盘亏金额约等于购车价款。另外，被查单位若未将汽车入固定资产账，可发现盘盈小轿车一辆。材料盘亏，汽车盘盈，二者进行联系可便于查证问题。再如，某单位出纳员经常利用职务之便挪用公款，查账人员发现疑点或线索后，可对其所经管的库存现金进行突击盘点，确定其实有金额，然后与"现金日记账"账面应存金额相核对，从而确定当时有无挪用公款问题及具体金额。又如，在未设收款台，由售货员亲收货款的零售商业企业中，对于售货员收款差错或贪污货款的问题，必须也只有通过盘点商品，并进行账实核对，才能确定其具体金额。当然，要查明问题的性质以及责任人或当事人，还需运用其他方法来进行。在盘点实物、核对账实时，应注意以下问题：

（1）采取恰当的盘点方式。对现金及有些贵重而又轻便的实物，应采取突击盘点的方式，以防止被查单位或当事人盘点前弥补漏洞。对其他一般物资可运用预告方式进行盘点。

（2）选择合适的盘点时间。盘点工作宜选择在被查单位或当事人营业或工作开始之前，或者在营业或工作结束之后进行。这样，既便于盘点工作的顺利进行，又可避免影响对方的正常营业或工作。

（3）健全手续，明确有关责任。一般来讲，盘点前，应成立包括查账人员、被查单位有关负责人员、保管人员或出纳人员，以及其他有关人员（如被查单位内部审计人员等）在内的盘点小组，由其负责和进行整个盘点工作。具体盘点时，根据情况决定是由保管人员或出纳人员亲手盘点，其他人员在旁监视或作证，还是由查账人员亲手盘点，其他人员在旁作证。盘点结束后，应填制"×××盘存表"，所有在场人员都应签章，以明确责任。

（4）确定现金或有关盘点物资的账面应存数。盘点现金或实物时，此时的现金或实物的账面余额不一定是应存数。因为此时可能存在现金或实物已发生增减变化而尚未入账的经济事项。因此，应在此时账面余额的基础上加上现金或有关实物已增加而尚未入账的金额，减去现金或有关实物已减少而尚未入账的金额，将其调整为应存数。

（5）进行账实核对。将现金或实物的盘点结果与所确定的账面结余金额或数量进行核对，检查其是否相符，将不符的内容填入"×××盘点溢余（短缺）报告单"，然后再结合其他查账方法查证溢缺的性质及原因。

3.1.6 鉴别测定，去伪求真

在查账过程中，有时需要对反映出问题疑点的会计资料或其他有关实物进行技术鉴别和测定，以证实问题存在与否。

例如，在审阅会计资料时，若发现某数字有涂改的痕迹，某签字有被他人模仿的可能，这时，可运用专门技术对其进行鉴别，从而证明问题的存在与否。又如，为了证实某企业账面所列在建工程成本是否实在，查账人员或由其邀请有关专门技术人员运用专门技术对在建工程项目的实际工程造价进行技术测定，然后将其测定结果与账面发生额进行核对，从而确定问题。

尽管会计错弊疑点捕捉需要技巧，查证工作更需要技术与策略，但是，查证若是盲目的、无疑点或线索可循的话，那么，其工作也就无技术与策略可言了。另外，查证过程中，有可能发现或捕捉了会计错弊新的疑点，或者发现或捕捉了新的会计错弊的疑点。在捕捉或发现会计错弊疑点的过程中，也有可能直接查证已发现或未发现线索的会计错弊。可见，离开捕捉会计错弊疑点或线索技巧的论述，就无法说明查证工作的技术与策略；反之，亦然。而且，两者内部几种不同的方式方法也同样构成这种相互联系、相互制约的关系。正因如此，才使得会计错弊的疑点捕捉与查证构成了一个方法系统。

3.2 查账的基本方法

"魔高一尺，道高一丈"，有舞弊之法，就有救弊之策，查账的方法就是查账人员为达查账的目的而采取的手段。没有哪一种查账的方法是万能的，必须根据具体的情况采取不同的查证方法。如图3-2所示，查账的方法多种多样，我们可以从不同的角度对查账方法做不同的分类：

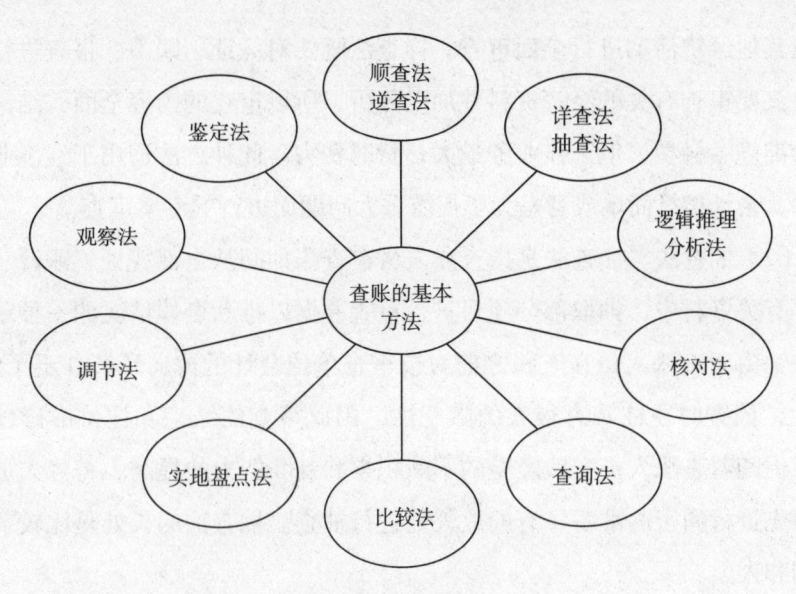

第3章 磨刀不误砍柴工——查账的策略、方法与技巧

图3-2 主要的查账方法

3.2.1 顺查法与逆查法

针对查账的顺序不同,纳税审查的方法可分为顺查法和逆查法。

(1)顺查法。顺查法是指按照会计核算程序,从审查原始凭证开始,顺次审查账簿,核对报表,最后审查纳税情况的审查方法。顺查法比较系统、全面,运用简单,可避免遗漏。但这种方法工作量大,重点不够突出,适用于审查经济业务量较少的纳税人、扣缴义务人。

(2)逆查法。逆查法是以会计核算的相反顺序,从分析审查会计报表开始,对于有疑点的地方再进一步审查账簿和凭证。这种方法能够抓住重点,迅速突破问题,适用于注册税务师对于纳税人、扣缴义务人的税务状况较为了解的情况。

3.2.2 详查法和抽查法

详查法和抽查法是根据审查资料的多少进行的分类。

(1)详查法。详查法是指查账人员对查账期间的全部凭证、账簿、报表及其他经济活动进行全面审查。详查法既要对凭证、账簿、报表进行审查，又要审查有关的经济资料并加以分析，所以审查的内容全面，结论和评价准确、科学，但工作业务量大，费时费力。此种方法适用于经济业务较少，会计核算简单或者是为了揭露重大问题而进行的专案审查。

（2）抽查法。抽查法是指查账人员在查账期间从全部凭证、账簿、报表等有关资料中，抽取部分项目进行审查并据以推断全体情况的一种审查方法。由于查账人员在查账之前对被审查单位会计的薄弱环节并不了解，因此，抽查时往往具有很大的随意性，因此审查的结论和评价准确性较差，但随着查账人员实践经验的不断积累和判断能力的提高，查账人员可以事先进行周密的准备，有的放矢地进行抽查。抽查法的长处是比较节省时间和人力。

3.2.3 逻辑推理分析法

逻辑推理分析法是根据已知的事实和资料，运用逻辑思维方法，推测和判断单位可能存在的问题和结果的方法。

1. 如何运用逻辑推理

在实际查账工作中，运用逻辑推理的事例很多，笔者在这里总结一下，查账人员可以从如下几个方面发现分析问题。

（1）根据数量、金额之间的逻辑关系进行推理。在会计资料中，有许多存在逻辑关系的数量、金额等。

①原始凭证中，数量乘以单价等于金额。

②总账中的有关数量和金额等于其所属各明细账中相关数量和金额的合计。

③会计报表与账簿及会计报表之间有关的数字存在一定的对应勾稽关系。

查账人员可以根据会计资料中所载明的有关内容查证会计资料有无违反这种逻辑关系，并结合其他方法进一步查证有无会计错误或舞弊。

（2）根据事物之间的主从关系进行推理。相关联的若干事物之间，存在着一定的主从关系。

例如，采购费用是因采购材料物资等经济业务而发生，在一般情况下，没有材料采购活动，就不可能有采购费用的发生；采购活动是"主"，采购费用是"从"。如果在会计资料中只有采购费用支付记录，而在时间上明显矛盾，便是在逻辑上违反了主从之间的必然联系，很难让人理解。

查账人员可以根据会计资料中所记载的有关内容审查其有无违背上述主从关系的逻辑错误，并进一步分析矛盾，查清错弊。

（3）根据有关的时间、地点与经济业务的逻辑关系进行推理。经济业务的发生，在时间上和地点上都有一定的规律。一项经济业务发生后，在时间上或地点上与业务内容便形成一定的逻辑关系。

例如，产品的销售时间肯定发生在产品的生产时间之后；材料的领用时间肯定发生在该种材料入库之后；差旅费的发生期间肯定是员工出差的期间。

2. 逻辑推理和其他查账方法综合运用

在查账工作中，查账人员仅仅凭借逻辑推理只能大体对问题进行判断，但不能完全依靠逻辑推理来下结论。因此查账人员必须将逻辑推理和其他查账方法相结合。

（1）单纯利用逻辑推理的局限性。查账人员单纯利用逻辑推理来查账，最容易犯的错误是"过于依靠自己的主观判断"。查账毕竟是一个科学的过程，我们虽然在查账中强调在遇到问题时先简要地分析一下，目的是抓住重点，不在查账中走弯路。如果发现有会计舞弊和会计欺诈的现象，就需要运用科学的查账方法（顺查法、抽查法、详查法等方法）对会计资料进行检查。

（2）如何与其他查账方法相结合。正如前面提到过，逻辑推理用于查账的第一步，如果发现问题，则要运用系统的查账方法来进行判断。但是有时也存在例外，如怀疑采购员吃回扣，完全可以不利用查账程序，而直接向进货单位打一个电话，只要对方承认曾经给采购人员回扣就可以了。所以不是所有的问题都要经过查账，也可以利用函证、询问等其他方式，同样查出问题所在。

3.2.4 核对法

核对法就是将两种或两种以上的书面资料相互交叉对照，以验视其内容是否一致，计算是否正确的一种方法。包括核对凭证、账户记录、报表、分析报告、检查报告、预算、计划、方案等。

例如，在财务审计中进行查账，一般要在下列资料间进行核对。

（1）原始凭证同有关原始凭证，记账凭证同所附或有关原始凭证，以及记账凭证同汇总记账凭证。核对内容是所附或有关的原始凭证数量是否齐全，以及日期、业务、内容、金额同记账凭证上的会计科目及金额是否相符，以及原始凭证之间，记账凭证同汇总记账凭证之间在内容上是否一致。

（2）记账凭证或原始凭证同账户记录。核对内容是凭证的日期、会计科目、明细科目、金额同账户记录内容是否一致。各种账簿转次页，承前页金额是否前后相符。

（3）明细分类账同总分类账户。核对内容是账户记录同有关报表项目是否相符。

（4）明细表账同有关报表。核对内容是明细表的总额同有关报表上的项目金额是否相符。

（5）明细分类账同所编报表。核对内容是账户记录同有关报表项目是否相符。

（6）报表同有关项目。核对内容是不同报表上的相同项目或有勾稽关系的不同项目，其名称及金额是否相符。用核对法确定书面资料是否真实正确是有条件的。必须作为佐证证据的资料真实正确，则同它对照的书面资料，经核对相符，才能确定是真实正确的。如果作为核对依据的确证证据资料并不真实正确，则书面资料即使同它核对相符，仍非真实正确的。

例如现金付出凭证所附发票收据，是支付属于企业管理费的差旅费，但发现所附发票收据反映的差旅费有虚报不实情节，则记账凭证即使在会计科目、金额上同所附发票收据相符，亦不能确定记账凭证真实正确。因此，首先要审阅原始凭证，鉴定其是否真实正确，才能进行有效的核对。

在缺乏佐证证据时，用核对法来确定书面资料是真实正确的，可看其是否满足另一个条件，那就是两个数据是通过不同途径取得的。具备这一条件的两个数据，经核对相符，可以认为两者都正确无误。这种情况在会计资料中屡见不鲜。

例如，总分类账的期末余额，尚同有关明细分类账各账户期末余额合计核对相符，就可以认为两数都是正确的。采用核对法，在核对了的两方余额后面，可由核对人用有色铅笔注上已经核对符号，如"√"。这样，核对工作完毕以后，未注有已核符号的，即应进一步查询，查明原因。核对不符的，应在两方金额后注上"？"，表示已经核对，但是不符，以便进一步检查。一个数字如经两次以上核对，可用不同的核对符号，以资识别。例如第一次核对，用"√"，第二次核对，用"·"符号。采用核对法，可由两人合作，也可由一人单独进行。两人合作，可以一人看初次资料，并读出科目和金额等，另一人听看有关资料，并同时由双方作相应的核对符号。一人单独进行，可先看初次资料，再看有关资料；也可接着先看有关资料，再看初次资料，再看其后的初次资料，再看有关资料，这样往返，比固定先看一方资料，核对另一方资料较为省力。

两人核对，读、听、看相结合，可节省时间。一个单独核对，可兼看两方资料，还可审阅资料，可以避免疏忽，但较费时间。核对法还包括复算（或称之为演算）。

再以财务审计为例，主要的复算工作有：

①原始凭证单价乘数量的积数，小计、合计的加算等。

②记账凭证明细科目金额合计。

③账簿每页各栏金额的小计、合计、总计及其他计算。

④报表有关项目的小计、合计、总计及其他计算。

⑤预测、分析、检查、预算、计划与有关数据。复算是否真实正确，也以与审阅有关账证的内容为前提。进行复算要求审计人员熟悉和应用会计、分析、检查、统计、业务核算、计划等专门方法。如复算分析数据，要熟悉比较法、因素分析法等经济活动分析的专门方法，才能复核数据来源、计算程序和运算结果是否正确。

3.2.5 查询法

查询法是向被审单位内有关人员调查询问，了解书面资料未能详尽提供的信息以及书面资料本身存在的问题，目的是使书面资料成为切实可靠的审计证据。例如，经核对发现资料内容不一致，计算数据不准，或经检查，发现采购不需用的材料，销售收入和利润未同步增长者，都要运用查询法，进一步收集证据。

查询法对于提供的解释和回答，应以审计标准衡量，务必使提供的审计证据充分可靠。查询时，最好有两个以上审计人员参加，并做成书面记录，经解答人员签字证实，或取得书面解答。

查询法有广泛的用途，不仅可用来审查书面资料，还可用来证实客观事物。对于不能盘点或观察的债权债务，如应收账款、应付账款之类，可用通信方法向对方查询，一般称函询法或询证法，是查询法的一种。

函询应收、应付账款，发函应以审计者名义出面，并由审计人员寄发，内容不限于要求核对的余额，还可包括本期发生额。应将被审单位有关账户抄写清单寄出，要求对方在规定期内予以核对，寄还审计者收取查核。为了保证函询的实效，函询工作应全部由审计人员办理，不宜让被审单位人员插手。必要时，审计人员还要亲临对方，查询疑点。

查询法可大量用于经济效益审计，特别是管理审计、业务经营审计。用于管理审计的查询法已逐步发展成为一种特殊的审计方法。审计人员运用查询法要讲究方式方法，谋求被询人员的真诚合作，提供确实有用的审计证据。

3.2.6 比较法

比较法就是把说明被审项目的书面资料、同有关项目进行比较，取得审计证据。例如，以不同时期的报表项目相比（如资料平衡表上在产品比上月增长很多），以本期的有关项目相比（如利润未同产品销售收入同步增长），以被审项目同其他单位的相同项目相比（如把资金利润率同先进工厂相比）等，均足以说明情况，发现问题。

3.2.7 实地盘点法

实地盘点法是一种耗费人力物力的查账方法，但当查账人员面对大量的财产物资，无法确定账面数额是否账实一致，就只能采用实地盘点法来解决问题。

1. 实地盘点法的定义

所谓实地盘点法，就是根据账簿记录对库存现金和各项财产物资进行实物盘点，以确定企业资产是否完整的方法。查账人员利用实地盘点法的目的在于盘点现金与实物，因而盘点的时机选择应恰当适宜。

（1）对实物盘点，最好选择在库存材料储备量达到最低之时或者接近年底时。

（2）现金的盘点最好不要在发放工资的时候。

（3）对现金和贵重物资的清查，对被盗物资仓库和管理混乱的物资仓库的清查，不能事先通知企业内的有关人员，需要采取突击检查的方式。

2. 实地盘点法的分类

实地盘点法一般可以分为直接盘点和监督盘点两种方法：

（1）直接盘点就是由企业领导亲自盘点，这种方法一般适用于盘点数目小，而价值较大的物资。

（2）监督盘点，主要是指企业领导可以指定辅助查账人员盘查，而自己在一旁监督，它一般用于盘点数目较大，价格低，容易损坏的物品。

根据盘点的范围大小，还可以分为全面盘点法和抽样盘点法：

①全面盘点法是对列入检查范围的所有财产物资进行全面、彻底的盘点，一般指企业遇到重大问题时，才可以运用这种方法，否则费时费力。

②抽样盘点法是指在列入检查范围的各种物资中，抽取一部分价值较大、收发频繁，或者是最容易流失的物资进行盘点。

3. 实地盘点法的运用程序

企业领导在运用实地盘点法时可以和其他的查账方法相结合。例如，管理者可以将实地盘点法和核对法相互结合，检查实际库存的产品或者存货及库存现金与账上的记录数是否相符。具体运用实地盘点法的程序如下：

（1）准备工作。在准备阶段，经营者需要做好以下准备工作：

①事先选定想要利用实地盘点法盘存的对象。

②拟定盘点的日期，最好是突击检查。

③审阅有关账簿，发现可疑问题可以在盘点时着重检查。

④核对账表、账账、账卡。

⑤准备盘点表和计量的工具。

（2）盘点实物阶段。查账人员在做好准备工作之后，就可以对货币、物资进行实地的盘点和验证工作，在这一阶段要注意以下问题：

①具体了解货币、证券、物资的存放地点和存放规则。

②对品种规格相似的物资要区分开。

③盘点时要暂停收发业务。

④主要针对有疑点的物资进行盘点，必要时可以进行彻底的盘点。

⑤对于当时填写的盘存单，要由参加盘点的所有工作人员一同签字。

⑥查账人员对盘点中发现的问题要经过研究后处理，不要在现场匆忙作出决定。

（3）将盘点结果与企业账目核对。在此阶段，查账人员要将盘点过的结果和企业公司的账目进行核对，计算盈亏。如果盘点和查证日不在一个时间点上，还需要将盘点结果进行调整。

这里向管理者介绍一个公式：

盘点日实际数＋盘点日到查账日减少数－盘点日到查账日增加数＝查账日实际数

在调整完后就可以计算存货或者现金是否发生盘盈或者盘亏现象。如果查账日实际数大于查证日账面数，则为盘盈；反之则为盘亏。

（4）总结阶段。查账人员在做完了上面的工作后需要进行一个简单的总结，这时才是评价功过是非的时候。必要的时候，管理者可以将盘点结果在公司大会上宣布，并对主要责任人进行处罚，对内部控制制度的薄弱环节提出改进意见。

3.2.8 调节法

从一定出发点上的数据着手，将已发生正常业务而应增、应减的数字对它进行调整，从而求得需予证实的数据的方法。用于银行存款，调节法可以证实实际存款数与账面余额是否相符。编制银行存款调节表是为此目的通常采用的方法。但调节法不仅可以用于银行存款，还可以用于其他类似场合。当盘点日同书面资料结存日不同时，结合实物盘点，通过两个时期中间账目的调节，可以考察书面资料是否真实正确。

3.2.9 观察法

观察法是指审计人员进入被审单位后，对于生产经营管理工作的进行、财产物资的保管、内部控制制度的执行等，进行实地观看视察，注意是否符合审计标准和书面资料的记载，借以收集书面资料以外的审计证据的方法。

例如，对一所学校进行教育经费审计时，发现新建办公用楼房一幢，但账上未见增记此项固定资产，成为一项账外财产。经追踪审查，终于发现该校挪用经费搞计划外基本建设，违犯了财经纪律。于是取得了书面资料以外的证据。应用观察法时，可视必要情况进行摄影或录像，作为审计证据。在经济效益审计中，考察资源利用和保管情况、劳动效率和劳动态度情况时，要广泛利用观察法。

3.2.10 鉴定法

鉴定法是指对书面资料、实物和经济活动等的鉴别超出一般审计人员的能力而邀请有关专门人员运用专门技术进行确定和识别的方法。如对于书面资料真伪的鉴定，实物性能、质量、价值的鉴定，以及经济活动合理性、有效性的鉴定等。

3.3 查账常用技巧

在实施查账的过程中，正确地寻找切入点对于提高查账工作的效率具有重要的意义。但由于会计错弊具有不确定的特性，很难用一个通用的办法迅速找到会计错弊的问题所在。这就需要查账人员具有一定的经验和职业判断能力。在本节中，我们将这些来自实践的查账经验总结为几条宝贵的查账技巧，这在查账实务中对于迅速找到切入点，提高查账业务的效率具有重要的意义。如图3-3所示，查账常用的技巧主要有以下几种：

第 3 章 磨刀不误砍柴工——查账的策略、方法与技巧

从异常数字中发现问题的方法	从数字价值的大小（金额大小）变化发现异常数据
	从数字的正负变化方面发现异常数据
	从数据的精确度发现异常数据
从异常业务往来单位中发现问题的方法	从购销单位的业务范围发现异常的购销单位
	从购销单位和货款结算单位的矛盾发现疑点
	从结算的期限长短发现疑点
从账户之间异常对应关系发现问题的方法	从资金运动的方向发现异常账户对应关系
	从资金运动的来路发现异常账户对应关系
	从没有原始凭证的应收、应付款的转账中发现异常的账户对应关系
从异常时间中发现问题的方法	从经济业务发生的特定时间上发现异常时间
	从经济业务发生时间长短中发现疑点
	从结算时间上发现疑点
从异常地点发现问题的方法	从距离远近发现异常地点
	从物资运动流向发现异常地点
从有关人员异常生活变化中发现问题的方法	从被查人员经济收入状况发现异常变化
	从被查人员生活作风的突变发现异常变化
从逻辑矛盾中发现问题的方法，亦称逻辑推理查账法	
从异常结算方式发现问题的方法	

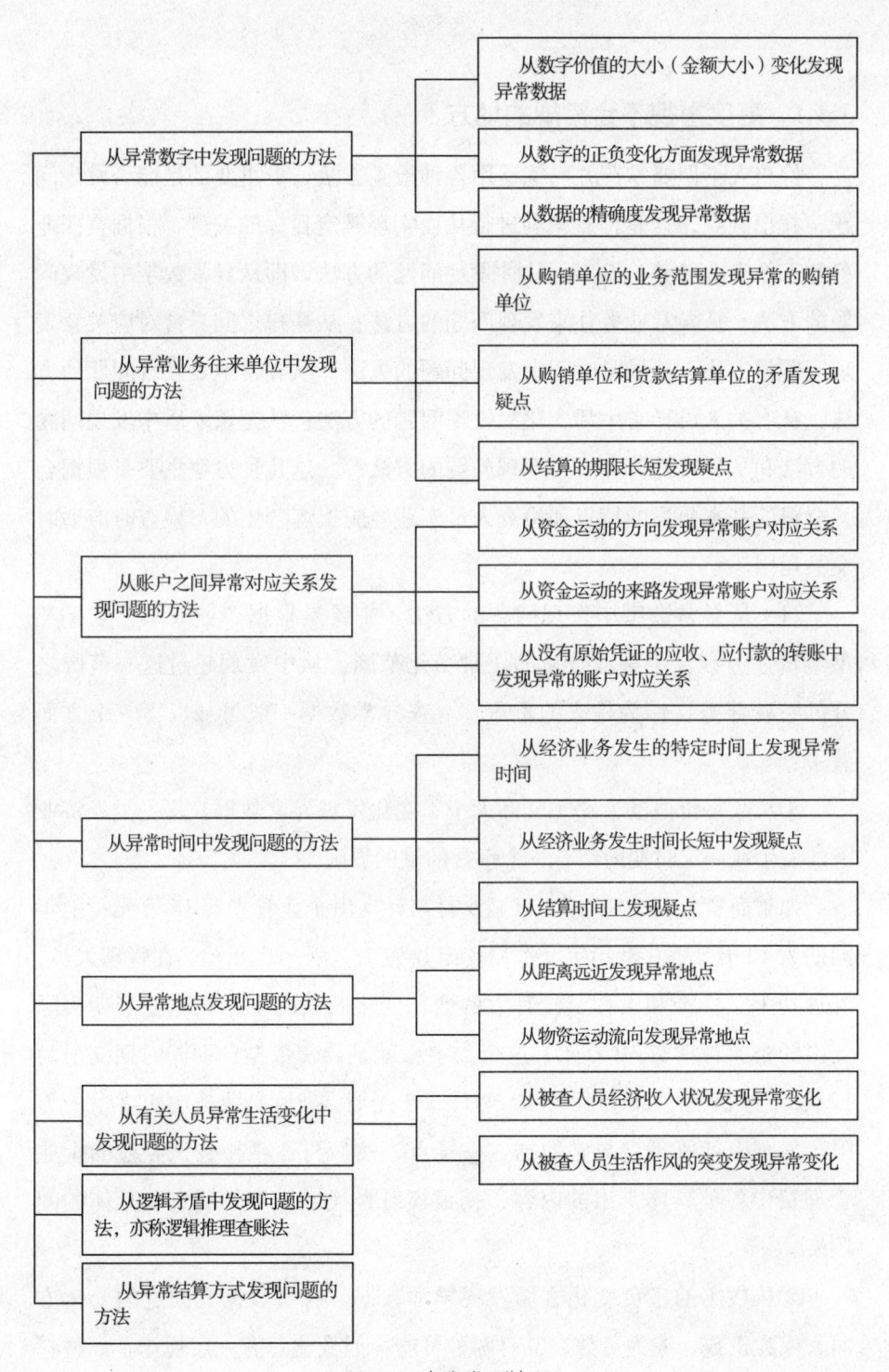

图3-3 查账常用技巧

3.3.1 高度重视不合常规的地方

检查人不但要掌握并熟练运用各种检查方法，更重要的是能否发现问题，找出疑点，这是检查顺利进行从而实现既定目标的关键。根据查账业务的工作实践经验，有以下几种发现问题的方法。即从异常数字中发现问题的方法；从异常业务往来发现问题的方法；从账户之间异常对应关系发现问题的方法；从异常时间中发现问题的方法；从异常地点发现问题的方法；从有关人员异常生活变化中发现问题的方法；从逻辑矛盾中发现问题的方法和从异常结算方式中发现问题的方法等。这几种方法主要是根据会计资料的基本要素的特点和检查人员实践经验提炼产生的，检查时应适时交叉运用。

（1）从异常数字中发现问题的方法。主要是根据企业或单位某一类型经济业务涉及金额或数量的正常变化范围，从中发现超过这一范围之外的特殊业务，作为检查的重点。寻查异常数据一般可从以下三个方面着手：

①从数字价值的大小（金额大小）变化发现异常数据。每一类经济业务的发生在一定时期内都有一个正常的量的界限。

如某商贸公司2020年1日至9月累计支出企业管理费15万元；上年同期为12万元；2020年年度计划支出数为15万～20万元。在管理人员、管理费上交标准和工程量没有大的增长变化的情况下，该企业当期实际支出的企业管理费30万元，这个数字，就是异常数据。而同时期支出为12万～15万元（20万元÷12个月×9个月），就是业务的正常量的界限。发现企业管理费异常数据这一疑点，然后再逐项检查该企业的企业管理费中各项具体支出的内容，就很容易查找出详细的疑点和具体的问题来。

②从数字的正负变化方面发现异常数据。有些数据有固定的变化方面，或为正数、或为负数，或有两种可能，但变化总有一定规律。如材料

按计划成本总分类核算时，采购材料实际成本与计划成本的差，可能是正数（超支差），也可能是负数（节约差）。若检查某生产企业某种材料成本差异率上月为 -5%，本月则变化为 5%，这就是一种异常数字，从中进一步查证，就有可能发现在材料采购等环节的问题。

③从数据的精确度发现异常数据。会计核算的数据比财务计划的数据更为准确，但这种精确也有一定的规律。如检查中发现一经理旅差费报销上总金额为 5 692.25 元，出差地点是一大城市。这个数据粗看有整有零，但详细斟酌，破绽就出来了，车船票、住宿费和补助费一般不会出现以分为单位的零星金额，从中进一步查核，很可能从住宿费用发现问题。

（2）从异常业务往来单位中发现问题的方法。企业单位之间的经济联系广泛、复杂，有购销业务关系，也有其他往来关系。但就某一类经济业务而言，其业务是相对稳定的，如机床厂生产的机床，主要购入单位是各种机械加工厂和机电公司；棉纺厂生产的棉纱，主要销往各类棉织厂和床单厂。目前我国的经济体制改革更加深入，经济交往范围更加广泛，总会有一定规律，很多经济业务往来只在一定范围、一定对象和一定时间内进行。由此，我们从异常业务往来单位发现问题也可从三个方面入手：

①从购销单位的业务范围发现异常的购销单位。每一个经营实体均有一定的经营业务范围，若超出这一范围，就是应查证的疑点。如某副食品商店，其进货渠道主要是各副食品加工厂和副食品公司或批发部，若发现一张购货凭证是非经营或生产副食品单位开出的，明显出现经营业务范围与出具凭证单位异常情况，就是查账的疑点。

②从购销单位和货款结算单位的矛盾发现疑点。如甲销售单位销售一批产品，付款单位是购货单位乙，结果实际付款单位是丙单位，且金额又不相符，这就是应查证的疑点。

③从结算的期限长短发现疑点。正常经济业务的发生、往来与结算都具有一定的规律，若在往来账户中发现有的往来单位名称陌生，长期无业

务往来，挂账数额又大，遇到此类情况，需要进一步查实，以确定是否存在虚列客户和呆账的情况。

（3）从账户之间异常对应关系发现问题的方法。任何一笔经济业务都会涉及两个或两个以上账户，具体内容的变化需要在两个或两个以上账户中进行全面的反映，形成账户对应关系，并在会计凭证中表现出来，而异常的账户对应关系则不能正确反映经济业务内容，查账人员可从凭证（主要是记账凭证）审核入手，发现异常账户的对应情况，就不难找出疑点，一般可从以下三个方面入手：

①从资金运动的方向发现异常账户对应关系。每一项资金运动均有来龙去脉，因此每一个账户的借方或贷方均有一定的正常对应账户，若某生产企业的生产成本账户的贷方与银行存款账户的借方直接发生对应关系，则为异常，应进一步查实。

②从资金运动的来路发现异常账户对应关系。每笔业务都有来路和去向两个方面。如产成品入库业务，一方面产成品增加，这就是去向；另一方面生产费用减少，则是产成品的来路。若某企业产成品账户借方直接与银行存款或材料账户贷方发生对应关系，这就不是产成品的正常来路。

③从没有原始凭证的应收、应付款的转账中发现异常的账户对应关系。这类方法主要针对弄虚作假、违反财经纪律的非合法性业务。如某企业虚列应收、应付款户头，转应收款套取现金，用应付款账户过渡截留利润。

（4）从异常时间中发现问题的方法。每项经济业务发生总有特定的时间，会计资料（原始凭证）对经济业务记录的时间应与业务发生相同。有些经济业务发生需经过一段完整的过程，但也有一个正常的期限，且相关经济业务发生时间也是有先后顺序的。检查时，若发现不符合规律的情况，应作为疑点。也可以从三个方面入手：

①从经济业务发生的特定时间上发现异常时间，若经济业务中相关会计凭证没有反映经济业务发生的时间，或者反映的特定时间与经济业务内

容有明显矛盾，这就是疑点，需要查实。如北京某电子生产企业查账时发现一张开票日期为12月25日的购买饮料发票，金额为35 000元，销售出据单位是该厂所辖的独立核算的劳动服务公司商店，从行业性质和时间上推导，该企业不属于高温生产作业单位，时近年终又处在冬季，怎么会大量购进饮料？进一步查证，很可能查出"小金库"和年终突击发钱的问题。

②从经济业务发生时间长短中发现疑点。在商品或材料采购过程中，会出现在途物资，根据供货单位的远近和所采用的运输工具的不同，可以测算出正常的物资在途期间，若超过这一期间，则为疑点。

③从结算时间上发现疑点。正常的债权债务关系由于经济合同规定的具体要求不同和选用结算方式不同，均有一定的结算期限，若发现有长期超期挂账的应收款或应付款，则应查明原因。

（5）从异常地点发现问题的方法。每一笔业务均有发生地点，这些地点是否异常是根据业务的内容来判定的。如某电力设备厂向某边远山区县销售中小型电力设备，这笔业务内容与地点之间属于不正常逻辑关系，则是疑点，有继续查证的价值。认识异常地点一般采取两种方式：

①从距离远近发现异常地点。同一商品或材料有多种采购渠道，在其价格、质量、品种、规格相同的情况下，一般应就近采购，除非企业暂时无现款支付，附近供应部门不赊账、较远的地方可以赊销，才会舍近求远。但当前有些采购人员为了拉关系、吃回扣、行贿受贿、从中获利等，不惜损害国家集体的利益，舍近而求远，这种异常现象在检查中应密切注意，并严格追查。

②从物资运动流向发现异常地点。一定经济业务的内容与市场需求和物资供应地点有密切联系。如湖北派人到广东沿海一带大量采购大米和棉花；湖南派专人到北京购买菠萝；这都是异常业务，因为盛产大米、棉花的湖北一般不可能到沿海一带购买大米和棉花；湖南也不会产生放着紧临菠萝产地广东不去，反到北京购买的现象。进一步查证，有可能发现买空卖空或其他问题。

（6）从有关人员异常生活变化中发现问题的方法。人是经济活动的主体，有问题或疑点账项的查证往往会落实到有关人员的身上。

①查证经济收入状况，认真分析被查人员的异常变化。如一个家庭或个人的经济耗费水平大大超过其正常收入水平，应作为异常变化疑点查清。

②从生活作风的突变认真分析被查人员的异常变化。大量实践证明，部分贪污等违法分子谋取暴利的目的是满足其腐化生活的需要，一旦取得非法所得，其生活方式逐渐变化，检查人员应通过调查座谈掌握这一线索，再查证必有收获。

（7）从逻辑矛盾中发现问题的方法，亦称逻辑推理查账法。它是根据有关数据来证实账面资料是否正确，从而进一步发现问题的一种检查方法。这种方法一般都与以上所介绍的方法配合使用，配合较多的主要是逆查法。

（8）从异常结算方式发现问题的方法。企事业单位因商品物资购销和劳务供应而结清价款所采取的方式有许多种，不同结算方式的使用都有一定的范围和规定，现金结算也有严格的结算纪律。如使用违反常规和纪律的结算方式，则是异常结算方式，应予以查明。此类检查法的实例已贯穿于前面各法之中。

3.3.2 运用核对法，检查有关内容是否相符

会计账簿既是根据会计凭证登记的，也是用来编制会计报表的主要依据，而且不论是会计凭证、会计账簿，还是会计报表，都是反映与核算实际经济活动的。所以，账证、账表与表表之间存在着必然联系。另外，证证、账证、账账、账实、账表、表表之间依其具体内容也存在着密切的内在联系。因此，通过进行证证、账证、账账、账实、账表、表表之间的核对，可发现其中某些内容不相符的问题，以此为线索或疑点，可追踪查证会计错弊的具体形态及其制造或形成过程。核对法的主要检查内容如图3-4所示。

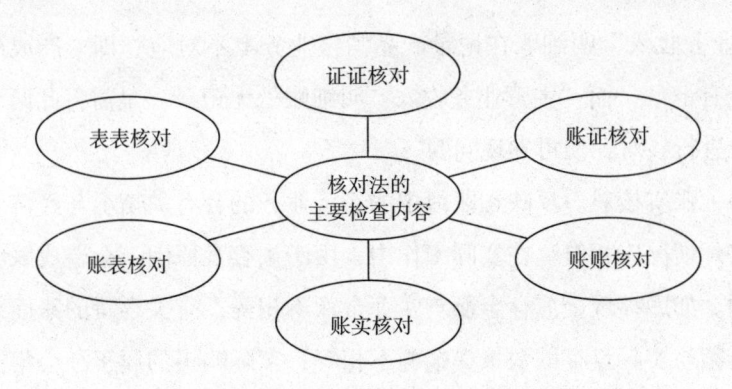

第 3 章 磨刀不误砍柴工——查账的策略、方法与技巧

图3-4 核对法的主要检查内容

（1）证证核对。经济活动发生后，首先应取得或编制原始凭证，然后根据原始凭证编制记账凭证，在采用科目汇总表或汇总记账凭证核算形式下，还要根据记账凭证编制科目汇总表或汇总记账凭证，可见，科目汇总表或汇总记账凭证和原始凭证之间存在着密切的联系。所以，通过它们之间的核对，可以检查它们在金额、业务内容与所用会计科目、日期、原始凭证所标明的张数与实际张数等方面内容是否相符，从而捕捉到会计错弊的线索。

（2）账证核对。会计账簿是根据会计凭证登记的，所以，二者在金额、业务内容、所用科目等方面都应相符。被查单位在账簿中如有多记、少记、重复记账、漏记和错记等会计错弊，通过账证核对便可发现其疑点。如在现金日记账和现金总账中，对于现金收款业务少记部分金额，对于现金付款业务多记部分金额，以贪污其差额，或将其置入单位的"小金库"，对此，只需将账记金额与收付款凭证进行核对便可发现其疑点或线索。

（3）账账核对。各有关账簿之间存在着必然的联系。如总账与所属明细账在金额、余额方向等方面相一致；资产账户与负债、所有者权益账户在某时点上的余额应相符；"产成品"与"主营业务收入"明细账在产成品出库与销售的数量、金额方面应相互对应等。通过对存在对应关系的账户的相互核对，可以发现有关内容不相符的问题。如销售产成品未通过"主营业务收入"等销售性质账户的问题发生后，会形成"产成品"与

"主营业务收入"明细账在记录产品销售业务上不对应,即"产成品"明细账处有记录,而"主营业务收入"明细账处无记录。只需将此两个明细账记录进行核对,便可发现问题。

(4)账实核对。反映在账簿中的经济业务的各有关情况与经济业务发生的实际情况应相符。在实际工作中,由于主客观原因,会造成账实不符的问题。如库存现金应存金额与实存金额不相等;有关存货的账面结余数量、金额与实际盘存的数量、金额不相等;实际购买的属于社会集团消费品,而反映在账簿中的却是生产耗用的原材料等。对于这些问题,可以通过账实核对来发现其疑点或线索。在进行账实核对之前,需先运用盘点法、调查法等方法确定经济业务发生的实际情况,如确定库存现金,有关存货的实存金额或数量等。然后,在此基础上再进行账实核对。

(5)账表核对。会计报表中大部分数据来自账簿记录。如"资产负债表"中的各项数字大都直接或间接来自各有关账户的期末余额;"损益表"中的数字大都来自有关账户的当期发生额。进行账表核对,可以发现当符而不符的问题。如可以发现被查单位有无为了压低库存商品结存额,而在"资产负债表"上虚拟待处理流动资产损失,直接冲减库存商品余额,从而造成账表不符的问题,等等。

(6)表表核对。有关会计报表之间以及各会计报表内容项目之间都存在着密切联系。通过表表核对,可以发现其中不正常的对应关系,并以此为疑点进一步查证会计错弊。

3.3.3 三查三找法

对管理混乱,财务上建账不全,记录零乱的企事业单位,可采用三查三找法突破查账困境,具体内容是:

(1)查银行对账单,找钱款数量。当被查单位原始凭证残缺不全,只有现金日记账和银行存款日记账,或甚至无日记账可查时,银行对账单就是唯一的银行存款收入、支出情况的完整记录。根据对账单,确定每笔银行存款收入的来路,对于支出的款项,可以查证支出的数量及支出具体去向是否合理合法。经济案件查账中,诈骗、投机倒把团伙往往运用多单位户头转账方法,最后将得来的赃款转入本单位户头。查账时,只有用这种查账追踪方法,方能一查到底。

(2)查其他往来账,找业务关系对象。其他应收款和其他应付款账户往往是舞弊者掩盖舞弊事实,隐瞒各种收入或虚增支出的重点实施对象。如企业或单位将销售收入不入销售账,而作为其他应付款入账,转移收入偷漏税收等。通过往来账户的查证,既可以摸清舞弊者的舞弊手段,又可以查明资金的去向。

(3)查应收销货款和应付购货款,找款项的去路。企业或单位在一定时期内资金占用总额恒等于来源总额,应收销货款是一个债权账户,它说明了流动资金的去向;应付购货款是一个债务账户,它说明流动资产中部分款项占用的来路。这些方向和来路是否正常,应通过对具体经济业务的会计资料查证后,方能说明原委。

3.3.4 账外账检查法

账外账检查法是指对被查单位隐匿截留资金于账簿内容之外,形成企事业单位的"小金库",或是为逃避会计监督,巧施手段进行账外交易等违法行为的检查方法。目前,实施账外账已成为相当一部分企事业单位截留收入、分散转移各种基金来建立"小金库"的一个较为普遍的违纪违法的手段。如图3-5所示,检查的方法关键是要抓住其主要来源和存在形式:

(1)以领代报、以借代报形成账外资金。这类形式多见于各种专用基金的支用,作弊目的在于逃避对资金的监督。如某企业单位的各项专用基金由所属生活服务公司以某种项目为名领出,将用后剩余部分变为账外资金,或者干脆巧立名目,制造账外资金。这类问题检查要抓住会计上的特点,重点查证作报销凭证的领据借据和各种专用基金、费用、营业外支出等账户。

```
账外账检查法的重点检查内容
├── 以领代报、以借代报形成账外资金
├── 向非独立核算单位拨款，作减少企业基金处理，形成账外资金
├── 用各种方式让利于附属单位形成账外资金
└── 直接截留企业收入不入账
```

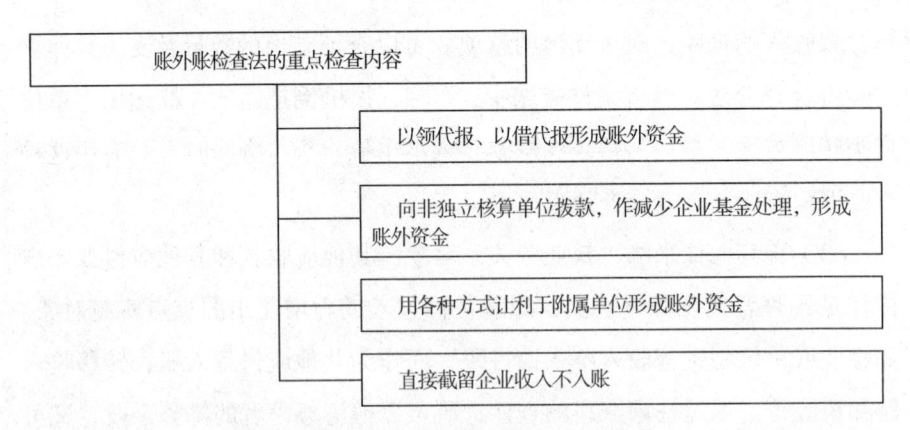

图3-5 账外账检查法的重点检查内容

（2）向非独立核算单位拨款，作减少企业基金处理，形成账外资金。这种弊端常见于上下级单位之间，上级列出拨出，下级收款单位列入拨入，系统汇总报表中基金结存数，并不减少；或者向核算网点拨款形成账外资金。会计上混淆基金缴拨与提取使用的界限。查账时应鉴别每笔拨款的受款单位是否为直属独立核算单位。

（3）用各种方式让利于附属单位形成账外资金。作弊的目的是将截留收入变成集体单位利润，用于不正当支出。如某工厂以高于市价或议价购入所属劳动服务公司等单位采购回来的平价或低于市价、议价的原材料，又将生产的紧俏商品降低价格给所属劳动服务公司等单位，转手高价出售获利。该厂会计上表现为发票所列价格异常，原材料购进价格高于市场和议价，产品售销价格低于该厂价格规定，或所属单位购进原材料价格低于厂直接购进价、或所属单位商品销售价格大大高于厂价规定。这是查账的主要线索。

（4）直接截留企业收入不入账。如某公司设立"技术咨询公司"，实际不干技术工作，专门截留企业收入。但无论采取什么方法截留，都是以私分为目的，并且都在附属单位。因各种截留必须出具合法单据给对方，往往使用本企业的收据代替国家正规发票等，以达到截流收入不被发现的目的。

第4章 了解会计错弊症状，对症下药
——常见会计舞弊大曝光

本章导读

财务人员在查账活动中，如果想要发挥查账的"治安警察"乃至"刑警""特警"的作用，必须要做到"知己知彼，百战不殆"。要练就高超的查账本领，需要多做功课。最重要的是了解各种经济业务中可能出现的舞弊行为，只要掌握了会计错弊表现症状或者潜在的临床症状，才能药到病除，保证企业的健康发展。

在本章中，我们结合查账的实务经验，对各种业务中可能出现的舞弊行为进行一一列举，具体包括以下内容：

（1）通过发票、收据等进行的舞弊行为有哪些？
（2）利用报销制度的漏洞进行的舞弊行为有哪些？
（3）在资产业务中进行的舞弊行为有哪些？
（4）在流动负债业务中进行的舞弊行为有哪些？
（5）在所有者权益业务中进行的舞弊行为有哪些？
（6）在收入成本利润业务中进行的舞弊行为有哪些？

4.1 通过会计票证进行的舞弊行为

4.1.1 通过发票、收据等进行的舞弊行为

通过发票、收据等进行的会计舞弊行为是最常见,也是隐蔽性很强的一种会计舞弊方法,如图4-1所示,此类会计舞弊行为主要包括:

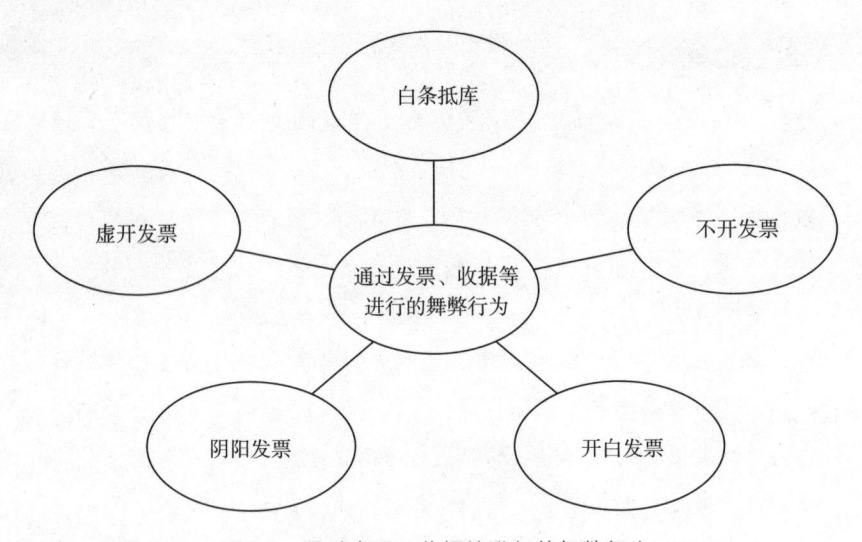

图4-1 通过发票、收据等进行的舞弊行为

(1)白条抵库。白条抵库,指行为人违反财会制度和处理手续,用便条、收据、临时凭证等来抵充现金或实物的作弊手段。主要形式有:

①出纳人员挪用现金,以白条充作现金。

②单位职工和领导借用现金,出纳人员同意出借,以白条抵库。

③仓库保管人员或单位人员私借库存实物,以白条充抵库存。

(2)不开发票。不开发票,指行为人利用职务之便,收取款项,不开发票,挪用或占有收入,同时,偷漏税收。其具体手法有:

第4章 了解会计错弊症状，对症下药 —— 常见会计舞弊大曝光

①行为人收取款项，不开发票，不予报账，收入占为己有。这种行为多发生在收取罚没收入、提供劳务和出售账外物资等活动中。

②行为人收取款项，不开发票，按领导旨意，交存小金库或私自瓜分。

③行为人收取款项，不开发票，单位偷漏税收。

国家规定，单位销售货物或提供劳务，根据增值税专用发票计算增值税，根据流转税（包括增值税、消费税）计算缴纳城建税和教育费附加，根据应税利润总额交纳所得税。不开发票，则可以少计收入，偷漏掉以上税收。

（3）开白发票。开白发票，指行为人开具或索取不符合正规凭证要求的发货票和收付款项证据，以逃避监督或偷漏税收的舞弊手段。其主要手法有：

①打白条，顾名思义就是以个人或单位名义，在白纸上书写证明收支款项或领发货物的字样，作为发票。

②以收据代替发票。

③以发票存根联、记账联等充作报销联。

④不按发票规定用途使用发票，如以饮食服务行业发票代替零售、批发商业发票等。

⑤不按发票规定要求开具发票，如不加盖财务专用章等，有关人员不签字等。

（4）阴阳发票。阴阳发票，也称阴阳术或大头小尾，是指行为人在开具发票等凭证时，根据需要在存根联、记账联、收款联和报销联上各填具不同的数量和金额。其具体手法为，在开具发票时，在报销联前垫上异物，使该联成为空白，然而再按需填具空白联，或者干脆将报销联撕下，按需填写，从而形成报销联同其他各联不同的阴阳发票，阴阳发票表现为：

①收入款项时，将报销联按实际收到的数额填写，交付款人收执，而

将收款联、记款联和存根联较小数额填写，贪污其差额。此法多发生在小型零售企业，以及收取管理费、劳务费、咨询费、罚没款等非实物资产或处理废旧物资、边角料等账外物资业务中。

②支付款项时，要求收款单位在发票联上多开具金额，而实际只按应付账款支付款项，将报销后的差额据为己有。

（5）虚开发票。虚开发票，指行为人在开具发票时，除在金额上采用阴阳术外，还开列虚假品名、价格、数量、日期等，以蒙混过关，便于报销。具体手法为：

①虚假品名。用便于报销的物品名称代替不符合报销要求的实物名称。如购化妆品开列为劳保用品，购营养品开列为药品等。

②虚假价格。按需要开列价格或按照虚假货物品名开列相符合的价格。根据收款方、付款方作弊的不同要求，虚假价格具有高开、低开、平开三种方式。

③虚假数量。按需要开列数量或配合虚假货物价格开列数量。根据收款方、付款方作弊的不同要求，虚假数量具有多计、少计、等计三种方式。

④假票真开。用假发票开具真实业务。

4.1.2 费用报销中的舞弊行为

费用报销是企业中常见的经济行为，几乎每个在职人员都有过报销费用的经历，由于这种业务繁多，涉及的人员也很多，很容易被不法之徒浑水摸鱼，套取单位的资金据为己有。如图4-2所示，费用报销中的舞弊行为主要包括以下几种：

（1）模仿签字。模仿签字，指行为人模仿单位主管人员的笔法，在不符合报销规定的发票、收据等凭证、文件上，签署诸如"同意报销"等批示，以及主管领导的签名，以骗取"同意"的作弊的方法。这种作弊方法，被财务人员使用具有隐秘性，被其他人员使用也具有很强的欺骗性，

第4章 了解会计错弊症状，对症下药 —— 常见会计舞弊大曝光

尤其是在财务主管领导不经常检查会计凭证的单位。如某单位报销程序和手续为：金额超过50元者由单位领导审批，交会计（兼出纳）报销；金额不足50元者由办公室主任（兼财务科长）审批，交会计（兼出纳）报销。该会计员将私自购货的发票覆盖在领导签字上面模仿签字，在不到两年的时间里，频繁使用该手法52次，作弊金额达24 000余元。

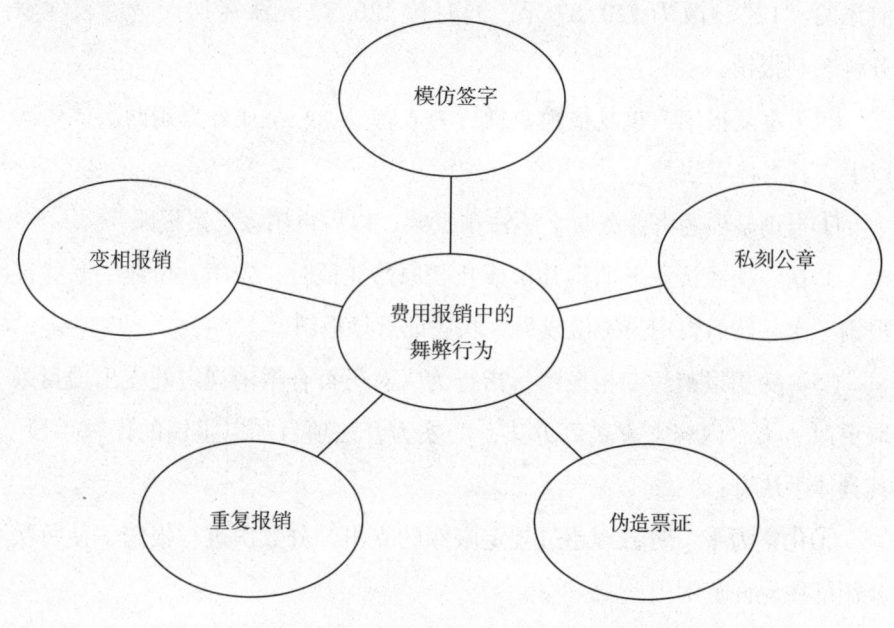

图4-2　费用报销中的舞弊行为

（2）私刻公章。私刻公章，指行为人不经单位授权和主管部门审批，私自刻制或委托他人刻制单位行政公章、财务专用章的不法手段。由此刻制公章，尤其是通过专业人员刻制的公章，一般能达到以假乱真的程度，因而具有很强的欺骗性。例如，上海沪东汽车运输公司停薪留职人员徐某即采用这种手法，私刻了一枚吴淞皮件厂公章和一枚财务专用章，通过熟人搞到一张该厂营业执照复印件、一张空白购销合同和一张作废的空白商业承兑汇票，骗取海南省海口市"双江"实业公司价值55万元的双绉丝绸面料，致使该公司蒙受较大损失。

（3）伪造票证。伪造账证，指行为人使用涂、改、刮、擦以及利用

化学药品等方法更改账簿或凭证的日期、摘要、数量、单价、金额、会计科目、填制单位或接受单位名称，或者采用伪造印鉴、冒充签名、涂改内容等手法，制造证明经济业务的原始凭证、记账凭证和明细账、总账、会计报表，以实现舞弊或粉饰目的。例如，某农药厂职工利用一张字迹模糊、只有小写金额没有大写金额的药费发票，在金额"0.87"元前添写"12"，改为120.87元，同时按120.87元添写加大金额，在财务科顺利报销。

（4）重复报销。重复报销，指行为人将一项经济业务报销两次或两次以上。其具体手法是：

①报销某项经济业务时，不注销发票，以后再用该发票报账。

②在一项经济业务取得几份或几联原始凭证时，先用一份或一联凭证报销一次，然后再用另一份或另一联凭证重复报销。

（5）变相报销。变相报销，指行为人对不符合报销规定的支出项目采取更改名义、内容、方式等方法，变换为合法项目加以报销的作弊手段。其具体手法有：

①化整为零。对数额超过规定限额的支出，分数次进行报销，使每次金额都在允许范围内。

②化明为暗。对内容不符合报销范围的支出项目，以合乎规定的名义报销。如出差期间，将用餐费计入住宿费，变相报销。

③以此补彼。对不符合报销规定的项目不予报销，但在其他合规项目中多计报销金额或以其他名义予以补偿。如司机违反交通规则被罚款，按规定不予报销，但领导却批准给予相应金额的加班补助。

4.2 资产业务中常见的舞弊行为

4.2.1 现金管理中的错弊行为

（1）坐支现金。坐支现金，指行为人违反现金管理制度，将应交存银行的收入或应由银行结算的支出，不通过银行办理，而直接以收入的现金进行支出并不通报开户银行的作弊手段。其主要手法有：

①收入现金不入账，直接用于支付货款或账外支出。

②购销货物不结账，物物交换，变相坐支。

③谎报特殊需要，要求坐支，实则为无理坐支。

（2）套取现金。套取现金，指行为人将银行存款和非现金结算凭证，非法转换为现金或现金支票的作弊手段。主要方法有：

①少列现金收入总额。即企业出纳员或收款员利用企业内部控制混乱，故意将开具的非正式内部收据隐藏或撕毁，将所收现金据为己有。并使发票存根、发票记账联、记账凭证、账簿、报表一致，令人无法发现收入现金的动向。

②记录错误出现长款。会计人员的粗心大意，致使记账发生了错误，总账和明细账不符，若出纳人员素质不高，将会将长款据为己有。

③要空白发票，多计费用。有的单位上至领导下至一般员工，利用职务之便，要空白发票，套取现金。

④涂改凭证，获取利益。涂改凭证是一种非法行为，而不法分子为了满足膨胀的私欲，不择手段地进行猖獗活动。

⑤虚列凭证、虚构内容。通过改动凭证或直接虚列支出，如工资、补贴等手段套取现金进行贪污。

⑥大头小尾，贪污现金。开票方目无法纪，为所欲为，为了获利，大家都好。公务人员利用工作性质，假公济私，多报差额，贪污现金。

⑦虚假报销冒领公款。有的单位报销制度不健全，财务人员对报销把关不严，个别人便利用这一机会，将平时非公务积累的一些车票、住宿费等单据混在正常票据中一起报销，冒领公款。

⑧伪造单据套取现金，私设小金库。单位以购买某种物品为名，套取现金单独存放，用于不当支出。

4.2.2 银行存款管理中的错弊行为

（1）出借账户。出借账户，指行为人将本单位银行账户非法借予他方使用。具体手法是：将外单位现金存入本单位银行账户，同时开出一张等额转账支票，以本单位名义付款给指定单位或借用账户者，而在会计上不作处理。

（2）多头开户。多头开户，指行为人在不同银行中分别开设账户，根据需要将不同资金在不同账户中结算，以隐匿资金或逃避银行监督。如某单位在工商银行、建设银行、农业银行中各开立一账户，分别将债务在工商银行中结算，将债权在建设银行中结算，而将账外资金在农业银行中结算，以逃避其在工商银行中的借款和未付客户的货款。

（3）公款私存。公款私存，指行为人将本单位款项以个人名义开户，在银行中存储的作弊手段。其具体手法为：

①公款私存，贪污利息。财务人员利用自己掌握现金和企业内控制度不健全的机会，将公款擅自以个人名义存入银行，侵吞存款利息。

②行为人挪用或私自出借公款。

③私存公款，形成单位"小金库"，用于不法支出。

④私存公款，单位逃避债务和银行监督。

（4）公款私汇。公款私汇，指某些拖欠银行借款的企业，将单位外埠收入以私人名义汇至本企业，以逃避银行债务。如某企业于5年前在某工商银行借有一笔 50 万元贷款,到期后该企业屡催不还。今年该企业在外地施工收入 80 万元,为逃避银行债务,便以私人名义汇至本企业。

(5)空头支票。空头支票,指行为人在银行存款不足的情况下,签发票面额大于银行存款金额的支票,以欺骗客户的作弊手段。如某企业资金困难,又急需购买一批材料,即签发空头支票交付对方,骗取该批材料。

(6)盗用支票。盗用支票,指行为人利用职务便利,窃取支票使用或未经许可私自签发支票的作弊手段。其具体手法有:

①出纳人员私自签发支票,支付私人费用或向银行提取现金占为己有。

②业务人员私自签发因业务需要取得的已盖章的空白支票,支付与单位业务授权无关的费用,或向银行提取现金占为己有。

③单位职工或社会人员私自使用捡拾、盗窃或其他途径非法取得的支票。

4.2.3 其他货币资金的作弊手法

其他货币资金主要包括外埠存款、银行汇票存款、银行本票存款、在途货币资金等。

(1)关于外埠存款。外埠存款是企业到外地进行临时或零星采购时,汇往外地银行开设采购专户的款项。

①非法设立外埠存款账户。主要表现为:捏造申请书、骗取银行信用,在异地开设采购户,进行非法交易。在异地会同异地合伙单位设立存款账户,将企业存款汇往异地作为外埠存款。

②外埠存款不合理、不合法的支出。主要表现为将外埠存款挪用进行股票投资、债券投资等交易活动。

(2)关于银行汇票。汇款人将款项交存当地银行,由银行签发给汇款人持往异地办理转账结算或支取现金的票据,在尚未办理结算之前的票据存款。

①银行汇票使用不合理、不合法。主要表现在超出了使用范围，套取现金。到外地提取现金，用于非法活动。贪污汇票存款，找假发票，使发票单位或收款单位不一致。

②非法转让或贪污银行汇票。也就是说，企业财会部门收到银行汇票时，不及时存入银行，而是通过背书转让给其他单位，从中获取非法所得。

③收受无效的银行汇票，给企业带来损失。主要表现在：接受过期、作废或经涂改的银行汇票；接受银行签发的银行汇票或假冒的银行汇票；收到的银行汇票，收款人并非本企业。

（3）关于银行本票。银行本票存款是指申请人将款项交存银行，由银行签发给其在同城凭以办理转账结算或支取现金的票据，在办理结算之前形成的存款。这方面的造假主要表现在：银行本票与采购金额不一致。银行本票金额大，致使业务员用假发票抵账，贪污余款。

（4）关于在途货币资金。在途货币资金是指企业与所属单位或上下级之间汇解款项，在月终尚未到达，处于在途的资金。造假的主要表现为：收到存款或收到在途货币资金不作转账处理，挪作他用或者贪污；虚增在途货币资金，如为了虚列销售收入，表现为增加在途货币资金。

4.2.4 应收款方面的作弊手法

在会计核算中，涉及往来账核算的虚假手法主要表现在两个方面：一是企业利用应收及预付款账户调节产品成本和当期损益；二是企业有关业务人员利用应收及预付款结算方式及其某些难以控制的薄弱环节，挪用公款谋取私利。具体形式如下：

（1）应收销货款长期挂账，购销双方彼此渔利。企业赊销商品而产生的应收账款，本应及时收回。但购货单位为了长期占用应付货款，销售企业经销人员和财会人员为了从购货单位谋取利益，而共谋长期拖欠货款及运杂费，造成企业应收销货款长期挂账。

例如，某企业销售人员得知某购货单位拟购买100万元的化肥，但由于资金一时无法筹措,需拖延付款时间。销售人员与财会人员共谋后,决定向购货单位索取5万元使用费而延长收款。遂造成应收账款长期挂账,而5万元落入私人腰包。

(2)坏账损失不作处理,有意制造潜亏。根据财会制度的规定,对于一般企业来说,对因债务人破产或者死亡等原因,确实不能收回的应收账款以及因债务人逾期偿付超过3年仍不能收回的应收账款,应及时报主管部门审查作坏账处理;对于股份制企业来说,根据《股份有限公司会计制度有关会计处理问题补充规定》,只有在应收账款有确凿证据证明不能收回或收回的可能性不大,如债务单位破产、资不抵债、现金流量严重不足、发生严重的自然灾害等导致停产而在短时间内无法偿付债务时,以及其他足以证明应收款项可能发生损失的证据和应收款项逾期5年以上的情况,才准予作坏账处理。但有的企业经济效益欠佳,为了确保完成利润指标,就对应处理的坏账损失不上报不处理,人为造成大量陈账、呆账长期挂账,以掩盖企业潜亏真相。

如某企业有一笔挂账达3年之久的应收账款,近日获悉该往来企业已进入破产清算程序,破产财产只足以抵偿职工工资和一些相关税费,破产债权无法得以实现。该企业本应将此笔根本收不回来的应收账款转入管理费用,但该企业领导考虑到这样一来,势必影响到年度的利润。影响企业的业绩,遂决定此笔应收账款暂不转销,继续挂在往来账上。这样的结果必会造成人为调节资产、调节利润的后果。

(3)调整计提比例,错提坏账准备金。在采用备抵法核算坏账损失的企业,坏账准备的计提应按年末应收账款余额乘以一定比例与坏账准备科目贷方余额作比较之后计算提取,有些企业在不改变应收账款余额的情况下,采取人为提高或压低提取坏账准备百分比的手法,多提或少提坏账准备,以调节当期利润。

如某企业领导"好大喜功",为了向上级主管部门表现自己的贡献,人为地调低坏账准备的提取比例,这样就可以达到少计费用,多计利润的目的。还有的企业为了少缴企业所得税，擅自调高坏账准备的提取比例，以达到多计费用、少计利润、偷逃税款的不法目的。根据财会制度的规定，坏账准备计提比例作为企业的一项会计政策，提取比例有一定的范围限制，并且变更的话要采取相应的调整方法并应在会计报表附注中进行披露，以让报表使用者能更清晰地了解企业的真实情况，而一些企业在提取比例上搞虚假，足以扰乱正常的经济秩序。

（4）调整应收账款数额，错提坏账准备金。采用备抵法核算坏账损失的企业，为了调节盈亏而虚增或虚减管理费用，除采用提高或压低计提坏账准备的比率外，还采取调增或调减应收账款数额的手法，多提或少提坏账准备金。

例如，某企业当年效益非常好，但企业领导为了给明年的任务打下伏笔，便人为地虚增年末应收账款余额，多提取坏账准备金，多计管理费用，压低本年利润。相反，有些企业领导为了加官进爵，搞浮夸，虚减年末应收账款余额，少提坏账准备金，少计管理费用，调高本年利润。

（5）利用坏账损失转移资金，挤列费用。有些企业将单位还款不冲销往来账，而是截留并转移他处，再通过坏账损失挤列管理费用。企业收到外单位归还的欠款后，直接从银行提出现金转入企业"小金库"，不在银行日记账上反映，日后再将应收账款作为坏账处理，通过坏账损失列入管理费用。如某企业收到某实业公司归还以前年度的欠款5万元，企业收款后直接开出一张5万元的现金支票，提出现金后转入企业"小金库"，用于吃喝业务招待以及购买一些福利用品，之后再将此笔应收账款作坏账处理，直接转销，计入管理费用，并保持账面的平衡。

（6）利用应收账款放贷，利息转入"小金库"。根据国家有关规定，企业间可以互相拆借资金，但有些企业却利用应收账款放贷，将利息收入转入"小金库"，并称为企业间拆借资金。如企业将收回的还款直接转借给其他单位，并将取得的利息收入转入"小金库"。当企业收到外单位还欠款时，不进银行日记账，同时签发相同金额的转账支票，有偿转借给另一个单位,对付出银行存款也不进银行日记账,将两笔业务合并记作:"借:应收账款——乙,贷:应收账款——甲"的账务处理。收取利息后不记入收入,直接记入"小金库"。

(7)虚列应收账款,虚增销售收入。企业为了体现经营业绩,或为了完成承包任务,就会利用年底结账时,人为地虚列销售收入、挂往来账、虚增利润。待下一年初,再用红字将此笔虚列的往来账冲掉。如审计人员在审阅某企业商品销售利润明细表时,发现该企业12月毛利率比其他月份高出几倍,通过详细审查,发现该企业的一笔销售收入未结转成本,且对应的应收账款账户名经函证查无此单位,经查问财务人员,才知是企业领导人为完成承包任务而在年底虚增的一笔收入。

(8)应收账款的入账金额不实。在存在现金折扣的情况下,应收账款的入账金额核算有总价法和净价法两种方式。根据我国会计制度的规定,只允许采用总价法核算。但在实际工作中,可能出现按净价法入账的情况,这样的结果就使企业少记正常的收入、客观上造成应收账款入账金额不实的结果,为一些不法分子贪污提供机会。

例如,某家具商场在销售上采取的信用政策为2/10、1/20、N/30,但其按净价法核算销售收入,这样就会少计收入,从而影响到利润的核算。

(9)延期承兑应收票据,索取酬金。企业在经济往来中,也采取签发商业汇票进行结算,有些人就在票据上大做文章。本已到期的应收票据,因付款方暂无力支付,该企业便提出以"好处费"为条件,将应收票据转入"应收账款"。如甲企业售给乙企业商品一批,价款50万元,经双方约定收到了乙企业承兑的不带息商业汇票,即作账务处理。商业汇票临到期时,乙企业派人与甲企业协商,要求待资金缓解时偿还应付货款,并许诺可给有关人员"劳务报酬"。甲企业有关人员则为谋取私利,答应对方要求。经商定,乙企业可在一年内付讫货款,条件是按该笔货款同期借款利息的15%,向甲企业有关人员支付"好处费"。甲企业收到"好处费"后,将到期票据转作应收账款。

（10）占用备用金，谋取私利。其他应收项目主要指企业发生的非购销活动的应收债权。对于这类应收项目，主要在"其他应收款"账户中核算，如企业发生的各种赔款、支出保证金和备用金等，备用金主要是企业拨给有关职能部门或有关业务人员备作零星支出的款项。某些企业由于备用金领用和报销制度不健全，有关人员就浑水摸鱼，多领备用金或长期占用备用金，将手中的备用金存入银行收取利息，或投资于股票等项目，获取投资收益。有的财务人员也利用职权，私领备用金向有关单位投资或挪作他用，捞取个人好处。

（11）利用"其他应收款"账户从事违法违纪活动。"其他应收款"账户反映的业务较零星、复杂，也就容易为某些企业所利用，主要形式有：

①为谋取暴利、逃避税务工商管理部门的监管，将超出企业经营范围的业务反映在"其他应收款"账户。

②利用"其他应收款"账户私自存放大量现金现象，违反库存现金限额管理的规定。

③利用"其他应收款"账户为其他单位或个人套取现金，在一定程度上为贪污盗窃、损公肥私大开方便之门。

一般情况下，其他应收款作为企业的债权，其占压期不能过长，但在实际工作中，许多企业的"其他应收款"长期挂账，造成一种不真实的会计信息。

4.2.5 预付账款业务往来作弊手法

按规定，企业的预付款业务必须以有效合法的供应合同为基础，而在实际工作中，有的企业的预付款业务根本无对应的合同，而是利用预付款这一"中转站"往来搭桥，为他人进行非法结算，将所得回扣或佣金据为己有；或利用该项业务转移资金，隐匿收入，私设"小金库"或私分。

如甲企业本与乙企业无任何业务往来，但甲企业的负责人与乙企业的财务主管有亲戚关系，于是，甲企业以收取一定"使用费"为条件，在审计人员的函证中证明该企业收到乙企业的预付款，给审计人员的工作制造了很大的障碍，使甲、乙两企业的会计核算失去了真实性。

4.2.6 存货方面的作弊手法

存货管理和核算中的造假形式主要有如下几种：

（1）违规分摊，成本不实。一些企业在核算购入材料的采购成本时，将能够直接计入各种材料的采购成本不直接计入，或将应按一定比例分摊计入各种材料的采购成本不按规定进行合理的分摊。如在"材料采购"账户中，只核算购入材料的买价，将应计入购入材料的运杂费、运输途中的合理损耗、入库前的整理挑选费用等采购费用全部计入"管理费用"账户；购入材料发生的运杂费，不按材料的重量或买价等比例分摊计入各种材料的采购成本，而全部计入某主要材料的采购成本，以加大主要材料的采购成本，减少其他材料的采购成本。某企业从木材厂拉入圆木 50 吨，其他木料 50 吨，运杂费共计 3 万元，其他木料的采购成本则少计 1.5 万元，从而造成各种材料的采购成本核算不实。

（2）随意变更存货的计价方法。根据会计制度规定，企业可以根据自身的需要选用制度所规定的存货计价方法，但选用的方法一经确定，年度内不能随意变更，如确实需要变更，必须在会计报表中说明变更原因及其对财务状况的影响。但在实际工作中，许多企业都存在随意变更计价方法的问题，造成会计指标前后各期口径不一致，人为调节生产或销售成本，调节当期利润。如一企业某年选用先进先出法计算发出存货的成本，但由于受多种因素的影响，该商品购进价格上扬时，改用后进先出法计算发出成本，购进价格下降时再用先进先出法，使该商品在同一会计年度内先进先出法和后进先出法交替使用，人为地调节利润。

又如，某企业多年来一直采用后进先出法计算确定发出木材的实际成本，由于木材涨价过猛等原因，致使木器产品成本大幅度提高，经济效益明显下降。企业为遏制经济效益下降的局面，在采取积极措施的同时也采取了一些不正当的手段，变更发出原材料实际成本的计算方法，其具体手法为：将后进先出法变换为先进先出法。该企业原先一直采用后进先出法计算发出木材的实际成本，截至 6 月底木材的账面结存 100 立方米，单位成本为 180／立方米，余额为 18 万元。下半年购进木材 3 450 立方米，金额为 146.2 万元（其中 7 月购进木材 1 700 立方米，单位成本 400／立方米，金额为 68 万元；10 月购进木材 1 750 立方米，单位成本 460 元／立方米，金额为 78.2 万元）。从 7 月开始，未经审批便改用先进先出法计算发出木材的实际成本。这样就人为地调节了发出货成本、销售成本和利润。

（3）材料盘盈、盘亏，不做转账处理。企业由于材料品种多，规格型号复杂，收发次数频繁，在计量和计算上难免发生差错，在仓储保管中可能发生自然损耗、损毁和被盗等问题。因此，企业应在年终时对各种材料进行实地盘点，并将实存数量与账面数量核对，对于材料盘盈、盘亏应查明原因，按照规定进行转账处理。但在实际工作中，许多企业却利用不正确处理盘盈或盘亏的手法，以调节利润。如有的企业经济效益较好，但企业领导人担心"枪打出头鸟"，为了压低利润，就采取了只对材料盘盈做转账处理，而对材料盘亏留待下年度处理的做法；还有的企业随意转账，将盘盈材料计入"营业外收入"或"其他业务收入"，或将盘盈、盘亏与物资储备中发生的非常损失或溢出金额相互冲销，不转出其相应的"进项税额"，以增加增值税的抵扣数。

（4）不报毁损，虚盈实亏。企业在清查财产过程中发现毁损材料，应按照规定程序报批转销其毁损价值，但有的企业为了掩盖其不景气的经营状况，搞虚盈实亏，对年终财产清查中已经查明的毁损材料，不列表呈报，使其损失价值仍潜藏在材料成本中。如某家专门生产毛线的企业，在年终进行财产清查时，发现库房由于管理原因，使许多库存毛线发生霉烂、虫蛀，损失价值达 60 万元。企业在预计全年收支情况后，发现如要列报毁损，企业就会由盈利转为亏损。该企业职工工资实行"工效挂钩"方式，如果企业亏损，职工就不能晋升工资，并影响到年终奖金的发放。

权衡之后，企业领导授意财会部门，将应报损的材料全部从财产清查表中去掉，实物仍留存在仓库不做处理，年终账面数额结转下年度。这样的结果导致企业一方面当年形成虚盈实亏。另一方面为以后年度埋藏了潜亏因素。

（5）监守自盗，虚报损失。保管人员利用职务之便，或勾结车间人员，涂改账目、盗窃财物，或者虚报和夸大损失，将报损材料转移或贪污私分；冒领或用假领料单和发料单，盗窃物资，转移出售；或盗窃财产物资，将所窃物资成本通过打折等手法打人正常领料、发料业务之中。

根据国家税法和《企业会计准则》的规定，企业之间以生产资料串换生活资料，以生产资料换取其他生产资料等，都应视同销售，作购进和销售账务处理，并计算相关税金，但有些企业在这种非货币性交易中，不结算，不走账，摆脱银行、工商行政管理等部门的监督，为偷逃流转税、虚减销售收入，隐瞒利润大开方便之门。

（6）人为改变成本差异率。有些企业，为了控制超额利润，大都从隐匿收入和虚增成本两个方面进行作弊，人为提高材料成本差异率。多分摊材料成本差异，是采用计划成本进行日常核算的常用作弊手段。如某企业为了逃避所得税，采用提高材料成本差异率的手段，该企业全年产品生产领用原材料的计划成本平均每月 3 000 万元，每月应计原材料成本差异率在 9.5% ～ 12.8%，经过调整，每月的人为差异率都比应计差异率提高 1.5%。全年即可多分摊材料成本差异 500 多万元。

与提高成本差异率相反，有些企业为了完成承包任务，人为地压低材料成本差异率，用来降低成本，虚增销售利润，实现承包任务。

4.2.7 固定资产业务中的作弊手法

1. 固定资产构成上的作弊手法

（1）对固定资产与低值易耗品的划分不符合规定标准。根据财务制度规定，企业的固定资产的构成是：使用期限在一年以上的房屋、建筑物、机器、设备、器具、工具等，不属于经营主要设备的物品，单位价值在 2 000 元以上，并且使用年限超过两年的，也构成固定资产，不具备上述条件的，应列作低值易耗品。

在工作中存在着未按上述原则和标准划分固定资产与低值易耗品的问题。有的企业将属于低值易耗品的物品列作固定资产，有的企业将属于固定资产的物品列作低值易耗品。这造成核算上的混淆不清，也造成了二者的价值在向生产经营成本、费用转移形式和水平上的不合规、不合理。

企业为了增加成本、费用，将符合固定资产的物品划入低值易耗品，一次摊销或分次摊销；为了减少当期成本、费用，将符合低值易耗品标准的物品划入固定资产进行管理，延缓其摊销速度。这种混淆划分标准，还会导致资产结构的变化，使固定资产与存货之间发生此长彼消的关系，使会计信息产生错报，直接影响投资者的决策。

（2）固定资产分类不正确。固定资产可以分成七大类：生产经营用固定资产；非生产经营用固定资产；租出固定资产；不需用固定资产；未使用固定资产；土地；融资租入固定资产。

企业对固定资产可根据实际情况进行分类，一般企业多采用按经济用途和使用情况分类。对固定资产的分类正确与否主要涉及企业对哪些固定资产应计提折旧，以及折旧费用的列支问题，这些问题都直接影响到企业费用与成本的计算，财务成果的确定与计算所得税的依据。

①将未使用固定资产划入生产经营用的固定资产之中，会增加当期的折旧费用，使生产费用上升，还导致固定资产内部结构发生变化，虚增固定资产使用率，给信息使用者以假象，使管理者作出错误的决策。

②企业将采用经营租赁方式租入的固定资产与采用融资租赁方式租入的固定资产混为一谈，以达到降低或提高折旧费用，从而人为地调整财务成果的目的。对企业采用经营租赁方式租入的固定资产按照有关规定，租入企业是不计提折旧的，由租出企业计提折旧；而采用融资租赁方式租入的固定资产，租入企业是要按规定计提折旧的。如果对于用经营租赁方式

租放的固定资产计提折旧，其结果只能是人为地提高折旧费用，增加当期的生产成本或期间费用。如果对采用融资租赁方式租入的固定资产不计提折旧，其结果就是虚假地降低生产成本或期间费用。这两种结果都是对企业财务成果与纳税的人为干扰。

③对土地的分类出现错误。与房屋、建筑物价值有关的因征地支付的补偿费，应计而不计入房屋、建筑物的价值，而将其单独作为"土地"入账。这便降低了固定资产的原始价值，造成了固定资产的分类混乱。

（3）固定资产的计价不准。资产根据其来源，有七种计价方式：购入固定资产的计价；自行建造固定资产的计价；其他单位投资转入的固定资产的计价；融资租入固定资产的计价；改建、扩建固定资产的计价；接受捐赠固定资产的计价；盘盈固定资产的计价。

企业在计价方法和价值构成以及任意变动固定资产的账面价值方面常出现如下问题。

①计价方法。企业财务制度规定，新增加的固定资产有原始价值的就应按原始价值入账；无法确定原始价值的，按重置完全价值入账；而账面价值则主要用于计算盘盈、盘亏、毁损固定资产的溢余或损失。有些企业却不按上述规定采用正确的计价方法，从而影响了当期其他的成本费用，使固定资产在有效期内的折旧产生差错，使会计信息反映失实，最终误导人们的决策错误。

②价值构成。企业在固定资产价值构成方面发生的问题主要是任意变动固定资产价值所包括的范围。有些企业不按规定，在购入固定资产时，将与购入该固定资产无关的费用支出或虽有某些联系但不应计入固定资产价值的支出，统统作为固定资产的价值组成部分，造成固定资产价值虚增虚减。

③任意变动固定资产的账面价值。有些企业不顾国家规定，任意调整、变动已入账的固定资产的账面价值。

例如，经营租赁的固定资产，实物虽已转移，但出租单位仍应对该固定资产进行管理，会计部门应对其进行核算。但企业因固定资产已不在本企业使用而随意将固定资产从账户中削去，导致会计信息失真，影响企业当局及外部会计信息使用者的正确判断。

2. 固定资产增减业务方面的作弊手法

（1）购入固定资产质次价高，采购人员捞取回扣。企业采购人员为了捞取回扣，与卖方合谋，购买质次价高的物品，造成企业不当损失。

（2）固定资产运杂费，掺入了旅游参观费。固定资产的原值包括买价、包装费、保险费、运输费、安装成本和缴纳的税金。有的企业将不属于构成固定资产价值的支出也记入了固定资产的价值，虚增了固定资产价值。

（3）运杂费用张冠李戴，人为调节安装成本。购入需要安装的固定资产，应将固定资产的买价、运杂费、安装费等都先计入在建工程，当设备安装完毕交付使用时，计入固定资产价值。将不需安装的固定资产发生的运杂费列入需要安装的固定资产的安装成本中，从而人为调节了固定资产的价值。

（4）接受贿赂，虚计固定资产重估价值。其他单位投入的固定资产，应按合同、协议约定的价值或经评估确认的价值计价。由于企业或投资单位有关人员接受贿赂，私下商定有意抬高或降低固定资产的价值计价。

（5）固定资产出租收入，虚挂往来账。固定资产出租收入属于租赁性质的劳务收入，应通过"其他业务收入"科目核算，发生对应的成本费用应在"其他业务支出"科目中核算，有的企业为了挪用固定资产出租收入，将收入直接记入"其他应付款"科目，而分期挂账。

（6）固定资产变价收入，存入小金库。财务制度规定报废固定资产的残料价值和变价收入应冲减清理支出。但有的企业为将报废的固定资产的变价收入挪作他用，将收回的款项存入了企业的"小金库"。

（7）清理固定资产净收益，不按营业外收入或资产处置收益记账。财务制度规定，处理固定资产收回的价款，应冲减固定资产清理支出，将净收益作为营业外收入或资产处置收益处理。有的企业经营效益好，为了控制利润，便将固定资产净收入仍挂在固定资产清理账中，并结转下年再处理。

（8）转移工程借款利息、调节当年损益。企业工程借款利息，在办理竣工结算前应计入工程成本"在建工程"，结算后计入"财务费用"。但有的企业为了调节利润，将应计入在建固定资产造价的费用，在未办理竣工结算之前计入当年"财务费用"。

（9）在建工程试运转收入，不冲减在建工程成本。企业在建工程在试运转过程中所取得的收入扣除税金后应冲减在建工程成本。但有的企业为了调节利润，便转移收入，在"其他应付款"中加以挂账。

（10）融资租入固定资产的财务费用，计入固定资产价值。企业财务制度规定，融资租入的固定资产的价值包括按照租赁协议或者合同确定的固定资产价款和运输费、保险费、安装调试费等。不包含融资应计入"财务费用"的账户的各项支出。有的企业面对金融机构，为了增加利润，便将应计入"财务费用"账户的各项支出，计入融资租入固定资产的价值中。

（11）无偿转让旧设备，清理损失列损益。企业进行设备更新，将淘汰的旧设备无偿转入自办企业，并将发生的清理损失列入当年损益。

（12）固定资产盈亏，不做账务处理。有的企业为了调节利润，对固定资产的盘盈、盘亏不做账务处理。

（13）随意改变折旧方法，调节折旧计提数额。企业固定资产折旧方法一般采用平均年限法。经有关部门批准，可采用"年数总和法"和"双倍余额递减法"等快速折旧法。但有的企业为了调整成本利润，便随意改变公司使用固定资产的折旧方法。

（14）随意改变折旧率，调节成本利润。固定资产折旧率一经确定，将不能随意改变。但有的企业为了调节某年度的利润随意变更固定资产折旧率，多计或少提折旧。

（15）增加固定资产，不提折旧。财务制度规定：当月增加的固定资产在下月初开始计提折旧。有的企业为了调增利润，将应计提的折旧有意漏提。

（16）未使用固定资产（除房屋、建筑物外）提取折旧。按财务制度规定，对除房屋、建筑物外的未使用固定资产不计提折旧，但企业为了调节利润，对未使用的除房屋、建筑物外的固定资产也计提折旧。

（17）停用的固定资产，当月不计提折旧。企业为了虚增盈利，压缩成本费用的支出，对当月停用或减少的固定资产，不计提折旧。

（18）当月不应计提折旧的，当月计提折旧。企业为了调节成本、利润，常常违规对固定资产进行折旧，如当月新增固定资产折旧本应不再计提折旧，而仍在计提，超龄固定资产有效期满不再计提折旧，仍在计提。

（19）变卖固定资产，仍旧提取折旧。

（20）在建工程提前报决算，多提折旧。企业为了控制当年利润实现数额，采用在建工程提前报决算，提前转入固定资产，提前计提固定资产折旧，以虚增费用减少利润。

4.2.8 无形资产作假的常见手法

（1）无形资产所有权和使用权处理不当作假的。无形资产的所有权是企业在法律规定范围内对无形资产所享有的占有使用、收益、处置的权力。无形资产的使用权是按照企业无形资产的用途和性能加以利用，以满足生产经营的需要。将只有使用权的无形资产作为有所有权的无形资产下账，从而增大无形资产摊销，减少利润，进而减少所得税的上缴。

（2）无形资产增加不真实，不合规。企业增加的无形资产有的没有合法的文件证明，有的已超出了法定有效期。

（3）无形资产计价不正确。无形资产计价原则：
①购入的无形资产，按照实际支付的价款计价。
②企业自行开发并申请取得的无形资产，按取得时发生的注册费，聘

请律师费等实际净支出计价。

③投资者作为资本金或合作条件投入的无形资产，按评估或合同协议及企业申请书的金额计价。

④接受捐赠的无形资产的成本，应根据资产的市场价格或根据所提供的有关凭据确认的价值和接受捐赠时发生的各项费用确定。

企业明知计价不合法、不合理，故意将无形资产计价过高或过低；未经法定手续进行评估或确认，随便计价，没有企业合并或接受其他单位商誉投资时，就对商誉作价入账。

（4）对无形资产摊销期限不符合规定。无形资产是一项特殊资产，它可使企业长期受益，因而企业从开始使用之日起，按照国家法律法规、协议或企业申请书的规定期限及有效使用期平均摊入管理费用。无形资产的有效期限按下列原则确定：

①法律法规、合同或者企业申请书分别规定有法定有效期限和受益年限的，按照法定的有效期限与合同或者企业申请书规定的受益年限孰短的原则确定。

②法律、法规未规定有效期限，企业合同或企业申请书中规定了受誉年限的，按照合同或企业申请书规定的受誉年限确定。

③法律法规、合同或企业申请书均未规定法定有效期和受益年限的，按照不少于10年的期限确定。无形资产的摊销期限一经确定，不得随意改变，否则须经有关部门批准。

在实际工作中，企业存在对无形资产摊销的作假方式，如摊销期限随意变动来调节管理费用，多摊或少摊无形资产，人为调节财务成果的高低。

（5）无形资产摊销金额不正确。无形资产的摊销金额是随法定的摊销期限来确定的，无形资产有的价值和特权，虽然会持续一段时间，但最终还是会终结和灭失的。工作中，为了随时调节利润，企业通过随时调整无形资产使用年限来调整金额，是否达到合情合理来虚调费用。

（6）无形资产摊销的会计处理方法不正确。无形资产有购入、自创和其他单位投资转入三大途径。取得时通过"银行存款""实收资本"核算，若是接受其他单位或个人捐赠的无形资产可按所附单据或参照同类无形资产市价确定价值，通过"资本公积"核算，企业作假通常是将不同途径取得的无形资产，为了作账方便，故意张冠李戴，如企业不择手段，资金未到位便开始了正常的"营业"，后发现企业验资报告中所谓的"实收资本"是接受捐赠的无形资产。

（7）伪造无形资产增加的虚假证明。例如，伪造专利权证书，商标注册书，无形资产办理必要的产权转让手续的虚假证明。

（8）虚增商誉，增大费用。商誉的作价入账只是在企业合并的情况下发生的，而企业在正常的经营期内，擅自将商誉作价入账，多摊费用、降低利润。

（9）出售无形资产，不作账。出售无形资产，无形资产所有权应随着无形资产的出售而消失，账面应转销"无形资产"的成本价值。但企业为了增加本公司的费用，以达到降低利润的目的，隐匿出售证据，对出售的"无形资产"不进行账务处理。

4.2.9 递延资产业务中的常见作弊手法

递延资产本质上是一种递延费用，与待摊费用不同，它属于长资产，受益年限一般超过1年，而待摊费用属于流动资产，受益期限一般不超过一年。

递延资产主要包括开办费，租入固定资产改良支出、固定资产大修理支出，以及摊销期在1年以上的其他支出。

1. 开办费

它是指企业在筹建期间内发生的费用，包括筹建期间人员的工资、办公费、培训费、差旅费、印刷费、注册登记费以及不计入固定资产和无形资产购建成本的汇兑损失利息等支出。开办费摊销期限为5年之内，主要作假方式有：

（1）开办费各项费用支出的内容不正确，表现在开办费列支的费用和列入固定资产、无形资产价值的有关费用之间界限不清，相互混淆，相互挤占。企业在投入生产后，有无将生产经营期内发生的费用列入开办费的。

（2）开办费支出的标准不正确。企业筹建期内的各项费用支出没有合法的原始凭证，各项费用标准超过了国家的有关规定。

（3）开办费的摊销期限及摊销账务处理不合理、不合规。国家规定开办费的摊销不超过5年，但企业任意延长或缩短开办费的摊销期限。使企业因延长摊销期限而使资产负债表上虚列资产，因缩短摊销期限而虚增摊销期的损益。企业不按规定将开办费汇入管理费用，而任意计入其他成本费用项目，将造成会计信息反映的不真实。

2. 租入固定资产改良性支出

租入固定资产包括经营租入的固定资产和融资租入的固定资产。主要作假方式有：

（1）租入固定资产改良支出核算不真实。企业在实际工作中将无形资产的支出及在建工程项目核算挤入固定资产改良支出，减少当期费用，虚增本期利润。或将固定资产改良支出记入期间损益，虚减利润，而偷漏税款。

（2）租入固定资产改良支出摊销不合理。企业故意延长或缩短改良支出的期限，而不是按租赁的有效期平均分摊。目的是随意调整成本利润。

（3）固定资产大修理支出。它指固定资产局部更新，其主要特点是：每次支出数额大，受益期较长，发生次数少。一般而言，每次固定资产大修理支出应在下次大修理之前摊销完毕计入成本和费用。

固定资产大修理支出作假的主要方式是：

①大修理支出不真实。工作中，企业为了调增利润，减少费用，将中小修理列入大修理项中，为了调减利润，增加费用，将大修理列入小修理项目中。从而使得会计信息失真。

②大修理支出和固定资产更新改造划分不准。固定资产大修理支出是通过"递延资产"科目核算的。固定资产更新改造是通过"固定资产"科目核算的,有的企业为了使固定资产在账外核算,故意将"固定资产更新改造"记入"递延资产"科目进行核算。

③企业大修理支出实行预提,待摊并用。企业一方面预提大修理费用,另一方面在大修理发生时,又计一次成本费用或记入"递延资产",而造成重复列支,导致虚减利润逃漏了税款。

④随意摊销大修理费用。企业大修理费用不按规定的受定期平均摊,而违反规定随意摊销,以达到人为调节利润的目的。

⑤大修理支出摊销账户乱用。企业为了扰乱视线,把"制造费用"账户核算的经营用固定资产大修理支出和由"管理费用"账户列支的大修理支出相互混淆,划分不清,造成当期成本、费用无法核实。

4.3 流动负债中常见的舞弊方法

流动负债主要指企业将在一年内或超过一年的一个营业周期内偿还的债务,包括短期借款、应付票据、应付账款、预收账款、应付职工薪酬、应交税金、应交利润、其他应付款、预提费用以及视同流动负债的应付职工薪酬等内容,它在企业生产经营活动中占有相当重要的地位,下面我们将分别阐述其常见的一些虚假账务处理手法。

4.3.1 短期借款中常见的舞弊方法

短期借款指企业借入的期限在一年以下的各种借款,包括企业从银行或其他金融机构借入的款项。

(1)虚计费用,调节利润。根据财务会计制度的规定,短期借款利息采用预提的方式，每月计入财务费用。有的企业为了调节当年损益，就采用虚提银行借款利息，通过期间费用账户转入当年损益。例如，某企业 12 月借入一笔为期 8 个月的银行借款，利息总额为 8 万元，规定在借款到期时连同本金一同归还。按照规定，利息应采用预提的方法，每月计入财务费用账户 1 万元，但该企业为了在年末少交所得税，就采用在当年多预提短期借款利息的舞弊手段，于年末将 8 万元利息全部计入当年损益，使当年利润少实现 7 万元，漏交所得税 2.31 万元。

（2）将短期借款（特别是展期的短期借款）记录，反映为长期借款，导致短期借款信息失真。

（3）通过连续展期将应由长期借款解决的资金变通为短期借款，如通过连续展期形式将获取的流动资金借款用于购建固定资产，使短期借款信息失真。

4.3.2 应付账款中常见的舞弊方法

（1）应付账款长期挂账。主要表现在企业的若干"应付账款"明细款项长期未付而挂账，有的属于合同纠纷或无力偿还，有的属于销货单位消亡而无从支付的情况，这样易导致虚列债务。例如，审计人员在对某出版社进行审计时，发现其应付账明细账中有数十家单位挂账已逾五年之久，经审计函证，这些单位大都已撤消或注销，或者合并改组，该单位早应将这些无法偿付的应付账款转为营业外收入，但其却一直列为负债，结果必是虚列债务。

（2）虚列应付账款，调节成本费用。有些企业为了调控利润的实现数额，就采用虚列应付账款的方式，虚增制造费用，相应减少利润数额。例如，某企业为了少缴企业所得税，在 12 月份，以车间修理为名，虚拟一提供劳务的单位，将自己编制的虚假劳务费用 8 万元，作为应付账款进行账务处理，即"借：制造费用——修理费，贷：应付账款——××"，从而使 12 月的产品成本虚增。假使该月产品全部销售，就会虚增销售利润8万元，结果会使本期利润虚减8万元，相应地偷漏企业所得税 $8 \times 33\% = 2.64$ 万元。

（3）利用应付账款，隐匿收入。有些企业为了隐藏一些非法收入或不正常收入，以达到偷逃税款的目的，就会在收到现金（或银行存款）时，同时挂"应付账款"。例如，审计人员在对某企业审查过程中，发现一张凭证为："借：原材料，贷：应付账款"，后附一份进货清单、一张进账单，经盘问出纳人员，才知为企业一笔非法收入。为了隐瞒这笔收入，该企业领导人授意财务人员挂在往来账上。

（4）故意增大应付账款。如某企业采购人员在采购某物时，会要求对方开票员多列采购金额，套取企业现金。例如，某日化工厂采购员张×在采购原料时，要求对方开具5万元的发票金额，而实际合同价为4.2万元，采购员伙同对方开票员将8千元现金套出私分，使企业财产受到损失。

（5）利用应付账款，贪污现金折扣。指有些企业在支付货款符合现金折扣的条件下，按总额支付，然后从对方套取现金私分或留存"小金库"。按规定，对付款期内付款享有现金折扣的应付账款，先按总价借记"材料采购"，贷记"应付账款"，在付款期内付款时，对享有的现金折扣应予以扣除，而以折扣后的金额付款。但有些企业付款时，对享有的现金折扣不予扣除，通过以下方式套取现金折扣，即"贷：应付账款——××单位（总价），贷：银行存款"，之后再从销货单位拿取折扣部分。

（6）故意推迟付款，合伙私分罚款。有些企业财务人员伙同对方财务人员，故意推迟付款，致使企业支付罚款，待支付罚款时，双方私分此罚款，使企业财产受到损失而肥了个人的腰包。

（7）隐瞒退货。企业向供货单位购买货物后，取得了蓝字发票，但又因故把货物退回，取得了红字发货票，而作弊人员用蓝字发票计入应付账款，而将红字发票隐瞒，然后寻机转出，贪污"应付账款"。如审计人员在对某家具厂审计过程中发现，该家具厂一笔应付账款十分可疑，经函证，发现此购货对方早已退货，而应付账款却被几位财务人员合谋套出私分了。

（8）不合理挤入，假公济私。有些企业对于一些非法支出，或已超标准或规定的费用，人为挤入"应付账款"进行缓冲，如审计人员在对某一热水器生产企业审计过程中发现，该企业曾购入三辆"新大洲"摩托车，企业财务人员的账务处理为"借：固定资产，贷：应付账款"，但审计人员在盘点企业固定资产时，却没有发现这三辆摩托车。后经知情人透露，才知三位企业领导人利用公款买摩托车送给考入大学的子女作为奖励。

（9）用商品抵顶应付账款，隐瞒收入。企业用商品抵顶债务，不通过商品销售核算，隐瞒主营业务收入，偷漏增值税。企业如用商品抵顶债务时，通常作"借：应付账款，贷：库存商品"的会计分录，故意不作销售，不记增值税（销项税）。

如某化纤厂以其产品抵顶应付账款35 100元，该厂作如下账务处理"借：应付账款——××35 100，贷：库存商品——××35 100"，结果隐瞒销售收入30 000元，销项增值税3 900元，虚减利润。

4.3.3 预收账款中常见的舞弊方法

（1）利用预收账款，虚增主营业务收入。有些企业利用预收账款来调节商品销售收入，将尚未实现的销售收入提前作收入处理，虚增商品销售收入，调节利润；这些企业为平衡利润，在未发出商品时就虚作商品销售收入，虚增当期利润，在下一个会计期间再冲回原账务处理。如某企业商品销售采用预收账款形式，收到货款作"借：银行存款，贷：预收账款"的会计分录，待发出商品时确认收入，将预收账款转入产品销售收入，作"借：预收账款，贷：产品销售收入，应交税金——应交增值税（销项税额）"的账务处理。该企业在2019年12月预计不能完成目标利润，遂于年底将几笔预收账款转为销售收入，以达到增加利润的目的。审计人员在审计过程中发现，该企业这几笔销售收入并没有同时结转产品销售成本，纯属人为调节损益。

（2）利用预收账款，偷逃收入、税金。有些企业将预收账款长期挂账，不作销售处理。如某印刷厂，收到客户交来货款时，作"借：银行存款，贷：预收账款"，待客户取走印刷品时，该厂继续将预收账款挂账，不转作收入，也不结转成本，以达到偷逃收入和税金的目的。

4.3.4 预提费用中常见的舞弊方法

（1）虚列预提费用。有些企业为了达到减少本期利润，少交所得税的目的，采用虚列预提费用的方式来人为地调节利润。如审计人员在审计过程中发现，某企业大修理实行预提费用制度，按常规，费用早应提足，但该企业却在预提费用中一直列支此项，后经查询，才得知该企业为了继续享受国家的一些税收优惠政策，而要做成"真盈假亏"的假象。

（2）预提费用长期挂账。有些企业对已预提完毕的预提费用支付时不转销，支付时又重新计入成本费用账户，以达到增加当期费用之目的。

如某汽车制造厂预提大修理费用时，作"借：制造费用，贷：预提费用"的账务处理，待实际发生时，又作"借：制造费用，贷：银行存款"的账务处理，并未冲销已提足的预提费用金额，这样的结果使企业虚增了制造费用，虚增了生产成本。

（3）不预提应预提的费用。有些企业因本期的费用支出较大，为了不影响期末预计利润，则采用"压缩"费用的方法，对按规定应进行预提的费用不预提，以降低过高的成本费用，虚增或虚报当期利润。

4.3.5 应付职工薪酬中常见的舞弊方法

（1）利用工资费用，调节产品成本。企业为了调节产品成本和当年利润，人为地多列或少列应计入产品成本的工资费用，从而达到调节利润的目的。

例如，审计人员在审查某企业应付职工薪酬时，发现本年度工资费用比上年度有较大幅度的增长。经进一步审查得知，在建工程工资支出60万元计入生产成本。由此而增大了产品成本,随着产品的销售,必然会导致当年的利润减少。

(2)冒领贪污。有些企业的会计人员利用会计部门内部管理制度不健全,虚列职工姓名,或者使原始凭证与记账凭证不一致,进行贪污。

如审计人员在对一空调生产企业审计时发现,工资表中很多人的签章似乎出自一人之手,经盘问出纳人员得知,其利用本单位内部管理混乱,虚列了职工名单,伪造签名后领出现金据为己有。

(3)支付利息,计入"应付职工薪酬"科目。有些企业支付职工购买本单位债券的利息支出计入应付职工薪酬,重复列支费用,虚减当期利润。按照规定,企业发行债券应支付的利息,每年都应通过计提的方式将应付债券利息计入财务费用,支付利息时应冲减应付债券。在计提利息时作借记"财务费用——利息支出",贷记"应付债券——应计利息"的账务处理。但有的企业为了隐瞒利润,一方面在计提债券利息时列入财务费用,另一方面在支付本企业职工购买的债券利息时,通过"应付职工薪酬"重列费用,使已经支付给职工的利息,在"应付债券"贷方挂账。如A企业发行5年期公司债券100万元,利率为8%,本公司职工购买50万元,当年企业共提利息8万元,列入财务费用。次年2月先支付外单位利息时企业作"借:应付债券4万元,贷:库存现金4万元";将应付本单位职工的债券利息4万元并入当月工资一起作"借:应付职工薪酬,贷:库存现金"的账务处理,然后挤入经营费用和管理费用,减少利润4万元。

4.3.6 其他应付款中常见的舞弊方法

根据有关规定,企业收取的包装物押金在"其他应付款"账户中核算。收到时作"借:银行存款,贷:其他应付款";待归还时,企业再作"借:其他应付款,贷:银行存款"或逾期未还时,可以转为收入。但有些企业将"其他应付款"长期挂账,不转入收入处理,偷逃收入,偷逃税款。如某粮食企业销售粮食时，收取麻袋押金，待归还时退还押金，对于逾期未退的，转入收入。但该企业却不结转其他应付款，使其长期挂账，造成收入不实，负债不实的后果。

4.3.7 应交利润中常见的舞弊方法

根据国家有关规定，企业在未弥补亏损之前，未提取盈余公积和公益金之前不得分配利润。有些企业却不遵守规定，在未补亏之前即分配利润，或者分配的利润大于可供分配的利润。这样的结果就会造成账实不符，违法违规的后果。

4.3.8 长期借款中常见的舞弊方法

（1）利息不入费用，长期挂账。按照国家有关制度规定，长期借款利息要预提。作"借：财务费用，贷：长期借款"的账务处理。有些企业为了完成计划利润，长期借款利息不预提，长期挂账，隐瞒亏损。待支付利息时，作"借：待摊费用，贷：银行存款"的账务处理，如某制药厂1999年1月向银行贷款150万元，年利率8%，期限3年，每季度提取利息1万元。公司为了实现计划利润，自4月起不再预提利息，而支付利息时作"借：待摊费用，贷：银行存款"的账务处理。

（2）混淆资本化利息。根据我国财务会计制度的规定，企业长期借款在固定资产建造期间的利息费用应予以资本化，不能计入期间损益；在固定资产支付使用后发生的利息支出，可直接计入当期损益。但有些企业为了体现利润，在固定资产支付使用后作"借：固定资产，贷：长期借款"的账务处理，不将利息计入期间费用。

如审计人员在对某动物研究中心进行审计时发现，该中心2011年1月1日向银行借入款项100万元，年利率10%，期限5年，用于建造试验室。该试验室于2011年3月1日动工，2012年3月1日完工。2012年4月1日的会计分录中，该中心作"借：固定资产，贷：长期借款"的账务处理，没有将利息收入列为期间费用，由此造成虚增利润的后果。

4.3.9 应付债券中常见的舞弊方法

（1）未经批准，擅自发行。有些企业发行债券没有合法的程序，通过伪造一些资料（或数据）来骗取审批手续。如某企业为了获准发行债券，遂将上报的资产负债表中的净资产人为地调至限额，骗取发行资格。

（2）变相提高债券利率。根据有关规定，发行债券的票面利率不得高于银行同期居民储蓄定期存款的利率的 1.4 倍。有些企业为了给内部职工以优惠或为了尽快发行债券，就采用折价发行债券的方式发售，从而变相提高债券利率。

例如，某制药厂年初以 90 万元的价格发行面值为 100 万元的两年期债券，票面利率为 13%，同期银行存款储蓄利率为 10%，由于该厂折价发行债券，无形中使利率提高。

（3）溢（折）价不摊销。有些企业为了调节利润，就会采用不摊溢（折）价的方法来达到目的。如某企业 1998 年 1 月 1 日发行 5 年期面值为 500 万元的债券，票面利率为 10%，企业按 510 万元的价格发行，1998 年 12 月 1 日企业计提利息时作会计分录"借：财务费用 50，贷：应付债券——应计利息 50"，按照国家有关规定，企业发行债券应在到期日内分摊溢折价。该企业多计费用 2 万元，从而造成少计利润 2 万元，少缴企业所得税 0.66 万元。正确的会计分录应为"借：财务费用 48，借：应付债券——债券溢价 2，贷：应付债券——应付利息 50"。

（4）混淆资本性支出与收益性支出的界限。根据国家有关规定，企业发行债券筹集资金如果是用于购建固定资产，则应付债券上的应计利息以及溢价和折价的摊销，以及支付债券代理发行手续费及印刷费，在资产尚未交付使用前计入在建工程的成本；在资产交付使用后计入财务费用。有些企业为了完成目标利润，在资产交付使用后依然将债券计入财务费用。有些企业为了完成目标利润，在资产交付使用后依然将债券利息及折价摊销额计入"在建工程",从而达到少计费用,多计利润的目的。

如某石化企业 2010 年 1 月 1 日发行面值为 1 000 万元的债券用于新建车间,企业按 900 万元发行,票面利率为 10%,2012 年 1 月 1 日该车间交付使用。但审计人员在审查过程中发现,该企业在 2012 年 4 月 1 日计提利息时,作"借:在建工程,贷:应付债券——应计利息,应付债券——债券折价"的账务处理。

(5)债券使用超出章程范围。企业发行债券必须具有明确的目的和用途,有的企业发行债券筹集资金后,擅自改变用途,使债权人无形中承受极大的风险。如某企业以购建几条大型生产线为借口发行债券筹集资金 10 000 万元,由于当时股票市场十分看好,便将 10 000 万元全部投于股市。由于股市风云变幻,该企业在 1 个月之内便损失 500 万元。

4.3.10　长期应付款中常见的舞弊方法

(1)虚列账户。不根据合同或协议,或者根据无相关的合同或协议,虚列长期应付款账户。之后,套现资金,据为己有或挪作他用。

如某企业业务人员串通财务人员,以虚拟的融资合同混入真实的合同中,套出企业银行存款,之后三人以此款进行炒股等行为,待日后再将此款以退货形式返回,股市投资收益据为己有。

(2)期满后继续付款。有些企业在融资租赁付款期满后继续付款,将多余的款项从对方提出,存入部门"小金库"或私分。如某生化厂,融资租入一台大型设备,租赁费 50 万元,租赁期为 5 年。审计人员在审计过程中发现该厂"长期应付款"明细账中有两笔 50 万元,并且付款日期很接近。经进一步审查合同以及采用其他审计手法,审计人员查明,该企业有关人员为了套取本企业资金,而采用重复付款的方式来达到贪污的目的。

(3)融资租入固定资产,不计提折旧。根据有关规定,融资租入固定资产应视为自为资产管理,须计提折旧。但有些企业为了少计费用,对融资租入固定资产不计提折旧，从而达到人为调节利润的目的。如审计人员在审查某企业长期应付款账户时，发现有大量融资租入固定资产，再检查有关折旧账户，并未有相应的折旧计提。该企业未计提折旧，实质上是虚减成本，虚增利润。

（4）混淆融资租赁和经营租赁。根据财务会计制度规定，企业经营租赁的固定资产并不计入固定资产账户，只需在备查簿中登记，待付出租赁费时，再计入相关费用。有些企业为了调节利润，少计费用，将经营租赁挤入融资租赁，挂"长期应付款"，推迟支付租赁费以达到调节企业当期利润的目的。

（5）安装调试费，计入"待摊费用"。根据财务会计制度规定，企业融资租入固定资产的安装调试费应先计入"在建工程"账户，待交付使用时再转入"固定资产"账户。但有些企业在融资租入需安装的固定资产时，账务上直接作"借：固定资产，贷：长期应付款——应付融资租赁费"，对支付的安装调试费计入"待摊费用"，然后再摊入费用账户。如2019年某建筑公司租入挖掘机一台，租赁费20万元，合同规定每年租金5万元，分4年付清。企业作"借：固定资产20，贷：长期应付款应付融资租赁费20"的会计分录，同时对支付2万元的安装调试费，全部计入"待摊费用"账户，分5个月平均摊入"管理费用——修理费"中，由此而造成融资租入固定资产原值核算不准确，并且虚增期间费用，虚减利润，少交所得税的后果。

（6）资产改良不计入"长期待摊费用"。根据我国财务会计制度的规定，租赁资产，不论经营性租赁还是融资性租赁其改良工程支出，都应计入"长期待摊费用"或"待摊费用"账户，并按一定的期限摊销。有些企业，为了不计或少计费用，对于租入固定资产改良工程的支出，直接增加固定资产的原值，而不计入"待摊（或长期待摊）费用"账户进行财务处理。

例如，某企业融资租入一条生产线，期限为5年，在使用第3年时，该企业对生产线进行了改良，工程支出为 10 万元。该企业却作"借：固定资产 10，贷：银行存款 10"的会计分录，从而使本年少计费用，多计利润。

4.4 所有者权益业务处理方面的作弊手法

（1）接受财产捐赠，记入当期损益。企业将地方政府、社会团体或个人以及海外团体或个人赠予的财产，记入当期损益，虚增利润，减少所有者权益。企业接受捐赠的现金或实物时，应按接受的捐赠款或实物价格记入"资本公积"科目。而有些企业却视为盈利记入"营业外收入"，虚增了当期利润。

（2）投资额低于账面价值的差额，冲减资本公积。企业以实物、无形资产向其他单位投资，投资合同、协议确认的价值或评估价值低于账面价值时，其差额企业应作为当期损益处理，有些企业却直接冲"资本公积"，减少了所有者权益，虚增了利润。

例如，某公司以库存商品对另一公司进行投资，账面原价 1 000 000 元，计税价 1 170 000 元，但投资确认的价值为 800 000 元，公司为了调整利润，将本应记入"营业外支出"核算的科目记入了"资本公积"科目：

借：长期投资　　　　　　　　　　　　　800 000
　　资本公积　　　　　　　　　　　　　370 000
　贷：库存商品　　　　　　　　　　　　1 000 000
　　　应交税金——应交增值税　　　　　　170 000

（3）对外投资评估价值高于账面价值的差额，列入当期损益。企业以商品或固定资产作价投资时，当评估价高于账面价值时，企业本应记入"资本公积"科目核算，但企业直接记入"营业外收入"虚增当期利润。

例如，A企业向B企业投入一台大型设备，设备原值800 000元，累计折旧600 000元，评估确认价为300 000元，企业为了完成利润指标直接将本应记入"资本公积"核算的科目记入了"营业外收入"科目，会计分录为：

借：长期投资　　　　　　　　　　　　　　300 000
　　累计折旧　　　　　　　　　　　　　　600 000
贷：固定资产　　　　　　　　　　　　　　800 000
　　营业外收入　　　　　　　　　　　　　100 000

（4）溢价发行股票，按实收金额汇人股本。企业溢价发行股票时，股本应按股票面值登记入账，其差额部分应记入"资本公积——股权溢价"。有些企业混淆了法定资本的界限，将实收金额借记"银行存款"，贷记"股本"进行核算。

例如，某股份有限公司发行面值为1 000元的股票20 000股，每股以1 100元的价格发行，收到价款存入银行，公司的会计处理为"借：银行存款22 000 000元，贷：股本22 000 000元"。

（5）内部职工发放现金股利，挤列费用。企业内部职工购买职工股，在发给职工现金股利时，通过应付职工薪酬挤入费用。企业分配股利应在税后利润分配中列支，但企业在利润分配中计提应付股利，实际支付时不冲减应付股利，而是通过"应付职工薪酬"在费用中列支，使应付股利挂账，以便乘机转入"小金库"。

例如，某股份有限公司发行普通股2亿股，每股面值10元，企业2019年1月按每股1.3元价格向股东分配上年的股利，企业作了借记"营业费用"，贷记"应付职工薪酬"的账务处理，发放时借记"应付职工薪酬"，贷记"库存现金"，将职工应分的股利全部挤入费用，从而将虚挂的应付股利转入"小金库"以备非法支出。

4.5 收入、成本和利润业务中常见作弊手法

在各项作假手段中,有关收入的作弊方法已包含在"应收账款""预收账款""其他应收款"等往来类科目的作假手段之中,请大家仔细阅读,本处不在赘述。

4.5.1 成本费用中常见的舞弊方法

我们这里所谈的产品成本是指企业在生产过程中为制造产品而耗费的成本,也称为产品制造成本或生产成本。生产成本主要包括三项内容:直接材料、直接人工和制造费用。费用主要是指期间费用,包括销售费用、管理费用和财务费用。

(1)福利费用支出计入成本项目。有些企业违反成本、费用支出的范围,将应由福利费支出的费用列入成本项目,加大成本、减少利润,如某企业将福利部门人员的工资,列入成本项目"直接人工费"。作"借:生产成本,贷:应付职工薪酬"的账务处理。

(2)职工医药费、计入管理费用。根据财务会计制度的规定,企业职工医药费支出应在"应付福利费"列支,有些企业为减少福利费支出,往往将部分药费挤入管理费用。从而虚减了当期利润。如某炼铁厂自1999年12月开始在报销职工医药费时,作"借:管理费用,贷:库存现金"的账务处理,将医药费全部挤入了管理费用,违反了国家有关制度的规定。

(3)任意扩大支出范围,提高费用标准。按照财务会计制度的规定,各项支出均有标准,但在实际工作中,却存在着许多乱花、乱摊、乱计费用的问题。有些企业为了自身的经济利益,违反财务会计制度的规定,任意扩大支出范围和提高支出标准,从而提高企业费用水平,减少当期利

润。如某企业领导人将其家属的"游山玩水"费用列为本单位职工的差旅费来报销，使该企业虚增管理费用，虚减利润。

（4）虚计费用，调节成本。有些企业为了调节产品成本和当年利润，有意将不应计入本账户的费用计入本账户或者将应计入本账户的费用转移计入其他账户。如某企业为了压缩当年利润，于12月以修理车间的名义，虚领材料，计入制造费用账户，月份终了分配计入产品成本。由此行为，造成企业本期利润虚减的结果。

（5）把对外投资的支出计入成本、费用项目中。有些企业以材料物资的方式，向其他企业进行投资时，不反映在"长期投资"科目中，而把减少的材料列入成本、费用项目中。如某机床生产厂以自己的钢材向某汽车制造厂进行投资，作"借：生产成本，贷：原材料"的账务处理。这样，一方面加大了产品成本，减少利润，少交所得税；另一方面也隐瞒了投资收益，再次少计利润，少交所得税。

（6）基本建设领用材料，计入产品生产成本。有些企业将不属于产品成本的费用支出列入直接材料费等成本项目。如企业为调节基建工程成本和产品生产成本，通过人为多计或少计辅助生产费用的错误做法，达其目的。例如，某生产企业将自营建造工程领用的材料，直接列入"直接材料费"，作"借：生产成本，贷：原材料"的账务处理，这样处理，把不应计入成本、费用的支出计入了成本、费用，虚减了利润，违反了成本、费用支出范围。

（7）多期材料，一期分摊。根据权责发生制的原则，会计核算应正确划分各月份的界限，但有些企业违反规定，将不属于本期产品成本负担的材料费用支出一次全部列入本期成本项目。例如，某企业1999年3月购入原材料100吨，计12万元。当月领用该原材料2.5吨，但企业却将12万元全部计入产品成本，由此造成该企业少计当月利润的后果。

（8）回收物资，账务处理。有些企业将回收的废料收集起来，不去冲减当月的领料数，而作为账外物资处理。这样的结果使企业不仅没有如实反映产品生产中材料的实际消耗，而且也相对加大产品的直接材料费成本，少计利润，少纳税金。例如，某企业将职工交回加工后余下的边角余料，不办理交库手续，不填废料交库单，不冲减当月的领料数。

（9）未用材料，不作退库。有些企业为了调节本期损益，对车间领用原材料采用以领代耗的办法，将投入产品生产的材料全部计入产品成本，期末有剩余材料，不管下期是否需用，均不作退库处理。如某企业基本生产车间10月多领用原材料20多万元，期末车间未办理材料退回和"假退料"手续，财会部门也未作扣减材料费用的账务处理。由此，该企业造成多计费用少计利润的结果。

（10）改变分配方法，调节当年盈亏。企业计入各种产品成本的目标在产品费用和本月发出的生产费用，应在各种产品的完工产品和月末在产品之间进行合理的分配，企业应当根据产品生产的特点选择适合本企业的分配方法，但有的企业为了调节本期盈亏，往往改变已经选用的分配方法，并且在会计当期不作披露。

（11）虚估约当产量，调整本期损益。有些企业利用约当产量估算的特点，采用多计（少计）在产品数量的手法，虚增（或虚减）利润，来调节当年损益。例如，某制造企业年末在产品300件，在产品完工程度为60%，约当产量为180件，但在分配费用时约当产量仅为200件，相应地使完工产品少计成本，随着产品的销售，也就自然少转了产品销售成本，导致利润增加。

（12）已销产品不结转成本。有些企业对已销产品不作成本结转，只记收入不记成本；或者相反，对未销售产品视为销售、多转成本。

例如某企业2009年5月销售产品1万件，成本80万元，销售收入100万元，该企业财务人员在进行账务处理时，只记收入100万元，不转成本80万元，由此造成虚增利润80万元。

（13）随意改变结转产品销售成本的方法。根据财务会计制度的规定，企业在某一个会计年度内，一般只能确定一种计价方法。方法一经确定，

第 4 章　了解会计错弊症状，对症下药 —— 常见会计舞弊大曝光

不能随意变更。如确实需要改变计价方法的，必须在会计报表附注中进行披露。有些企业出于调节当年损益的需要，在年度中间随意改变既定的计价方法。例如，某企业发出商品一直采用先进先出法，但在 11 月时，材料市场价格上涨，该企业为了压低年末利润，遂改用后进先出法核算出库产品的实际成本，并且在年末的会计报表附注中并未披露。

（14）随意调节成本差异率。有些采用计划成本核算的企业，在结转产品成本差异时，通过调高或压低成本差异率的方式，多计算或少计算结转的产品成本差异，以达到虚减或虚增利润的目的。例如，某企业为了压低利润，有意提高产品成本差异率，多转产品销售成本，以达到虚减利润的目的。

（15）不按比例结转成本。根据财务会计制度的规定，企业采用分期收款销售方式销售产品，按合同约定日期确认销售收入，在每期实现销售的同时，应按产品全部销售成本与全部销售收入的比率，计算出本期应结转的销售成本。有些企业为了调节当年损益，在分期收款销售的产品实现收入时，人为地确定结转产品销售成本的比率，多转或少转销售成本，以虚增或虚减利润。如某企业年初销售一批产品价款 500 万元，成本 400 万元，在一年内分四次收款，每次收款比率为 25%，按季度收款，在 4 月本应收取款项 125 万元，结转成本 100 万元，但该企业为了体现上半年的利润，采用人为少转成本的方法，结转成本 80 万元，来达到虚增利润的目的。

（16）把应计入成本的运输费列入期间费用。按照有关规定，企业购入固定资产、专项投资用的材料和设备的运输费应计入设备或材料的成本，作为其原值的组成部分；但有些企业却将这部分运输费列入期间费用而增大了本期利润。

（17）修理费用，重复计入生产成本。根据财务会计制度的规定，固定资产的修理费采用预提的方法，计入成本费用，但有些企业为控制利润实现数额，将车间固定资产修理费用重复计入生产成本。例如，某企业每

月预提3万元固定资产修理费用计入生产成本，但企业为了压缩超额利润，又将实际支出的45万元设备修理费全部计入生产成本。年终将预提修理费用结转下年度。这样处理的结果，使企业生产成本虚增了36万元，利润虚减了36万元。

（18）生产费用分配，张冠李戴。有些企业为了调节当年损益，将本期发生的生产费用在盈利产品和亏损产品之间进行不合理分配，造成盈亏不实。例如，某服装厂生产男装、女装和童装，1999年10月该企业女装和童装的销售要好于男装，该企业在分配间接费用时，按规定的分配标准计算出各种产品应分配数额后，有意将应分配计入亏损产品的制造费用，加计在盈利产品中。

（19）期间费用计入生产成本，或生产成本计入期间费用。有些企业为了调节当年利润，将发生的费用计入生产成本；或采用将应计入生产成本的费用计入期间费用。例如，某企业为了实现计划利润目标，12月将应计入"管理费用"账户的10万元无形资产摊销挤入了"制造费用"账户，月末分配制造费用时，将上述费用全部分配计入了"生产成本——基本生产成本"账户，由完工产品和在产品共同负担，这样，就造成少计期间费用，虚增利润的结果。

（20）期间费用，转作待摊处理。有些企业为了实现既定利润目标，就采用将本期发生的期间费用总额中转出一部分数额列作待摊费用的舞弊方法来达到目的。如某企业年计划利润300万元，1～11月已实现利润270万元，尚需实现30万元的利润才可达到计划，但该企业根据实际情况预计12月至多能实现利润20万元。为了完成300万元的利润目标，该企业财务人员从管理费用中转出10万元计入"待摊费用"账户，并结转下年度挂账，从而使当期利润达到既定目标。

（21）坏账损失不按规定提取。根据财务会计制度的规定，采用备抵法核算坏账损失的企业，应于期末计提坏账准备，计入管理费用。作"借：管理费用，贷：坏账准备"。有些企业为了调高或调低期末利润，就会于期末人为地提高（降低）提取比例，或变动提取依据（应收账款）的数额，以增加或减少期间费用，来达到目的的。

（22）利用"汇兑损益"账户人为调节利润水平。会计制度规定对外币账户，应采用月初或业务发生当日市场汇率作为记账汇率，由于汇率变动而引起的汇兑损益，可以采用集中结转法或逐笔结转法进行计算结转，一种方法选用后1年内不得变更。但有些外币业务较多的企业，为了达到调节利润的目的，采用多种方法人为调整汇兑损益。例如，某企业为了调低年末利润，就意在期末按低于账面汇率的期末汇率计算期末人民币余额，使当期发生汇兑损失，减少当期利润等。

（23）混淆资本性支出与收益性支出的界限。根据财务会计制度规定，企业向银行借款用于购建固定资产，对固定资产尚未交付使用前而支付的借款利息记入财务费用。企业用借款进行在建工程，在固定资产尚未交付使用前发生的贷款利息，应计入固定资产的造价。但有些企业，为了调节利润，故意混淆记入成本与费用的界限。

例如，某企业2018年1月1日向银行借款用于自营营业大厅，期限3年，该营业厅于2019年1月1日竣工并交付使用。但企业在2019年2月的账务处理中，依然作"借：在建工程，贷：长期借款"的会计分录，少计财务费用，以达到虚增利润的目的。

（24）将利息收入转作"小金库"，不冲销财务费用。财务费用包括利息净支出、汇兑净损失、金融机构手续费以及筹集生产经营资金发生的其他费用等。但有些企业在实务操作中，违反财务会计制度的规定，将利息收入转作"小金库"，不冲销财务费用，而虚增期末利润。如某企业出纳人员将每期的利息收入不作账务处理，不在"银行存款"与"财务费用"账簿上进行反映，而是提取后存入部门"小金库"，留待日后部门搞职工福利之用。

（25）不按规定摊销无形资产和开办费。根据财务会计制度的规定，企业的无形资产和开办费的摊销都应记入"管理费用"，作"借：管理费用,贷:无形资产(递延资产)"的账务处理,但有些企业为了调节期末利润,人为地多摊或少摊无形资产(或开办费),从而多计或少计费用,以达到其目的。

4.5.2 利润方面的作弊手法

利润是企业在一定期间所获得的经营成果。企业的利润一般包括营业利润、投资净收益、补贴收入和营业外收支等部分。

在利润方面的舞弊主要涉及营业收入、营业成本、投资收益、投资损失、营业外收入、营业外支出等业务。关于营业收入、营业成本和税金及附加等常发生的舞弊,譬如虚列产品和其他销售收入调节利润,虚列销售成本和费用调节利润等。

(1)虚列收入、调整利润。企业财务人员受上级领导指示,对已实现的收入不按现行财务会计制度的规定进行账务处理。企业领导人为了私利,授意会计人员虚增利润,造成企业虚盈实亏;有的企业谋求团体利益,虚增、虚减、转移或截留利润;有些效益较好的企业为了偷逃税款,对已实现的收入不做销售处理;一是虚挂往来;二是不入账或跨期入账,既逃交了税金,又达到隐瞒利润的目的。

(2)转移罚没收入,不作利润处理。企业在经济交往中,收取的赔款、罚金、滞纳金等各种罚没收入均应计入"营业外收入"账户,有的企业为了将罚没收入挪作他用,便虚挂往来账户。

(3)转移营业收入,计入营业外收入。营业收入是指企业取得的与企业生产经营活动有直接关系的各种收入,而营业外收入是指企业取得与企业生产经营活动无直接联系的各种收入。营业外收入不属经营性收入、不交纳销售税金。而经营收入却应交纳销售税金。有的企业为了少交税金,故意将营业收入转入营业外收入进行核算。

(4)转移投资收入,挂往来账。投资企业收到被投资企业发放的股利,应作为投资收益下账。有的企业为了截留分得的股利,将股利不作为投资收益处理，而计入其他"应付账款"。

（5）截留联营利润，发放职工奖金。有的企业私心过重，与联营单位协商后，将从联营单位应分得的利润隐匿在联营单位。同时授意联营单位联营利润由"应付利润"直接转入"其他应付款"账户。以后，该投资单位根据需要将应分得的联营利润直接从联营单位提现，放入"小金库"以备用于职工超过定额的工资及奖金。

（6）虚转成本，调整利润。有的企业管理混乱，财务部门受领导旨意，人为地增加或减少销售成本。造成利润虚增或虚减。财务管理制度不健全，库存账没有设，每笔业务和成本结构结转都是通过计划利润来作相应的调整。

（7）没收财产损失，计入当年损益。根据企业财务制度规定，企业被没收的财物损失，支付的各种罚没资金，应在税后利润中列支。有的企业为了少交所得税，将被没收的财物损失直接计入了"营业外支出"，按年终实现的利润总额计交所得税。

（8）转移正常停工损失，计入营业外支出。按规定，由于自然灾害造成的非正常损失及非正常停工损失，应计入营业外支出。但有的企业为了控制利润水平，延期交纳所得税，便将正常的停工损失也计入"营业外支出"。

（9）提前报废固定资产，调整当年利润。据企业财务制度规定，固定资产盘亏、报废、毁损和出售的净损失，均应列作营业外支出。有些企业为了调整当年利润和少交所得税，将部分固定资产提前报废处理。

第5章 站好边防哨
——会计凭证和账簿中的常见错弊及查证

本章导读

会计凭证和账簿处理属于会计的基础性工作,是财务活动的"边防线",做好会计凭证、会计账簿处理等基础财务工作,能够很好地预防会计错弊行为的发生,使错弊行为"无孔可入"。然而往往"千里之堤,溃于蚁穴"。很多会计错弊行为的发生没有很高的技术性,仅仅是抓住了诸如做凭证、记账,开发票等基础工作的漏洞就造成重大的会计舞弊行为。因此,了解与学习会计基础工作中的错弊行为及其查证要领,是做好查账工作的第一步。

在本章的学习中,我们将解决以下问题:

(1)会计凭证有哪些常见的错弊,如何查证?

(2)会计账簿有哪些常见的错弊,如何查证?

(3)会计报表有哪些常见的错弊,如何查证?

(4)会计档案保管中有哪些常见的错弊,如何查证?

5.1 会计凭证的常见错弊及查证

5.1.1 会计凭证的意义和种类

1. 会计凭证的意义

会计凭证是记录经济业务发生和完成情况的书面证明，也是登记账簿的依据。

任何单位在处理任何经济业务时，都必须由执行和完成该项经济业务的有关人员从单位外部取得或自行填制有关凭证，以书面形式记录和证明所发生经济业务的性质、内容、数量、金额等，并在凭证上签名或盖章，以对经济业务的合法性和凭证的真实性、完整性负责。

任何会计凭证都必须经过有关人员的严格审核并确认无误后，才能作为记账的依据。

合法地取得、正确地填制和审核会计凭证，是会计核算的基本方法之一，也是会计核算工作的起点，在会计核算中具有重要意义。

（1）记录经济业务，提供记账依据。会计凭证是登记账簿的依据，会计凭证所记录有关信息是否真实、可靠、及时，对于能否保证会计信息质量，具有至关重要的影响。

（2）明确经济责任，强化内部控制。任何会计凭证除记录有关经济业务的基本内容外，还必须由有关部门和人员签章，对会计凭证所记录经济业务的真实性、完整性、合法性负责，以防止舞弊行为，强化内部控制。

（3）监督经济活动，控制经济运行。通过会计凭证的审核，可以查明每一项经济业务是否符合国家有关法律、法规、制度规定，是否符合计划、预算进度，是否有违法乱纪、铺张浪费行为等。对于查出的问题，应积极采取措施予以纠正，实现对经济活动的事中控制，保证经济活动健康运行。

2. 会计凭证的种类

会计凭证按照编制的程序和用途不同，分为原始凭证和记账凭证两类。

原始凭证又称单据，是在经济业务发生或完成时取得或填制的，用以记录或证明经济业务的发生或完成情况的原始凭据。原始凭证是会计核算的原始资料和重要依据。

记账凭证是会计人员根据审核无误的原始凭证，按照经济业务的内容加以归类，并据以确定会计分录后所填制的会计凭证，它是登记账簿的直接依据。

记账凭证又称为记账凭单，它根据复式记账法的基本原理，确定了应借、应贷的会计科目及其金额，将原始凭证中的一般数据转化为会计语言，是介于原始凭证与账簿之间的中间环节，是登记明细分类账户和总分类账户的依据。

5.1.2 会计凭证名称错弊与查证

1. 常见错弊

（1）有的原始凭证无名称；如有的单位在计算已销售商品进销差价的原始资料上未注明"已销商品进销差价计算单"，反映某转账业务的原始凭证也未标明名称。

（2）有的原始凭证虽有名称但不简明、确切；如有的证明或说明材料的名称不够简明或准确。

（3）最主要的是有些凭证其名称与所反映的经济活动内容不相符，表现为有关单位或个人的舞弊行为。如有的采购员在利用单位内部会计控制系统不健全的机会，在报销差旅费时将自己支付托儿所伙食费收据、私人购书发票等一起报销,这样,就造成反映托儿所伙食费支付的"收据"和私人购书"发票"的名称与采购员出差的经济业务不相符。又如,有的单位的原始凭证的名称是"发票",但反映的却是"收据"所反映的业务,名称是"收据",但反映的却是"发票"所能反映的业务。

2. 查证措施

审阅、审核会计凭证。如属会计错误,只需通过审阅会计凭证的名称便可发现问题;如属会计弊端,则需在审阅凭证名称发现疑点后进行名称与所反映经济业务内容的分析、比较,进行原始凭证与记账凭证或原始凭证之间的核对。

5.1.3 会计凭证数字书写错弊与查证

1. 常见错弊

(1)阿拉伯数字书面潦草,难以辨认。

(2)在阿拉伯金额数字前面未写人民币符号。

(3)有的阿拉伯金额应在角分位用"00"或"——"代替的而未填写。

(4)汉字金额大写字迹潦草,自造简化字。

(5)应在大写金额后写"整"或"正"字的没有写,而不应写的却写了。

2. 查证措施

(1)审阅会计凭证或有重点地抽出一部分会计凭证进行审阅,看其在数字书写上是否符合规定;如有不符合规范之处,应对其进一步查证。

(2)若是一般性的会计错误,通过向有关当事人(如制证人员)调查询问便可,若是会计弊端,还应通过进行账证、证证、账实等方面的核对,对有关问题进行鉴定、分析。

(3)对于在数字前后添加数字进行贪污的问题,需要对所发现的有添加数字的痕迹进行技术鉴定。

5.1.4 会计凭证编号错弊与查证

1. 常见错弊

（1）会计凭证无编号。

（2）编号不连续。

（3）编号虽连续但不符合经济业务实际情况。

2. 查证措施

（1）确定号码应连续的会计凭证的范围。

（2）根据查账工作需要或工作计划，将号码应连续的会计凭证找出、检查、核对其有无编号、编号是否连续。

（3）注意查找在不同时间接受某单位的若干张号码的有关原始凭证。

5.1.5 会计凭证摘要错弊与查证

1. 常见错弊

（1）未填示摘要。

（2）摘要填示过于简单，不能说明经济业务的具体情况；如有的单位在退货的红字发票摘要中只填示"退货"，这样，就没有说清楚退货的理由及退货的单位。

（3）说明过于复杂，不简明扼要，失去了摘要的特点。

（4）摘要中的用语或用词不准确，不能恰如其分地反映经济活动。

（5）会计凭证中的摘要未如实填写。

2. 查证措施

（1）审阅会计凭证中的数量、单价、金额及其他有关内容，检查其摘要的填示是否简明、扼要、清楚，有无过于简单或过于复杂的问题。

（2）审阅会计凭证中的"摘要"栏，了解其有无未填列摘要的情况。若有，应对过去一年（或更长时间）的会计凭证进行详细审阅，找出所有的未列示摘要的会计凭证，然后，对这类凭证进行账证、证证、账实核对，调查询问有关情况，结合凭证中其他内容进行综合分析，来查明这类凭证所反映的经济业务是否真实、正确，未写摘要系会计舞弊行为，还是工作马虎，内控制度不健全所致。

（3）根据会计凭证上所注明的填制单位、日期、凭证名称及其他内容，分析判断凭证上的摘要内容与实际经济业务是否相符。

5.1.6　会计凭证日期错弊与查证

1．常见错弊

（1）未写日期。

（2）有关会计凭证中的日期不符。

（3）所写的日期与实际情况不相符。

2．查证措施

运用审阅法和核对法，检查会计凭证中有无制证或签发日期，所标日期与实际情况是否相符，有关会计凭证中的日期是否相符，衔接一致。

5.1.7　会计凭证汇总错弊与查证

1．常见错弊

（1）汇总不准确。

（2）以汇总原始凭证代替记账凭证时，汇总原始凭证上不具备记账凭证应有的全部项目。

（3）有关人员在汇总记账凭证时进行贪污舞弊。

2．查证措施

（1）运用审阅法，检查汇总会计凭证的项目是否齐全。

（2）运用复核法和核对法，检查汇总会计凭证上的金额及其他有关项目与所依据的原始凭证或记账凭证上的金额及其他有关项目是否相符。

（3）对于多汇总和少汇总的会计弊端，应重视审阅、核对、复核收款凭证和付款凭证及其所附的原始凭证。

5.1.8 会计凭证格式错弊与查证

1. 常见错弊

（1）会计凭证中的项目不齐全。

（2）选用会计凭证格式的种类不合理。

（3）会计凭证的大小、规格、尺寸大小不统一、不合理，不便于会计核算和档案管理工作的需要。

（4）会计凭证纸张的选用与颜色的设计不合理，影响了会计核算与管理工作的质量。

2. 查证措施

（1）分析研究本单位的会计核算与管理对会计凭证格式的要求与需要。

（2）针对本单位实际设计、运用的会计凭证的格式，经核查确定问题存在与否及其具体形态。

5.2 会计账簿的常见错弊及查证

5.2.1 会计账簿的意义和种类

1. 会计账簿的意义

会计账簿（简称账簿）是指由一定格式账页组成的，以会计凭证为依据，全面、系统、连续地记录各项经济业务的簿籍。设置和登记账簿，是编制会计报表的基础，是连接会计凭证与会计报表的中间环节，在会计核算中具有重要意义。

（1）通过账簿的设置和登记，记载、储存会计信息。将会计凭证所记录的经济业务——记入有关账簿,可以全面反映会计主体在一定时期内所发生的各项资金运动,储存所需要的各项会计信息。

(2) 通过账簿的设置和登记,分类、汇总会计信息。账簿由不同的相互关联的账户所构成。通过账簿记录,一方面可以分门别类地反映各项会计信息,提供一定时期内经济活动的详细情况;另一方面可以通过发生额、余额计算,提供各方面所需要的总括会计信息,反映财务状况及经营成果的综合价值指标。

(3) 通过账簿的设置和登记,检查、校正会计信息。账簿记录是会计凭证信息的进一步整理。如在永续盘存制下,通过有关盘存账户余额与实际盘点或核查结果的核对,可以确认财产的盘盈或盘亏,并根据实际结存数额调整账簿记录,做到账实相符,提供如实、可靠的会计信息。

(4) 通过账簿的设置和登记,编报、输出会计信息。为了反映一定日期的财务状况及一定时期的经营成果,应定期进行结账工作,进行有关账簿之间的核对,计算出本期发生额和余额,据以编制会计报表,向有关各方提供所需要的会计信息。

需指出的是,账簿与账户有着十分密切的联系。账户是根据会计科目开设的,账户存在于账簿之中,账簿中的每一账页就是账户的存在形式和载体,没有账簿,账户就无法存在;然而,账簿只是一个外在形式,账户才是它的真实内容。账簿序时、分类地记载经济业务,是在个别账户中完成的。因此也可以说,账簿是由若干账页组成的一个整体,而开设于账页上的账户则是这个整体中的个别部分,所以,账簿与账户的关系,是形式和内容的关系。

2. 账簿的种类

账簿可以按其用途、账页格式和外型特征等不同标准进行分类。最常见的分类方法是按账簿用途的不同,将账簿划分为序时账簿、分类账簿和备查账簿三类。

(1) 序时账簿。序时账簿又称日记账,它是按照经济业务发生或完成时间的先后顺序逐日逐笔进行登记的账簿。序时账簿可以用来核算和监督某一类型经济业务或全部经济业务的发生或完成情况。用来记录全部业务的日记账称为普通日记账；用来记录某一类型经济业务的日记账称为特种日记账，如记录现金收付业务及其结存情况的现金日记账，记录银行存款收付业务及其结存情况的银行存款日记账，以及专门记录转账业务的转账日记账。在我国，大多数企业一般只设现金日记账和银行存款日记账，而不设置转账日记账和普通日记账。

（2）分类账簿。分类账簿是对全部经济业务按照会计要素的具体类别而设置的分类账户进行登记的账簿。按照总分类账户分类登记经济业务的是总分类账簿，简称总账。按照明细分类账户分类登记经济业务的是明细分类账簿，简称明细账。总分类账提供总括的会计信息，明细分类账提供详细的会计信息，二者相辅相成，互为补充。

分类账簿可以分别反映和监督各项资产、负债、所有者权益、收入、费用和利润的增减变动情况及其结果。分类账簿提供的核算信息是编制会计报表的主要依据。

分类账簿和序时账簿的作用不同。序时账簿能提供连续系统的信息，反映企业资金运动的全貌；分类账簿则是按照经营与决策的需要而设置的账户，归集并汇总各类信息，反映资金运动的各种状态、形式及其构成。在账簿组织中，分类账簿占有特别重要的地位。因为只有通过分类账簿，才能把数据按账户形成不同信息，满足编制会计报表的需要。

小型经济单位，业务简单，总分类账户不多，为简化工作，可以把序时账簿与分类账簿结合起来，设置联合账簿。

（3）备查账簿。备查账簿（或称辅助登记簿），简称备查簿，是对某些在序时账簿和分类账簿等主要账簿中都不予登记或登记不够详细的经济业务进行补充登记时使用的账簿。例如，租入固定资产备查簿，是用来登记那些以经营租赁方式租入、不属于本企业财产、不能记入本企业固定资产账户的机器设备；应收票据贴现备查簿是用来登记本企业已经贴现的应收票据，由于尚存在着票据付款人到期不能支付票据款项而使本企业产生连带责任的可能性（负有支付票据款项的连带义务），而这些应收票据已不能在企业的序时账簿或分类账簿中反映，所以要备查登记。

备查账簿与序时账簿和分类账簿相比，存在两点不同之处：一是登记依据可能不需要记账凭证，甚至不需要一般意义上的原始凭证；二是账簿的格式和登记方法不同，备查账簿的主要栏目不记录金额，它更注重用文字来表述某项经济业务的发生情况。例如，租入固定资产登记簿，它登记的依据主要就是租赁合同与企业内部使用单位收到设备的证明。这二者在企业一般经济业务的核算中，不能充当正式原始凭证，只能作为原始凭证的附件（如作为支付租金的依据）。登记租入固定资产备查簿，也不需要编制记账凭证。该备查簿记录的内容主要有：出租单位、设备名称、规格、编号、设备原值、净值、租用时间、月份或年度租金数额、租金支付方式、租用期间修理或改造的有关规定及损坏赔偿规定、期满退租方式及退租时间等。

5.2.2 会计账簿启用中的常见错弊及查证

1. 常见错弊

（1）在账簿封面上未写明单位名称和账簿名称。

（2）在账簿扉页上未附"启用表"，或虽附有"启用表"，但所列内容不齐全、不完整。

（3）会计人员调动工作时，未按规定在账簿中注明交接人员、监交人员的姓名或未加签章，无法明确有关责任。

（4）启用订本式和活页式账簿时，未按规定对其编定页数等。

2. 查证措施

（1）审阅每个账簿中的扉页记录和账簿中所有账页的页数编写情况。

（2）如属疑点，可进一步询问有关当事人。

（3）在结合审阅、核对、复核其他有关会计人员的基础上做好调整工作。

5.2.3 会计账簿登记错弊与查证

1. 常见错弊

（1）登记的方式不合理。

（2）账簿摘要不合理、不真实。

（3）登记不及时。

（4）账簿中书写的文字和数字所留空距不合理。

（5）登记账簿所用笔墨不合要求。

（6）登记账簿中发生跳行、隔页的情况。

（7）账簿登记完毕后，记账人员未按规定在会计凭证上签名或盖章，未在会计凭证中注明已经登账的符号。

（8）未按规定结出账簿中账户的余额；根据规定，凡应结出余额的账户都应随时结出余额。余额结出后，应在余额前的"借"或"贷"栏中写明"借"或"贷"字样。没有余额的账户，应在"借"或"贷"栏中写"平"字，并在余额栏内的"元"位写"0"表示。现金日记账和银行存款日记账，必须逐日结出余额。在实践中存在着未按规定结出账户余额的情况，如能结出余额的账户未随时结出余额；没有余额的账户未在"借"或"贷"栏内写"平"字等。

（9）账页登记完毕后未按规定结转下页。

2. 查证措施

（1）审阅会计账簿的登记内容，检查其有无未按规定进行登记的问题，如检查其登记账簿是否按规定使用所允许使用的笔墨，登记账簿有无跳行、隔页的情况等。

（2）审阅会计凭证上签章在"过账"或"页数"栏中的所作标记，检查其账簿登记完毕后，是否在合计凭证上签章和"过账"或"页数"栏是否作出已记账的标志。

（3）核对账证记录，检查账簿是否根据审核无误的会计凭证登记的，有无账证不符的问题。

5.2.4 会计账簿更正错弊与查证

1. 常见错弊

（1）会计账簿记录发生错误后，进行涂改、挖补、刮擦或用药水消除字迹。

（2）未正确使用会计错误更正法对会计错误进行更正。如运用划线更正法更正错误后，使原错误记录无法辨认，在更正处未加盖更正人员的名章等。

2. 查证措施

（1）审阅账簿中的更正记录。

（2）对于未正确使用会计错误更正方法的问题，需要审阅更正错误的会计凭证，并通过账证核对查证问题，如对于运用红字更正法和补充登记更正法更正会计错误的情况，可通过审阅更正错误的会计凭证，并进行账证核对，来检查更正方法的运用是否正确。

5.2.5 会计结账错弊与查证

1. 常见错弊

（1）结账前，未将应登入本期的经济事项全部登记入账。按照权责发生制和收入与支出相配比等会计原则的要求，应将本期内所发生的经济业务全部登记入账，对应由本期负担的费用支出，应列入本期内的收益都应编制转账凭证（记账凭证），以调整账簿记录。如对于应由本期负担的待摊费用应摊入本期，对于应预提的费用应在本期预提，对于形成本期收益的收入和支出应将其结转至"本年利润"的账户等。在实践中存在未将应登入本期的经济事项全部登记入账的问题。如有的企业为了虚增本期利润，而未将应由本期负担的待摊费用和应在本期预提的费用摊入和预提，或未按规定的方法摊提；又如，将属本期完成的销售业务未列作本期的销售收入，以及为调节本期与以后会计期间的营业收入和营业利润等。

（2）结账时，未按规定结出每个账户的期末余额。按照要求，会计期末，所有的账户都应结出余额。需要结出本期发生额的，应在摘要栏内注明"本月合计"字样，并在下面划一条单线。需要结出本年累计发生额的，应在摘要栏内注明"本年累计"字样，并在下面划一条单线。12月末的"本年累计"就是全年累计发生额，在全年累计发生额下应该划双线。年终结账时，所有总账账户都应结出全年发生额。在实际中存在着未按上述要求结出账户余额和发生额的问题。如期末对有的账户未结出余额，对应结出本期发生额的账户未结出本期发生额，在"本月合计"和"本年累计"下面未按规定划单线或双线等。

（3）年度终了，未将各账户余额按规定方法结转下年。按照规定，年度终了，要把各账户的余额结转下年，并在摘要栏注明"结转下年"字样，在下年新账第一行余额，并填写上年结转的余额，并在摘要栏注明"上年结转"字样，在实践中存在着未按上述规定结转各账户年终余额的问题。如在旧账和新账的最后一行或第一行的摘要栏内未注明"结转下年"或"上年结转"字样等。

（4）结账时间不合乎规定。

2. 查证措施

（1）审阅账簿结账记录，检查其结账时是否在账户摘要中注明了适当内容，如"本月合计""本年累计""结转下年"和"上年结转"等；是否在"本月合计"和"本年累计"下面划了单线或双线；是否按规定的时间进行结账等。

（2）进行账账、账证核对，并结合审阅、分析、检查其他会计资料及有关经济活动资料，调查询问有关实际情况，来查阅结账前未将应记入本期的经济业务全部登记入账的会计舞弊行为。如审阅"待摊费用""预提费用"账户内的各月记录内容，并在账证、账账核对的基础上确定以往各月份应摊入的待摊费用和应预提费作的金额，然后，与实际摊入和预提的费用金额相核对，确定其有无多摊多提或少摊少提，或者不摊不提的问题。

5.2.6 会计账簿设计与设置错弊与查证

1. 常见错弊

（1）账簿形式设计不合理。

（2）账簿或账户设置不齐全。

（3）所设计或设置的账簿未能很好地形成一个账簿体系。

2. 查证措施

（1）运用审阅法，了解本单位所设计与设置账簿的实际情况。

（2）将本单位实际设计与设置的会计账簿与实际具体情况和所应设计、设置的会计账簿进行对照比较，发现其是否有账簿设计与设置上的不合理、不恰当的地方。

5.3 会计报表的常见错弊与查证

5.3.1 会计报表概述

1. 什么是会计报表

在实际工作中，人们往往将财务报告和会计报表混为一谈。财务报告是用于综合反映单位财务状况和经营成果的书面文件，由会计报表和财务情况说明书两大部分构成，可以这样讲，会计报表是财务报告的主体组成部分。

会计报表是以日常核算资料为主要依据编制的，用来集中反映各单位一定时期的财务状况、经营成果以及成本费用情况的一系列表式报告。按照我国当前法规的规定，会计报表是指资产负债表、利润表、现金流量表和会计报表附注以及相关附表。

2. 会计报表的作用

会计报表就像一面镜子，从中可以看到各单位的财务状况和经营全貌，为实施经营管理和进行相关决策提供丰富的会计信息。

具体说来，会计报表的作用主要体现在以下几个方面：

（1）为各单位的投资者和债权人进行投资决策，了解各单位财务状况，提供必要的信息资料。

（2）为各单位内部的经营管理者和员工进行日常的经营管理，提供必要的信息资料。

（3）为财政、工商、税务等行政管理部门提供实施管理和监督的信息资料。

3. 会计报表的主要种类

作为提供合计信息的重要手段，会计报表在不同性质的会计主体前提下，有不同的种类。

（1）行政、事业单位会计报表的分类。按会计报表所反映的经济内容分类：①反映资金占用和资金来源情况的会计报表，即资金活动情况表等；②反映业务工作中支出的会计报表，如经费支出明细表。

按会计报表编制的时间分类：可分为月报、季报、年报，用以反映行政、事业单位预算执行情况。

按照会计报表编报的单位分类：各单位的会计报表可分为基层报表和汇总报表。基层报表是行政、事业单位根据各自的经济业务编制的会计报表；汇总报表是主管部门根据其所属单位会计报表和汇总单位本身的会计报表综合编制的。汇总会计报表的编制，通常是按照行政隶属关系，采取逐级汇总的办法。

（2）企业会计报表的分类。在我国现行的会计制度中，主要的分类方法是按会计报表反映的经济内容分类：①资产负债表，反映企业在某一特定日期财务状况的报表；②损益表，反映企业在一定时期的经营成果及其分配情况的报表，包括损益表和利润分配表；③财务状况变动表，是综合反映一定会计期间内营运资金来源和运用及其增减变动情况的会计报表。

按会计报表的报送对象分类：①对内会计报表，又叫管理报表，是指单纯为企业内部管理服务的会计报表，其数量、内容、格式均由企业自行制定；②对外会计报表，是对企业和企业外部有关方面提供的会计报表，数量、内容、格式、种类都要按照统一的会计制度要求编制。

按会计报表所包含会计的主要范围分类：①企业会计报表，是指企业有对外投资的情况下，只反映投资企业本身的经营情况、经营成果、财务状况及其变动情况的会计报表；②合并会计报表，是指企业对外投资，其投资额占被投资企业资本的半数以上情况下，将本企业与被投资企业视为一个整体而编制的反映这个整体经营情况及财务状况的会计报表。

按会计报表，编制的时间分类：①月度会计报表，又称"月报"，是反映企业本月份内经营情况和财务状况的会计报表，每个月编制一次，只包括几种主要的会计报表，如资产负债表、损益表；②季度会计报表，又称"季报"，是反映企业在一个季度内的经营情况和财务状况的合计报表，也是只包括几个主要合计报表，每季度编制一次；③年度会计报表，又称"年报"，是反映企业全年的经营成果、年末的财务状况以及年度内财务状况变动情况的会计报表，每年底编制一次。

5.3.2 会计报表编制中的错弊与查证

1. 常见错弊

（1）数字不真实。

（2）内容不完整。

（3）计算不正确。

（4）说明不清楚。

2. 查证措施

（1）运用核对法，将会计报表中的有关数字与有关账簿或其他方面的数字相核对，以检查其是否相符、真实。

（2）审阅各种会计报表的留底，调查分析有关经济活动情况，结合审阅其账簿记录，检查其会计报表的内容是否齐全、完整。

（3）运用复核法将会计报表中存在计算关系的有关指标进行重新计算，并进行二者的核对，以检查其计算是否准确。

（4）审阅检查对会计报表的说明，分析其说明是否清楚、准确，有无未加说明造成会计报表内容不完整的问题。

5.3.3　会计报表勾稽错弊与查证

1. 常见错弊

表表有关项目之间，表内各有关项目之间，本期报表与前期报表有关项目之间，未形成正常的对应关系，使各会计报表未形成一个有机的整体，使所反映的经济信息存在着某种缺陷。如"主营业务收支明细表"中有关收支项目金额与"损益表"中的相应收支项目金额未形成相等的对应关系。造成这种问题的原因可能是填表差错或计算错误，也可能是出于某种非法目的而故意为之。

2. 查证措施

运用分析法、核对法来查证，即将存在对应关系的各报表、本期报表与上期报表、某种报表内部各项目金额进行核对，检查其是否相符。

5.3.4　会计报表分析中的错弊与查证

1. 常见错弊

（1）分析不全面。

（2）分析不准确。

（3）对会计报表的分析结果未加科学利用。

2. 查证措施

（1）审阅所作的会计报表分析。

（2）审阅有关账簿记录，调查分析在特定的时间内的有关经济业务。

（3）在综合对比的基础上，检查其对会计报表分析得是否全面、准确，对全面、准确分析会计报表所作的结果与结论加以科学地利用或运用等。

5.4 会计档案保管中常见错弊及查证

5.4.1 会计档案的保管

会计档案是指会计凭证、会计账簿和财务会计报告等会计核算的专业材料，它是记录和反映经济业务的重要史料和证据。

各单位必须加强对会计档案管理工作的领导，建立和健全会计档案归档、保管、调阅和销毁等管理制度，管好会计档案。

1. 会计档案的归档和保管

根据财政部、国家档案局联合发布的《会计档案管理办法》，各单位每年形成的会计档案，都应由财务会计部门按照归档的要求，负责整理立卷或装订成册。

当年形成的会计档案，在会计年度终了，可暂由本单位财务会计部门保管1年。期满之后，原则上应由财务会计部门编造清册，移交本单位的档案部门保管；未设立档案部门的，应当在财务会计部门内部指定专人保管。

档案部门接收保管的会计档案，原则上应当保持原卷册的封装，个别需要拆封重新整理的，应当会同原财务会计部门和经办人共同拆封整理，以分清责任。

各单位对会计档案应当科学管理,做到妥善保管、存放有序、查找方便。同时,严格执行安全和保密制度,不得随意堆放,严防毁损、散失和泄密。

2. 会计档案的查阅和复制

各单位应建立健全会计档案的查阅、复制登记制度。各单位保存的会计档案不得借出。如有特殊需要,经本单位负责人批准,可以提供查阅或者复制,并办理登记手续。查阅或者复制会计档案的人员,严禁在会计档案上涂画、拆封和抽换。

3. 会计档案的保管期限

会计档案的重要程度不同,其保管期限也有所不同。

各种会计档案的保管期限,根据其特点,分为永久、定期两类。

定期保管期限分为3年、5年、10年、15年、25年5种。

会计档案的保管期限,从会计年度终了后的第一天算起。

4. 会计档案的销毁

会计档案保管期满需要销毁时,由本单位档案部门提出销毁意见,会同财务会计部门共同鉴定和审查,编造会计档案销毁清册。

会计档案销毁清册是销毁会计档案的记录和报批文件,一般应包括:会计档案的名称、卷号、册数、起止年度和档案编号、应保管期限、已保管期限、销毁日期等内容。单位负责人应当在会计档案销毁清册上签署意见。

各单位按规定销毁会计档案时,应由档案部门和会计部门共同派员监销。国家机关销毁会计档案时,还应由同级财政部门、审计部门派员参加监销。各级财政部门销毁会计档案时,由同级审计机关派员参加监销。

监销人在销毁会计档案以前,应当按照会计档案销毁清册所列内容认真进行清点核对所要销毁的会计档案,销毁后,应当在销毁清册上签名盖章,并将监销情况报告本单位负责人。

5.4.2 会计档案建档时的常见错弊及查证

1. 常见错弊

(1)归档的会计资料不完整。根据规定,每个部门或单位对本部门或本单位的各种会计凭证、会计账簿、会计报表、财务计划、单位预算和重要的经济合同等会计资料要归入会计档案。在实际中存在着未将应归档的会计资料全部归入会计档案的问题。如未将有关财务计划归入会计档案等。

(2)建立会计档案的手续制度不合理、不完整。按照规定,各单位每年形成的会计档案,都应由财务会计部门按照归档的要求,负责整理立卷或装订成册。当年会计档案,在会计年度终了后,可暂由本单位财务会计部门保管一年,期满之后,原则上应由财务会计部门编造清册移交本单位的档案部门保管。财务会计部门和经办人员必须按期将应当归档的会计档案,全部移交档案部门,不得自行封包保存。档案部门必须按期点收,不得推诿拒绝。

档案部门接收保管的会计档案,原则上应当保持原卷册的封装,个别需要拆封重新整理的,应当会同财务会计部门和经办人共同拆封整理,以分清责任。在实际中存在着未按照或未完全按照上述要求建立会计档案的问题。如有的单位的会计档案一直保存在财务会计部门,未移交给档案部门;有的单位的财务会计部门在向本单位档案部门移交会计档案时,未能全部移交,或档案部门拒绝接收,或点收时不认真、不仔细以致造成双方在移交与接收数量上的错误等。

(3)会计资料的整理、归档不正确、不合理。

2. 查证措施

(1)审阅财务会计部门或档案部门保管的会计档案,检查其内容是否完整、齐全,有无遗漏有关会计资料的问题。

（2）审阅会计档案并调查询问财务会计部门和档案部门及其他有关部门的有关人员，检查其建立会计档案的手续制度是否健全、合理与有效，有无因手续制度不健全、不合理而给会计档案建立以至管理工作造成不良影响的问题。

（3）审阅会计档案，检查其在建立时进行的会计资料整理、分类、装订工作是否正确、合理。

5.4.3　会计档案保管的错弊与查证

1. 常见错弊

（1）存放无序。无论是财务会计部门，还是档案部门对保管的会计档案，首先应做到存放有序，以便查找利用。在实际中存在着会计档案存放无序的问题。如有的单位由于存放会计档案的地方窄小，造成对会计档案随意堆放，各种会计资料混杂在一块，不利于会计档案的利用。

（2）未严格执行定期检查制度。对会计档案应定期进行检查，以防毁损。在实际中存在着未严格执行定期检查的制度，以致造成会计档案或部分内容发霉、虫蛀等毁损现象。

（3）未严格执行保密安全制度。会计档案中属于保密范围的会计资料要加以保密以防泄密后造成不良影响；另外，对会计档案要执行安全制度，以保证其安全完整。

（4）对会计档案没有专人保管或未建立岗位责任制。

2. 查证措施

（1）审阅有关部门保管的会计档案，检查其存放是否有序，有无随意堆放，给会计档案利用造成不便的问题。

（2）通过调查询问和实地观察，检查有关部门是否严格执行了对会计档案进行定期检查的制度和安全保密制度，有无由于未执行这些制度而造成有关损失的问题；是否设专人对会计档案进行管理并对其建立合理的岗位责任制等。

5.4.4 会计档案处理中的常见错弊及查证

1．常见错弊

（1）对销毁的会计档案未进行严格鉴定，以致造成使销毁的会计档案不符合规定的保管期限。

（2）销毁会计档案的程序、手续不合理、不正确。

2．查证措施

运用调查询问和分析的方法，因为此时销毁的会计档案已不复存在，无法对其实施直接的审阅、鉴定等。

第 6 章 看好企业的钱袋子
——货币资金的常见错弊及查证

本章导读

货币资金是指企业在生产经营过程中处于货币形态的那部分资金,包括库存现金、银行存款、其他货币资金。货币资金流就像企业的"血液"一样,只有让企业的"血液"顺畅循环,企业才能健康成长。它是企业流动性最强的资产,是连接生产与流通环节的纽带,是资金运动的起点和终点,现金为王的企业往往成为股民追捧的对象。

然而,由于货币资金具有普遍的可接受性和流动频繁的特点,会计错弊行为的动机多是金钱利益的驱使,因此货币资金一旦失去有效控制极易被贪污、盗窃、挪用或发生其他舞弊行为,成为会计错弊的众矢之的。为了保证资金的安全,企业必须加强对货币资金的查账工作,看好企业的钱袋子。

在本章中,主要解决以下问题:

(1)现金收支业务中的常见错弊及查证?
(2)外币业务中的常见错弊及查证?
(3)银行存款业务中的常见错弊及查证?
(4)其他货币资金业务的常见错弊及查证?

6.1 现金收支业务中的常见错弊及查证

6.1.1 现金收支业务概述

现金一般是指企业的库存现金,含人民币现金和外币现金,既包括存放在企业,随时可以动用的那部分货币资金,也包括存放在财会部门的库存现金和存放在车间和各行政管理部门为了支付零星支出的备用金。为了核算和监督现金的收入、支出和结存情况,企业应设置"库存现金"科目,由负责总账的财会人员进行总分类核算。企业收到现金,借记"库存现金"科目,贷记相关科目;支出现金,借记有关科目,贷记"库存现金"科目。该科目月末余额在借方,表示库存现金的余额。"库存现金"科目可以根据现金收、付款凭证和银行付款凭证直接登记,如果企业日常现金收支业务量比较大,为了简化核算工作,企业可以根据实际情况,采用汇总记账凭证、科目汇总表等核算形式,定期或月份终了根据汇总收付款凭证或科目汇总表等登记入账。

企业应设置"现金日记账",由出纳人员根据收、付款凭证,按照业务的发生顺序逐笔登记。每日终了,应计算当日的现金收入合计数、现金支出合计数和结余数,并将结余数与实际库存数核对,做到账款相符。有外币现金的企业,应分别人民币、各种外币设置"现金日记账"进行明细核算。

6.1.2 现金的管理

目前我国关于现金管理的规章制度主要是国务院颁布的《现金管理条例》。

1. 库存现金的限额

企业财会部门保管的现金数额要由企业的开户银行会同企业共同核

定。核定标准是：一般企业库存现金数额是企业平均 3～5 天的日常零星支出额。距离银行较远、交通不便利的企业，其库存现金数额可适当提高标准，但最高不超过企业 15 天以内的零星支出额。企业需要改变现金限额，要向开户银行提出申请，由开户银行重新核定。企业须将日常超过库存现金限额部分及时（当日）送存银行。

2. 现金收支范围

国务院颁布的《现金管理暂行条例》允许企业使用现金结算的范围是：

（1）职工工资、津贴。

（2）个人劳务报酬。

（3）根据国家规定颁发给个人的科学技术、文化艺术、体育等各种奖金。

（4）各种劳保、福利费用以及国家规定的对个人的其他支出。

（5）向个人收购农副产品和其他物资的价款。

（6）出差人员必须携带的差旅费。

（7）结算起点（1 000 元）以下的零星支出。

（8）中国人民银行确定需要支付现金的其他支出。

凡不属于上述现金结算范围的支出，企业应当通过银行进行转账结算。企业库存现金的数额，由开户银行根据企业 3～5 天日常零星支出所需的现金核定。边远地区、交通不便地区可适当放宽，但不得超过 15 天的日常零星支出所需现金。企业每日的现金结存数，不得超过核定的库存限额，超过部分应及时送存银行；低于限额的部分，可以向银行提取现金补足。

3. 对企业日常现金收支的管理办法和规定

企业支付现金时，不得从本单位现金收入中直接支付（坐支）。因特殊情况，确需从本单位现金收入中直接支付现金的，应事先报经开户银行审批，并由银行核定坐支范围和限额，被允许坐支的单位应定期向开户银行报送坐支金额和使用情况。关于使用现金的禁止性规定：不得以"白条"顶替库存现金；不准单位之间互相借用现金；不准谎报用途套取现金；不准利用本单位银行账户代其他单位或个人存入或支取现金；不准将单位收入的现金以个人名义存储；不准保留账外公款（小金库）；禁止发放变相货币；不允许开户单位在经济活动中，只收现金拒收支票等转账结算凭证；不允许各单位对使用现金结算给予比转账结算在价格上和其他方面的优惠。

6.1.3 现金收支业务中的常见错弊行为

1. 贪污现金

贪污现金的主要手法有：

（1）少列现金收入总额或多列现金支出总额。即出纳员或收款员故意将现金日记账收入或支出的合计数加错，少列收入或多列支出，从而导致企业现金日记账面余额减少，从而将多余的库存现金占为己有。

（2）涂改凭证金额。即会计人员利用原始凭证上的漏洞或业务上的便利条件，更改发票或收据上的金额，一般是将收入的金额改小，将支出的金额改大，从而将多余的现金占为己有。

（3）使用空白发票或收据向客户开票。这种手法较为隐蔽，可以将这部分收入据为己有。

（4）隐瞒收入。指会计人员通过撕毁票据或在收入现金时不开具收据或发票，也不报账或记账。这样一来，收入就可以流入自己的腰包。

（5）换用"库存现金"和"银行存款"科目。根据规定，对于超过1 000元的收支业务，应通过银行转账的方式进行结算。在实际工作中，存在着超出此限额几倍、几十倍的现金收支业务，这为企业会计人员贪污现金创造了极好的条件。会计人员可以将收到的现金收入不入现金账，而是虚列银行存款账，从而侵吞现金。也可将实际用现金支付的业务，记入银行存款科目，从而将该部分现金占为己有。

（6）头尾不一致。经办人员在复写纸的下面放置废纸，利用假复写的方法，使现金存根的金额与实际支出或收入的金额不一致，从而少计收入，多计支出，以贪污现金。

（7）侵吞未入账借款。指会计人员与其他业务人员利用承办借款（现金)事项的工作便利条件和内部控制制度上的漏洞,对借入的款项不入账,并销毁借据存根,从而侵吞现金。

(8)虚列凭证,虚构内容,贪污现金。通过改动凭证,或直接虚列支出,如工资、补贴等,将报销的现金据为已有。

2. 挪用现金

挪用现金是有关当事人利用职务之便或未经单位领导批准在一定时间内将公款私用的一种舞弊行为。挪用现金比贪污现金在性质上轻微些,因为挪用现金后,当事人未涂改、伪造会计凭证,未进行虚假的账务处理。挪用现金舞弊的形式有很多,其主要手法有:

(1)用现金日记账挪用现金。一般地讲,当库存现金与现金日记账余额和现金总账余额相符时,现金不会出现问题。但是,因为总账登记往往是一个星期或一旬登记一次,当登完总账,并进行账账和账实核对后,就可利用尚未登记总账之机,采用少加现金收入日记账合计数或多加现金支出日记账合计数的手段,来达到挪用现金的目的。

(2)利用借款挪用现金。企业在日常的生产经营过程中,常常会发生一些零星的现金支付,比如职工预借差旅费、采购员预借采购款等。在这些业务中,如果企业确实发生了相关的业务,会计处理上并没有什么相关的错弊发生。但是,在有的情况下,企业的主管人员却可以利用合理借款的借口,来达到挪用现金的目的。例如,某企业主管人员利用借款的形式为单位职工签批借条一张,职工借款后并未利用借款实现借条上的业务,而是将其挪作私人之用。

(3)延迟入账,挪用现金。按照财务制度的规定,企业收入的现金应及时入账,并及时送存银行,如果收入的现金未制证或虽已制证但未及时登账,就给出纳员提供了挪用现金的机会。

(4)循环入账,挪用现金。企业在营销过程中,出于商业上的目的,往往利用商业信用进行销售商品或提供劳务。广泛利用商业信用的方法,为企业会计人员或出纳人员挪用现金大开方便之门。采用循环入账的手法挪用现金，企业会计人员或出纳人员可在一笔应收账款收到现金后，暂不入账，而将现金挪作他用；待下一笔应收账款收现后，用下一笔应收账款收取的现金抵补上一笔应收账款，会计人员或出纳人员继续挪用第二笔应收账款收取的现金；等第三笔应收账款收现后，再用第三笔应收账款收取的现金抵补第二笔应收账款。如此循环入账，永无止境。

（5）白条抵库，挪用现金。根据现金管理的有关规定，企业不允许用不符合财务制度的白条顶替库存现金。但部分企业人员利用职务上的便利，开出白条抵充现金，利用白条借出的现金为自己或他人谋取私利。

6.1.4 现金业务中错弊的查证

现金是企业流动性最强的资产，大多数舞弊分子都把眼光盯向了现金，因此，必须加强对现金业务错弊的查证。

1. 现金收入业务中的错弊与查证

现金收入构成现金会计核算的主要内容之一。在现金收入的会计操作中，容易出现的会计错弊及其查证与调整方法如下所述：

（1）对应通过银行转账结算的业务而用现金结算。根据规定，对于超过1 000元的支出业务，应通过银行转账的方式进行结算。在实际中存在着对于超过此限额甚至超出几倍、数十倍的支出业务收方以现金（当然，主要问题在于付款方）。对此，可先审阅"现金日记账"收方记录金额，将超过上述限额，尤其是大幅度超过限额的收款业务与据以登账的会计凭证进行核对，根据收款业务的具体内容判断是否违反了上述规定。对于查证的此问题，一般不需要作账务调整。如果金额巨大，性质严重，应以此为线索，追索查证付款方在此问题上的责任及其造成的具体过程。

（2）出纳员收到现金后未给付款方开具收据，从而将现金贪污或置入单位的"小金库"。出纳员收到现金后必须给付款人出具收据，否则，就容易造成上述问题。对此，可通过调查询问业务人员及其他有关人员来发现问题的线索，然后，结合该线索所涉及的经济活动及其会计反映进行追踪查证。如查证人员调查了解到某单位出纳员在收到本单位某业务员交回剩余的借支差旅费款后,未出具收据,这时,查证人就应以此为线索,审阅该业务员借支差旅费和报销差旅费的会计处理过程。着重检查、核对报销差旅费原始凭证的费用总额与记账凭证中的费用金额(经营费用或管理费用)是否相符,是否将收回的剩余款挤入费用,从而将其贪污。或者审阅"其他应收款"总账下该业务员明细账或明细记录的内容,有无挂账的情况。如有,再通过调查出纳员与该业务员,查证是否剩余借支款未入账,而将其贪污,从而造成"其他应收款"挂账的问题。

上述问题查证后,应根据其具体形态作出调整。如对于多列费用贪污的问题,可借记"其他应收款"(应收回贪污人的赃款)账户,贷记有关费用账户。对于"其他应收款"总账下该业务员明细账仍存在挂账的问题,应调整其明细账记录,即借记"其他应收款"(贪污人)账户,贷记"其他应收款"(其业务员)账户。

(3)出纳员以假复写的形式贪污收到的部分现金。在实际中,有的出纳员以在复写纸下放置废纸的假复写手法,使现金收据存根和收据方作记账用的记账联上的金额小于实际收到现金金额以及付款方作记账用的记账联上的金额,由此,贪污了差额款。对此,应将会计部门的现金收据存根或记账联与交款人手中的收据或收据单位作原始凭证入账的收据进行核对,从而发现并查证问题。如果交款人未保留此收据,可以将收据存根或记账联与有关的会计资料进行核对来发现和查证问题。如与交款员推销产品的产品出库单进行核对等。问题查证后,应将赃款与罚款一并记入"其他应收款"账户,即借记"其他应收款"(贪污人)账户,贷记"营业外收入"账户及有关账户。

(4)出纳员销毁现金收据或交款单进行贪污。对此,查证人员在审阅会计资料和分析有关问题时,有时可发现被查单位收款次数和额度有异常反映。在核对检查现金收据存根或交款单的编号时可发现不连续。以此为线索,可调查询问出纳员、交款员及其他有关人员查证问题。问题查证后,也应对贪污款及罚款作出收款的账务记录，于收到该款时再作相应转账。

（5）出纳员收现金后，未及时编制收款凭证并登记入账，从而挪用公款。按照规定，对于现金收款业务（当然也包括现金付款业务），应及时编制收款凭证并于当日登记"现金日记账"。如果未及时制证或虽制证但未及时登账，那么，就给出纳员提供了挪用公款的机会。对此，可以将现金日记账中收入方记录日期与收款凭证上的制证日期进行核对，将收款凭证上的制证日期与所附的原始凭证（收据）上的制证日期进行核对来查证问题。

另外，对于出纳员保存的尚未入账的收款凭证也应检查其制证日期与检查日是否相距太远，有无到检查日仍未编制收款凭证或尚未登记入账的问题。对于过去的未及时编制收款凭证或未按时登记现金日记账的问题，如果没有造成其他损失，可以不作调整；对于到检查日仍存在的此类问题，应令被检查单位或出纳员及会计人员即刻作出调整，未编制收款凭证的即刻编制收款凭证并登记"现金日记账"，对已编制而尚未及时入账的收款凭证应即刻登记入账。对于有关人员挪用公款的问题应作出恰当的处理。

2. 现金支出的错弊与查证

现金支出业务的会计操作是一个更容易出现错弊的环节。在现金支出的会计操作中，容易出现的会计错弊及其查证与调整方法如下所述：

（1）对应通过银行转账结算的业务而付以现金。它是与上述"对应通过转账结算的业务而收以现金"的问题是相对的。对此问题，可先审阅"现金日记账"付方记录金额，将超过 1 000 元，尤其是大幅度超过此限额的付款业务与据以登账的会计凭证进行核对，根据付款业务的具体内容判断是否违反了现金使用范围。对于查证的此问题本身一般不需作出账务调整。若由此造成了其他错弊，应根据其他会计错弊的具体形式及性质作出恰当的调整。

（2）在根据若干份原始凭证汇总编制现金付款凭证上多汇总，以此贪污现金。如五张费用报销凭证上的金额合计为 215 元，而在付款凭证上却为 512 元，并据此登记有关账簿。对此，当然可分析其是否为数字颠倒（因为在编制记账凭证时发生，所以不会影响账户之间的平衡关系）。但是，对此应着重分析判断是否故意多汇总的问题，因为这样处理，在账账相符，只是证证不符的情况下贪污了差额款。而证证不符尽管是一个明显的弊端马脚，但会计凭证是最繁多的一类会计资料，偶尔有所不相符，要想使其得到查证，无异于大海捞针。因此，这种情况属会计弊端居多。正如上例所述，查证此类问题是具有一定难度的。但是，只要在别的方面（如"现金日记账"付方记录的金额过大等）发现了问题的线索，或根据别的方面的查证工作的需要进行详细的证证核对，就不难查证问题。此类问题查证后，应针对问题的具体情况作出调整。如对于上述将215元汇总成512元的多汇费用、贪污公款的问题，单就应收回的贪污的赃款而言，应调账如下：

借：其他应收款——贪污人员　　　　　　　　　　　　297

　　贷：管理费用（或有关费用账户）　　　　　　　　297

（3）以现金作不合理不合法的支出，如以现金支付不合理不合法的"好处费"，或以现金搞不正当请客送礼等。对此类问题，可先审阅"现金日记账"付方记录内容。如金额较大，摘要中的业务内容说明模糊不清，再调阅会计凭证，通过账证核对查证问题。如果会计凭证中的内容也有模糊之处，或有其他异常现象，则还应调查询问开具发票、收据等原始凭证和编制付款凭证的单位或人员来进一步查证问题。问题查证后，应根据具体情况作出调整。一般情况下，对原账务处理不作账务调整。

（4）以伪造、涂改凭证的方式进行贪污。如涂改现金支出原始凭证中的金额或其他内容进行多报多支费用，伪造职工加班加点的考勤记录虚支现金等。对此类问题，一般需在审阅会计凭证时发现线索或疑点，然后，再通过调查分析有关情况。必要时，对会计凭证中的有关记录进行技术鉴定来查证问题。问题查证后，以贪污公款的性质作出相应的账务调整和处理。

（5）在现金支出过程中虚报、重复报销、冒领等。如会计人员在没有原始凭证的情况下编制付款凭证并据以登记入账，从而贪污公款；有关人员替他人冒领工资、奖金等；将某发票或收据重复报销等。对这些问题，有的可以在"现金日记账"或其他有关账簿中发现问题的疑点，然后再核对账证、证证查证问题。

但在很多情况下，需要在审阅核对会计凭证时发现问题的线索。如对于虚报的问题，在审阅核对会计凭证时，可以发现付款凭证未附原始凭证，从而发现问题的线索并进而使其得到查证。对于重复报销的问题，如果原业务只有一张原始凭证，那么，重复报销后，就会使原经济业务的会计凭证中，也是只有记账凭证，没有原始凭证；如原经济业务包括若干份原始凭证，而重复报销的只是其中部分原始凭证，这样，就会造成原经济业务会计凭证中，记账凭证与原始凭证不相符。在审阅、核对会计凭证中，若发现上述记账凭证未附原始凭证或记账凭证与原始凭证不相符的问题，可以此为线索或疑点，结合调查、分析等方法来追踪查证问题。问题查证后，应根据其具体形态作出调整。如对于重复报销的问题，可以借记"其他应收款"（重复报销人）账户，贷记有关费用账户或其他账户；对于冒领一般不需作出账务调整；对于虚报也应作出重复报销相似的账务调整。

6.1.5　备用金的错弊与查证

备用金也称零用现金，企业建立备用金制度是为了简化核算手续。它是由会计部门根据实际情况核定、拨付一笔固定数额的现金，并规定使用范围，由备用金经管人员在规定范围内支付，按规定的间隔日期或在备用金不够周转时，凭有关凭证向会计部门报销，补足备用金定额。备用金必须由专人经管，必须由指定的负责人签字同意才能支付。由于备用金的存放相对分散，报销的周期较长，比较容易出现错弊，必须加强监管与审查。

1. 备用金的常见错弊

（1）将不属于备用金的内容列作备用金。如个人借款用于个人生活需要或投资等其他活动，其性质属于挪用企业现金。一般表现为提要模糊不清。

（2）不按备用金用途使用。如用备用金购买控购商品或者用于个人消费，虚报虚领。

（3）挪用备用金。如专职备用金保管人员利用职务之便，将本部门的备用金为个人服务。

（4）贪污备用金。贪污备用金的主要形态与贪污现金基本相同，主要有：

①涂改发票金额。

②利用假发票、假收据。

③私人购物、公款报销。

2．备用金常见错弊的查证

（1）将"其他应收款"的明细账与各部门备用金的专门负责人核对，查明其真实性，是否存在以假冒备用金为名，挪用现金的现象。

（2）复核以备用金支付的各种原始凭证，检查其是否超出备用金的使用范围。

（3）从"其他应收款"明细账中，检查有无长期挂账现象，若有，应组织有关人员对备用金使用部门进行突击检查，查明有无挪用备用金问题。

（4）审查凭证中的有关疑点，进一步调查了解、取证。在取得关键性的证据后，对其所经管的备用金进行突击检查。

6.2 外币业务中的常见错弊及查证

企业的外币业务是指不同外币的折算以及用记账本位币以外的货币进行的款项收付、往来结算和计价等业务。

6.2.1 外币业务中的常见错弊

（1）账户设置的不合理、不合法。有外币存款和现金的企业应分别对人民币和各种外币设置"银行存款日记账"和"现金日记账"进行明细核算；对于其他涉及外币业务的会计账户，也应设置外币明细账户进行明细分类核算；对于存款和借款应按外币名称设置明细账；对于应收应付款应按客户名称和外币设置明细账；同时，根据需要还可以设置"汇兑损益"账户，用来核算企业的外币存款、外币现金和以外币结算的各种债权。债务等业务发生的汇兑损益（企业汇兑损益数额较小时，也可并入"财务费用"账户核算，不设置"汇兑损益"账户）。

在实际工作中，有许多企业对外币业务的会计账户设置不合理、不合法。如有的企业发生的汇兑损益业务较多，数额较大时，未专门设置"汇总损益"账户进行核算，而是将其并入"财务费用"账户中。还有的企业对外币存款和现金业务未分别按人民币和外币设置"银行存款日记账"和"现金日记账"进行明细核算。

（2）记账本位币的处理不正确、不合规。记账本位币可由企业选择，但一经确定，不得随意更换，如需更换，要经主管财政机关批准，并在财务状况说明书中予以说明，采用外币作为记账本位币，编制的会计报表需折算成人民币。

（3）汇率、折合的计算不合规。企业发生外币业务时，所采用的外汇汇率。折合时间及汇兑损益的计算方法不正确、不合规。

企业发生外币业务时，应当将有关外币金额折合为记账本位币金额。折合汇率采用外币业务发生时的市场汇率，也可以采用业务发生当期期初的市场汇率，由企业自行选定，但一经选定，便不可随意更换。

月份终了，企业应当将外币现金、外币银行存款、债权、债务等各外币账户的余额，按照期末市场汇率折合为记账本位币。按照期末市场汇率折合的记账本位币与账面记账本位币之间的差额，作为汇兑损益处理。

在实际工作中，存在着许多采用的外汇汇率、折合时间及汇兑损益的计算方法不正确、不合规的问题。如有的企业发生外币业务，将有关外币金额折合为记账本位币金额时，折合汇率未采用业务发生时的市场汇率或当月1日的市场汇率，而是采用市场调剂进行折算，造成折合汇率在各期变动幅度过大。又如有的企业对计算汇兑损益的逐笔结转方式与集中结转方式在年度内随意变更,从而造成汇兑损益在同一年度各有关会计期间内不均衡、不合理,影响各有关会计期间财务成果的真实性与正确性等。

(4)汇总损益的会计处理不合规、不正确。企业发生的汇总损益,应按照下列原则进行处理:

①筹建期间发生的,如果为净损失,计入开办费,从企业出资经营月份的次月起,按照不短于5年的期限平均摊销。如果为净收益,从企业开始生产、经营月份的次月起,按照不短于5年的期限平均转销,或者留待弥补企业生产经营期间发生的亏损,或者留待并入企业的清算收益。

②生产经营期间发生的,计入当期损益。

③清算期间发生的,计入清算损益。

④为购建固定资产发生的,在购建期列入固定资产的价值;在固定资产办理竣工决算以后发生的,计入当期损益。为购入无形资产发生的,全部计入无形资产价值。

在实际工作中存在的对汇兑损益的会计处理不合规、不正确问题,主要是将应计入当期损益中的汇兑损益,计入有关财产价值中;或者将应计入有关财产价值或开办费中的汇兑损益,计入当期损益;对于开办费中的企业筹建期间发生的汇兑损益,其摊销或转销期短于5年等。

6.2.2 外币业务中常见错弊的查证

(1)对于账户设置不合理、不合法,查证人员应查阅企业的有关账簿,了解其对外币业务的账户设置情况;然后,针对企业的具体情况,分析确定其账户设置是否合理、合法。

(2)对于对记账本位币的处理不正确、不合规,查证人员应查阅企业的账簿记录,确定其所采用的记账本位币是人民币还是外币,并了解其年度内的变更情况。如有变动,应调查询问企业是否报主管财政部门批准,并在财务情况说明书中予以说明。

(3)对于企业发生外币业务时,所采用的外汇汇率、折合时间及汇兑损益的计算方法不正确、不合规，查证人员应确定外汇汇率是否正确，折合时间是否一致，汇兑损益的计算方法是否恰当。然后，查证其在年度内是否保持一致。

（4）对于汇兑损益的会计处理不合规、不正确，查证人员应查阅"汇兑损益""递延资产""在建工程"及"清算损益"等账户的有关明细账户。若发现疑点，应调阅会计凭证，进行账证、证证核对，在调查询问有关情况的基础上查证问题。

6.3 银行存款业务中的常见错弊及查证

6.3.1 银行存款的会计核算概述

银行存款是企业存放在银行或其他金融机构的货币资金。凡是独立核算的企业都必须在当地银行开设账户，以办理存款、取款和支付等结算。企业除按核定限额留存的库存现金外，其余的货币资金都必须存入银行；企业与其他单位之间的一切货币收付业务，除在规定范围内可以用现金支付的款项外，都必须通过银行办理支付结算。

结算方式是指用一定的形式和条件来实现企业间或企业与其他单位和个人间货币收付的程序和方法。分现金结算和支付结算两种。企业除按规定的范围使用现金结算外，大部分货币收付业务应通过银行办理支付结算。支付结算是指单位、个人在社会经济活动中使用票据、信用卡和汇兑、托收承付、委托收款等结算方式进行货币给付及其资金清算的行为。中国人民银行发布的《支付结算办法》规定的国内人民币的支付结算方式，包括支票、银行本票、银行汇票、商业汇票、信用卡、托收承付、委托收款、汇兑八种；另外还有国内信用证结算方式等。

6.3.2 银行存款的管理

银行存款管理，就是指国家、银行、企业、事业、机关团体等有关各方对银行存款及相关内容进行的监督和管理。根据其管理对象不同，银行存款管理可分为银行存款账户的管理、银行存款结算的管理、银行存款核算的管理。

1. 银行存款账户的管理

银行存款账户的管理，主要是指有关银行存款账户的开立、变更、合并、迁移、撤销和使用等内容的管理。

2. 银行存款结算的管理

银行存款结算的管理，是银行存款管理的核心内容，主要是对经济活动引起的银行存款收、付业务的管理。银行存款结算的管理主要包括以下四个方面的内容：

（1）银行存款结算的原则性管理。

（2）银行存款结算的业务性管理。

（3）银行存款结算的纪律及责任规定。

（4）银行结算票据和凭证的管理。

3. 银行存款核算的管理

银行存款核算的管理，是指根据《会计法》及会计准则的规定，对银行存款业务进行确认、计量、核算和报告的管理。

6.3.3 银行存款的内部控制制度

银行存款的内部控制制度，就是指企事业单位为维护银行存款的完整性，确保银行存款会计记录正确、可靠而对银行存款进行的审批、结算、稽核调整的自我调节和监督。

1. 建立内部控制制度的原则

建立内部控制制度应遵守的基本原则是指企业建立和设计内部控制制

度时所必须遵循的客观规律和基本法则。它主要包括以下四个基本原则：

（1）内部牵制原则。这是指分离不相容职务，在各部门、各岗位之间建立起一种相互验证或共同验证的关系，对每项经济业务所分成的授权、主办、核对、执行和记录等几个步骤，不能同时交由一个人办理，如分离经济业务执行和审查；分离经济业务记录和执行；分离财产保管和记录；分离财产保管和财产核对；分离总账和明细账登记，从而达到自动纠错，防止舞弊现象。

（2）管辖范围原则。指根据各部门、各岗位的职能和性质，划分其工作范围，赋予其相应的权利和责任，规定其相应的操作程序和处理办法，确定其检查标准和纪律规范，以保证事事有人管，人人有专责，从而达到切实实施各项内部控制措施的目的。

（3）系统网络原则。这是指将各部门和各岗位形成互相依存、互相制约的统一体，促进各岗位、部门的协调，发挥内部控制制度的总体功能，实现内部控制制度的总体目标。

（4）成本效益原则。这是指实行内部控制制度与实行它而产生的经济效益，合理确定成本与效益的比例关系，既保证银行存款的安全完整，同时也达到对其控制管理的目的。

2. 银行存款内部控制的内容

单位内部完善的银行存款控制制度，应当包括以下八个控制点，并围绕它们展开行之有效的银行存款内部控制。

（1）审批。单位主管或银行存款业务发生部门的主管人员，对将要发生的银行存款收付业务进行审查批准，或授权银行存款收支业务经办人，并规定其经办权限。审批一般以签字盖章方式表示。该过程主要为保证银行存款的收支业务要在授权下进行。

（2）结算。出纳人员复核了银行存款收付业务的原始凭证后，应及时填制或取得结算凭证，办理银行存款的结算业务，并对结算凭证和原始凭证加盖"收讫"或"付讫"戳记，表示该凭证的款项已实际收入或付出，避免重复登记。

（3）分管。银行存款管理中不相容职务的分离，如支票保管职务与印章保管职务相分离，银行存款总账与明细账登记相分离，借以保障银行存款的安全。

（4）审核。在编制银行收款凭证和付款凭证前，银行存款业务主管会计应审核银行存款收付原始凭证基本内容的完整性，处理手续的完备性以及经济业务内容的合规、合法性；同时，还要对结算凭证的上述内容进行审核，并把它与原始凭证相核对，审核其一致性，然后签字盖章。目的是保证银行存款收支业务记录的真实性、核算的准确性和银行存款账务处理的正确性。

（5）稽核。记账前稽核人员、审核人员审核银行存款收付原始凭证和收付款记账凭证内容的完整性，手续的完备性和所反映经济内容的合法、合规性；同时对这些凭证的一致性进行审核，并签字盖章以示稽核。该环节的目的是保证证证相符，以及对银行存款记录和核算的正确性。

（6）记账。出纳人员根据审核、稽核无误的银行存款收、付款凭证登记银行存款日记账，登记完毕，核对其发生额与收款凭证、付款凭证的合计金额，并签字盖章表示已经登记。银行存款总账会计根据审核、稽核无误的收款凭证、付款凭证或汇总的银行存款收付款凭证，登记银行存款总账，登记完毕，核对其发生额与银行收款凭证和付款凭证或银行存款汇总记账凭证的合计金额，并签字盖章表示已经登记。该环节用以保证账证相符以及银行存款账务处理的正确性。

（7）对账。在稽核人员监督下，出纳人员与银行存款总账会计对银行存款日记账和银行存款总账的发生额和余额相核对，并互相取得对方签证以对账。该环节的目的是保证账账相符，保证会计资料的正确性、可靠性以及银行账务处理的正确性。

（8）调账。银行存款主管会计定期根据银行对账单对银行存款日记账进行核对，编制"银行存款余额调节表"，并在规定的天数内对各未达账项进行检查。该环节的目的是保证企业的银行存款账与银行账相符，保证会计信息的准确性和及时性。

3. 如何实施银行存款内部控制

在实施银行存款内部控制时，各单位应根据自身特点，设定合理的控制点，制定符合自身情况的、健全的银行存款内部控制制度。

（1）授权与批准。建立银行存款的内部控制制度，首先就要确立授权与批准的制度，即银行存款收付业务的发生，需要经单位主管人员或财务主管人员审批，并授权具体的人员经办，审批一般以签字盖章方式表示。该过程保证了银行存款的收支业务要在授权下进行。

（2）职责区分，内部牵制。有关不相容职务由不同的人承担，体现钱账分管、内部牵制等原则。其具体程序包括：

①银行存款收付业务授权与经办、审查、记账要相分离。

②银行存款票据保管与银行存款记账职务要相分离。

③银行存款收付凭证填制与银行存款日记账的登记职务相分离。

④银行存款日记账和总账的登记职务相分离。

⑤银行存款各种票据的保管与签发职务相分离，其中包括银行单据保管与印章保管职务相分离。

⑥银行存款的登账和审核职务相分离。

（3）记录与审核。各单位对其银行存款收付业务通过编制记账凭证、登记账簿进行反映和记录之前，都必须经过审核，只有审核无误的凭证单据才可作为会计记录的依据。其具体程序包括：

①出纳人员要根据其审核无误的银行存款收付原始凭证办理结算。办理银行结算后的原始凭证和结算凭证，要加盖"收讫"或"付讫"戳记。

②会计人员要根据财务主管审核无误的原始凭证或原始凭证汇总表填制记账凭证。

③原始凭证、收付款凭证须经过财会部门主管或其授权人审签、稽核人稽核签字盖章才能据以登账。

（4）文件管理。为了保证已发生经济业务安全完整，对收、付款凭证可以采取混合连续编号，也可以采取分类连续编号；同时对票据由专人负责保管；票据和结算业务发生时，须经财会部门主管人员或企业主管人员并要求经办人签字。

（5）核对。出纳人员定期编制"银行存款余额调节表"，交由会计主管人员检查，同时定期进行账账核对，以保证银行存款安全。

6.3.4 如何编制银行存款余额调节表

编制银行存款余额调节表，是进行银行存款账实核对的必要手段，在对企业的银行存款项目进行查证时，必须严格地核对银行存款余额调节表。因此，在这里我们首先学习银行存款余额调节表的内容与含义。

1. 未达账项的内容

企业与银行对账单余额存在误差的原因是因为存在未达账项。它包括：

（1）企业已经入账，银行尚未入账的款项。企业存入银行的款项，企业已记作银行存款增加，而银行尚未办理入账手续。

企业开出转账支票或其他付款凭证，企业已记银行存款减少，而银行尚未支付入账的款项。

（2）银行已经入账，企业尚未入账的款项。银行代企业划收的款项已经收妥入账，银行已记作企业存款增加，而企业尚未接到收款通知，尚未记账的款项。

银行代企业划付的款项已经划出并记账，银行已记作企业存款减少，而企业尚未接到付款通知，尚未记账的款项。

2. 编制银行存款余额调节表

银行存款余额调节表，是企业为了核对本企业与银行双方的存款账面余额而编制的列有双方未达账项的一种报表。具体编制方法是：在银行与开户单位账面余额的基础上，加上各自的未收款，减去各自的未付款，然后再计算出双方余额。通过余额调节表后的余额才是企业银行存款实存数。

3. 编制银行存款余额调节表需注意的地方

编制银行存款余额调节表应注意以下几点：

（1）调整的未达账项并不入账。编制银行存款余额调节表只是为了核对账目，检查账簿记录是否正确，所以调整的未达账项并不马上要入账。

（2）调节表中双方余额一定要相等。调节后如果双方余额相等，一般可以认为双方记账没有差错；调节后如果双方余额仍不相等，原因有两个，要么是未全部查出，要么是一方或双方账簿记录还有差错。无论何种原因，都要进一步查清楚，并加以更正，一定要到调节表中双方余额相等为止。

（3）调整后的余额是企业存款的真实数字，也是企业当日可以动用的银行存款的极大值。

（4）一个银行账户需要编制一份银行存款余额调节表，开户超过一个的企业，要防止串户。

案例分析6-1　银行存款余额调节表的编制

甲公司2011年5月31日银行存款日记账的账面余额为520 000元，银行转来的对账单上截至5月31日的余额为510 400元，经逐笔核对，发现有以下未达账项：

（1）5月28日，公司委托银行代收款项5 000元，银行已经收妥入账，公司尚未接到银行的收款通知，尚未记账。

（2）5月29日，公司送存支票15 200元，银行尚未计入公司存款账户。

（3）5月30日，银行代公司支付水费1 000元，公司尚未接到银行的付款通知，尚未记账。

（4）5月31日，公司开出支票1 600元，持票人尚未到银行办理转账，银行尚未登记入账。

要求：根据上述资料编制该公司银行存款余额调节表。

根据所提供资料编制该公司的"银行存款余额调节表"如表6-1所示。

表6-1 银行存款余额调节表

项目	金额	项目	金额
企业存款日记账余额	520 000.00	银行对账单余额	510 400.00
加：银行已收企业未收	5 000.00	加：企业已收银行未收	15 200.00
减：银行已付企业未付	1 000.00	减：企业已付企业未付	1 600.00
经调整后的余额	524 000.00	经调整后的余额	524 000.00

6.3.5 银行存款业务中的常见错弊

银行存款收支是企业会计核算的主要内容，也极易发生错弊。常见错弊有：

（1）制造余额差错。即会计人员故意算错银行存款日记账的余额，来掩饰利用转账支票套购商品或擅自提现等行为。也有的在月结银行存款日记账试算不平时，乘机制造余额差错，为今后贪污做准备。这种手法看起来非常容易被察觉，但如果本年内未曾复核查明，以后除非再全部检查银行存款日记账，否则很难发现。

（2）擅自提现。擅自提现手法，是指会计人员或出纳人员利用工作上的便利条件，私自签发现金支票后，提取现金，不留存根不记账，从而将提取的现金占为己有。这种手法主要发生在支票管理制度混乱，内部控制制度不严的单位。

（3）混用"库存现金"和"银行存款"科目。会计人员利用工作上的便利，在账务处理中，将银行存款收支业务混同起来编制记账凭证，用银行存款的收入代替现金的收入，或用现金的支出代替银行存款的支出，从而套取现金并占为己有。

（4）公款私存。即将公款转入自己的银行户头，从而侵吞利息或挪用单位资金。其主要手法有：

①将各种现金收入以个人名义存入银行。

②以"预付货款"名义从单位银行账户转汇到个人银行账户。

③虚拟业务而将银行存款转入个人账户。

④业务活动中的回扣、劳务费、好处费等不交公、不入账，以业务部门或个人名义存入银行等。

（5）出借转账支票。即指会计人员利用工作上的便利条件，非法将转账支票借给他人用于私人营利性业务结算，或将空白转账支票为他人做买卖充当抵押。

（6）转账套现。指会计人员或有关人员通过外单位的银行账户为其套取现金。这种手法既能达到贪污的目的，也能达到转移资金的目的。

在这种手法下，外单位的账面上表现为"应收账款"及"银行存款"等科目以相同的金额一收一付，而本单位的会计分录为：

①为外单位套取现金，收到该单位的转账支票存入银行时，作分录：

  借：银行存款   ×××

   贷：应付账款   ×××

②提取现金时作分录：

  借：库存现金   ×××

   贷：银行存款   ×××

③付现金给外单位时

  借：应付账款   ×××

   贷：库存现金   ×××

为了避免一收一付，以掩盖套取现金的事实，有些单位不作上述账户处理，而进行直接入账，分录为：

借：银行存款　　　　　　　　　　　　　　×××
　　贷：库存现金　　　　　　　　　　　　　×××

（7）涂改银行对账单。指涂改银行对账单上的发生额，从而掩饰从银行存款日记账中套取现金的事实。在这种手法下，一般是将银行对账单和银行存款日记账上的同一发生额一并涂改，并保持账面上的平衡。为了使账证相符，有的还涂改相应的记账凭证。

（8）支票套物。是指会计人员利用工作之便擅自签发转账支票套购商品或物资，不留存根不记账，将所购商品据为己有。

（9）提取现金不入账。指会计人员利用工作上的便利条件，在由现金支票提出现金时，只登记银行存款日记账，不登记现金日记账，从而将提出的现金占为己有。实务工作中，由于企业的现金日记账和银行存款日记账是分两本账本记，如果不对照检查，这种手法极难被发现。

（10）存款漏账。指会计人员利用业务上的漏洞和可乘之机，故意漏记银行存款收入账，伺机转出转存占为己有。这种手法大多发生在银行代为收款的业务中，银行收款后通知企业，会计人员将收账通知单隐匿后不记日记账，以后再开具现金支票提出存款。

（11）重支存款。指会计人员利用实际支付款项时取得的银行结算凭证和有关的付款原始凭证，分别登记银行存款日记账，使得一笔业务两次报账，再利用账户余额平衡原理，采取提现不入账的手法，将款项占为己有。

（12）出借账户。指本单位有关人员与外单位人员相互勾结，借用本单位银行账户转移资金或套购物资，并将其占为己有。也有单位通过对外单位或个人出借账户转账结算而收取好处费。在这种手法下，一般是外单位先将款项汇入本单位账户，再从本单位账户上套取现金或转入其他单位账户。这样收付相抵，不记银行存款日记账。

（13）涂改转账支票日期。采用这种手法，会计人员将以前年度已入账的转账支票收账通知上的日期涂改为报账年度的日期进行重复记账，再擅自开具现金支票提取现金并占为己有。在这种手法下，由于重复记账，银行存款日记账余额将大于对账单余额。记账时的会计分录为：

  借：银行存款   ×××

   贷：相关科目   ×××

  这等于凭空在日记账上增加了借方数额，于是便为提取现金做好了准备。提取现金时，会计分录为：

  借：库存现金   ×××

   贷：银行存款   ×××

  通过上述两笔账务的处理，既侵吞了现金，同时又使日记账与银行对账单之间保持了平衡。

  （14）套取利息。采用套取利息手法，会计人员利用账户余额平衡原理，采取支取存款利息不记账手法将其占为己有。

  企业的贷款利息，按规定应抵减存款利息后，记入财务费用。月终结算利息时，如果只记贷款利息而不计存款利息，银行存款日记账余额就小于实有额，然后再支出利息部分款项不入日记账，余额就自动平衡，该项利息也就被贪污了。这种手法，在对账单和调节表由出纳一人经管的单位很难被发现。

  （15）涂改银行存款进账单日期。采用这种手法，会计人员利用工作上的便利条件，将以前年度会计档案中的现金送存银行的进账单日期，涂改为本年度的日期，采取重复记账的手法侵吞现金。在这种手法下，根据涂改后的进账单作如下会计分录：

  借：银行存款   ×××

   贷：库存现金   ×××

  这样就能将现金占为己有，但由于与对账单不符，因而容易被发现。所以，有些会计人员为了保持与对账单余额一致，也相应地在银行对账单上填列借方余额；或采用收款有入账的手法掩饰真相，使日记账与对账单自动平衡。

  除此之外，银行存款业务中还有以下其他错弊，主要包括：

①未将超过库存限额的现金全部、及时地送存开户银行。
②通过银行结算划回的银行存款不及时、不足额。
③违反国家规定进行预收货款业务。
④开立"黑户",截留存款。
⑤签发空头支票、空白支票,并由此给单位造成经济损失。
⑥银行存款账单不符。

6.3.6 查证银行存款业务中错弊的方法

1. 检查银行存款业务的内部控制制度

检查银行存款业务的内部控制制度,可按以下各项展开:

(1)企业是否根据不同的银行账号分别开设银行存款日记账?

(2)银行存款的处理和日记账的登记工作是否由出纳专门负责?

(3)出纳和会计的职责是否分离?

(4)银行存款日记账是否根据经审核后的合法的收付款凭证登记入账?

(5)银行存款日记账是否逐笔序时登记?

(6)企业除零星支付外的支出是否通过银行转账结算?

(7)对于重大的支出项目是否经过核准、审批?

(8)银行支票是否按顺序签出?

(9)是否严格控制和保管空白支票?

(10)作废支票是否加盖"作废"戳记,并与存根联一并保存?

(11)是否使用支票登记簿?

(12)支票是否由出纳和有关主管人员共同签发?

(13)签发支票的印章是否妥善保管?大、小印是否分别由专人保管?

(14)银行存款日记账与总账是否每月核对相符?

(15)银行存款日记账是否定期与银行对账单核对?

(16)是否定期由独立人员编制银行存款调节表,调节未达账项?

2. 银行存款日记账的查证

（1）根据日期和凭证号数栏的记载，查明是否以记账凭证为依据逐笔序时登记收支业务并逐笔结出余额，有无前后日期和凭证编号前后顺序颠倒的情况。

（2）根据摘要栏、金额栏和对方科目栏的记载，判断经济业务的会计处理、会计科目的使用是否适当。同时，还要进一步查证其收付业务是否与本单位经营活动有关，是否有出租出借银行账号之嫌。开具的银行提现支票，其内容是否符合现金结算范围规定，如不属于规定的现金结算范围；又不通过现金日记账反映，应注意可能存在套取现金的可能。

（3）根据"结存余额栏"的记载，查明是否有异常的红字余额。如出现红字余额，可能是由于不同银行账号的业务记录出现"串户"，或是收支业务记录的先后顺序颠倒或是开具空头支票等所致。

3. 银行存款收付款凭证的查证

银行存款的收付款凭证是银行存款日记账的记账依据，是银行存款日记账正确与否的前提。其查证要点与现金收付款凭证的查证要点相似。

（1）查证银行存款业务收入方面的记录，其查证要点与查证现金业务收入方面的记录要点相同。

（2）查证非正常业务的重要银行存款支出，其查证要点与查证非正常业务的重要现金支出要点相同。

（3）询证期末银行存款余额。银行存款是货币资金中最主要的部分，为了查证资产负债表所列示银行存款余额是否存在，必须向开户银行询证。通过询证，可以获得企业银行存款确实存在的证据；获得银行存款可供企业使用、企业拥有其所有权的证据；还可能发现企业未入账的银行存款。

（4）取得或编制银行存款余额调节表。银行存款余额调节表可以由企业编制，也可以由查证人员编制。其查证的内容主要包括：

根据银行对账单、银行存款日记账和总账上的结账日余额核对银行存款余额调节表上调节前的相对应余额，查证列示是否正确。

将银行对账单记录与银行存款日记账记录逐笔核对，核实调节表上各个调节项目的列示是否真实、完整。任何漏记或多记调节项目的现象均应引起查证人员的注意。

在核对银行存款日记账账面余额和银行对账单余额的基础上，复核未达账项加减调节，验证调节后两者的余额计算是否相符，是否正确。如不符，说明其中一方或双方存在差错，应进一步查明原因。

逐笔查证未达账项，以确定其真实性。

6.3.7 外埠存款中的常见错弊及其查证方法

1. 外埠存款中的常见错弊

外埠存款是企业到外地进行临时或零星采购时，汇往外地银行开设采购专户的款项。其所发生的常见错弊有：

（1）非法开设外埠存款账户。其主要表现形式有：

①捏造申请书，骗取银行同意，在异地开设采购专户，用于非法交易。

②在异地伙同异地单位开设存款账户，将企业存款汇往异地作为外埠存款。

（2）外埠存款支出不合理、不合法。其主要表现形式有：

①使用外埠存款采购国家专控商品或其他非法物资。

②采购人员挪用外埠存款。

③将外埠存款用于联营投资、炒买炒卖股票、债券等交易活动。

2. 外埠存款中错弊的查证技巧

首先，查账人员应运用详查法，审查以外埠存款购进的全部商品、材料和其他物品，看其有无超出采购存款的佣金。

然后，再审查"其他货币资金——外埠存款"明细账余额，查明其有无长期挂账现象，若"其他货币资金——外埠存款"占用时间长，应进一步分析查证其有无挪用资金或者不及时办理结算的问题。

6.3.8 银行汇票存款中的常见错弊及其查证方法

1. 银行汇票存款中的常见错弊

银行汇票存款是指汇款人将款项交存当地银行,由银行签发给汇款人持往异地办理转账结算或支取现金的票据,在尚未办理结算之前的票据存款。

银行汇票的付款期为一个月。遗失可提现的银行汇票,可以挂失。如果遗失了填明收款单位或个体户名称的汇票,银行不予挂失。过期汇票及遗失汇票在一个月内未被冒领,可办理退款手续。

有关银行汇票存款的常见错误主要有:

(1)银行汇票使用不合理、不合法。其主要表现形式有:

①超出银行汇票使用范围。

②用银行汇票套取现金。

③贪污银行汇票存款。

(2)收受无效的银行汇票,给企业带来损失。其主要表现形式有:

①接受非银行签发的银行汇票或假冒的银行汇票。

②收到的银行汇票,收款人并非本企业。

③接受过期、作废或经涂改的银行汇票。

(3)非法转让或贪污银行汇票。

也就是说,企业财会部门收到银行汇票时,不及时存入银行,而是通过背书转让给其他单位,从中获得非法所得。

2. 银行汇票存款中错弊的查证技巧

(1)审查银行汇票申请书,查明被查单位与收款单位有无业务往来。

(2)审查购销合同规定的结算方式是否为采用银行汇票结算。

(3)在分析使用汇票结算合理的基础上,审查"其他货币资金——银行汇票存款"明细账,审查其是否及时办理结算,有无长期挂账而挪用汇票存款或侵占行为。

（4）核对银行存款和银行对账单，审查其款项是否与银行对账单一致，应分析是否为未达账项，否则，应查明是否收到无效或过期汇票。

6.4 其他货币资金业务中的常见错弊及查证

6.4.1 其他货币资金业务中一般性的错弊

其他货币资金是指企业在生产经营过程中，与库存现金和银行存款的地点及用途不同的属于货币资金的款项，主要包括外埠存款、银行汇票存款、银行本票存款、在途货币资金等。

其他货币资金是货币资金的组成部分，在其增减变动过程中，也常常发生一些错弊。

（1）账户设置不合理。对于其他货币资金，企业应设置"其他货币资金"总账科目，进行总分类核算；并在其下设置"外埠存款""银行汇票存款""银行本票存款""在途货币资金"等明细科目，根据这些明细科目并按外埠存款的开户银行、银行汇票、银行本票的收款单位以及在途货币资金的汇出单位等设置明细账。在实际工作中，存在着许多未按上述要求设置核算其他货币资金账户的问题。

如未按各种其他货币资金的具体形态设置明细科目；或者未按所有的外埠存款的开户银行，银行汇票、银行本票的收款单位以及在途货币资金的汇出单位设置明细账。未按有关单位或开户银行的全称设置明细账，造成在其名称上不具体、不明确，以至于相互混淆或与其他有关明细账户相混。

（2）未将剩余的或由于其他原因需要退回的专户存款及时结清。对于未使用完的或由于其他原因需要办理退款手续的外埠款、银行汇票存款、银行本票存款等，应及时足额地办理退款手续。在账务处理上应借记"银行存款"科目,贷记"其他货币资金"(有关明细账户)科目。

但是,在实际工作中却存在着许多需要办理退款手续的有关专户存款未及时、足额地予以办理的问题。

6.4.2 其他货币资金业务中错弊的查证方法

(1)查阅各种存款日记账,查证各种专户存款开立是否必要。如外埠存款是否因临时、零星采购物资所需而开立,信用证存款是否确实因在开展进出口贸易业务中采用国际结算方式所需而开立。

(2)要求企业提供各种书面文件,查证开立各种专户存款是否经过适当的审批手续,其数额是否合理。

(3)从日记账记录中抽出数笔业务查证其原始凭证和记账凭证,查证各种存款户支用款项是否合理,即是否按原定的用途使用;是否遵守银行的结算制度;采购业务完成之后是否及时办理结算手续;有无非法转移资金的现象。

(4)对于在途货币资金,应根据汇出单位的汇款通知书,查证在途货币资金的形成是否真实;在途货币资金发生后是否及时入账;收到在途货币资金后是否及时注销;对于长期挂账不注销或一直未收到款项的应查明原因。

6.4.3 在途货币资金业务的查证技巧

(1)审查"其他货币资金——在途货币资金"明细账,分析其入账时间及占用时间,若发现占用时间较长,则作为疑点,进一步审查。

(2)调阅凭证,追踪调查付款单位,并在此基础上审查银行对账单,查明有无已收款未转账,或收款的银行存款已转出的情况。

(3)若付款单位确实已付款,在银行存款日记账和对账单未作任何反映,应审查付款单位付出款项时填写的收款审查有无差错,银行收款有无错误,若上述无误,则应对在途货币资金的经办人进行调查,查明其有无贪污或其他违法活动。

第6章 看好企业的钱袋子——货币资金的常见错弊及查证

案例分析 6-2　货币资金专题查账案例

关于××建材有限公司货币资金专题查账的报告

××城市建设总公司董事会：

根据总公司董事会 2011 年 10 月 16 日会议的决定，总公司审计部对我公司下属的××建材有限公司 2008 年以来的货币资金使用情况进行了审查，现对查账的情况作一报告。

一、基本情况

××建材有限公司是我公司的全资子公司，专门从事针对总公司承建工程所使用建筑材料的采购与供应，同时，也对外进行建筑材料的销售和代采购业务。主要经销的商品有各种规格的钢材、木材、玻璃、金属制品、化工油漆、水暖材料、砖瓦砂石等硅酸盐制品。

公司下设三个物资供应站和一个运输队，经营具体供应业务和运输任务，均不实行独立核算，财务收支由每个基层单位的总务负责办理，定期报公司财务科汇总核算。

二、公司内部资金管理存在漏洞

在对该公司账务进行查证的过程中，我们发现，在现金内部管理中缺乏相互的牵制制度，主要体现在以下四个方面：

1. 空白现金支票、转账支票、银行预留印鉴，银行密码生成器全由出纳一人掌管，没有相应的控制机制，存在出纳一人就可以直接向银行提取现金，进行银行转账的可能性，风险极大。

2. 银行存款余额调节表由出纳编制，但编制不及时，无第三人进行审核。

3. 各部门的业务收入，由各部门自行收取，财务部门把盖有收讫章的空白收据交有关部门，但收据用完也不将存根交回财务部门核销，因而发生了私设小金库或挪用贪污现金等情况。

4. 现金报销单据没有严格核销手续。根据上述情况,对该公司及其基层的现金收支凭证进行了详细检查。

三、查核中查实的问题

(一)贪污现金问题

由于现金管理制度不健全,财务科出纳员王某利用职务之便,在2011年一年中,贪污现金143 520元。手法是吞没银行存款利息,2011年3月20日,银行为该公司结算第一季度利息,结息单金额34 510元,出纳并未入账,而于3月22日以发放奖金的名义开具现金支票24 000元。3月31日又以发放津贴名义开具现金支票10 510元,这样便把一季度全部利息提取现金,中饱私囊。在编制银行存款余额调节表时,就数额予以轧平,蒙混过去,根据这一情况,对2011年第二、三、四季度的利息作详细检查,发现王某以同样的手法,贪污了三个季度的利息共达104 110元。

3月24日,银行转来废料回收款计1 660元的收账通知,王某没有记入银行存款账,而另行填制现金解款单,金额60元,然后把解款单回单联金额改为1 660元,这样又贪污了1 600元。6月7日,11月21日又分别二次用这种手法贪污了废料回收款计3 300元。

王某在确凿的证据面前,已承认了这些不法行为,并在谈话笔录中签了字。

(二)违反财经纪律问题

1. 不遵守货币管理制度。2月3日,收甲砖瓦厂代垫铁路运费4 750元;5月2日,收乙水运公司修船费20 500元,等等,均未通过银行办理转账结算,而直接收取现金,也未及时解存银行。

2. 私设小金库。第二供应站领导未经公司同意,擅自从应发2007年度工作质量奖中提取1 500元,连同超产奖结余280元,职工违章罚款850元,废品回收款1 200元,共计3 830元,私自设立小金库,作不正当支出之用。检查时发现已支用的有:购茶叶120元,春节茶话会糖果150元,招待区防疫站卫生检查人员等费用360元,尚存3 200元。

3. 为关系厂提供购货结算资金。该公司与外地某厂有购销业务关系,当外地厂在本市购买其他物资而无法在本市银行办理货款结算时,该公司即为垫付,而在"应付该厂的货款"中进行抵扣,这是变相地为他厂提供银行账号,2010年这种垫付互抵的货款达100余万元。

(三)财务管理上的问题

该公司财务管理上除分工不明,责任不清外,还存在以下两方面问题:首先,财务规章制度不健全。如收款分散各业务部门,而作为收款的重要原始凭证收据的颁发、核销制度不严,其中运输队收据整本丢失或缺页,也不严格追查责任,不了了之,对公司造成不应有的损失。其次,财务工作人员责任心不强,工作不认真,审核凭证非常马虎,有些支出凭证未经有关经手人、证明人、领导人签证,有些外来凭证无签发单位的印章,均照付不误。

四、处理意见和建议

该公司财务制度不健全,分工不明确,工作人员责任心不强,如不进行彻底整顿,后果将不堪设想。

建议该公司采取以下措施:

1. 关于出纳员贪污的现金143 520元,应立即全部追缴,并建议公司领导调离他们现任工作,给予一定的行政处分和经济制裁。

2. 设备科徐某非法索取所谓"业务费"1 050元,应由该科负责人督促孙某从速退还某修造厂;供销科采购员虚报冒领880元,应即追缴;并予该两员以严肃批评。

3. 所有外地企业,凡与公司业务无关的收支事项。均不得以公司名义代为垫付或转借银行账号,在公司业务往来款项下转账,以杜绝可能发生套购物资等不法行为。

4. 加强经济责任制和岗位责任制。支票的使用和印鉴，不能由出纳员一人掌管，必须建立分工制度，会计对出纳现金收付负有监督责任，对各部门收据的领用要进行登记，不应在空白收据上事前盖好收讫章，对回收的收据存根要加强检查监督，有关现金收付的原始凭证，要进行事前审核。非有特殊情况，出纳员不得在会计未审核前收付现金。

5. 出纳和各业务部门收取的现金，应严格遵守货币管理规定，并定期汇总解存银行。以堵塞漏洞，保证货币资金收付的合法性和正确性。

××城市建设总公司审计部

2011 年 12 月 18 日

第 7 章 会计错弊的"顽症"
——应收款项的常见错弊及查证

本章导读

应收款项是会计错弊的频发科目，属于财务舞弊的"顽症"，很多舞弊行为都需要借助应收款项。例如，虚增收入利用应收账款，隐瞒销售收入而将"预收账款"长期挂账不予转销；为套取现金而利用应收应付等往来科目来回倒账；滥用会计政策计提坏账等。它虽然在流动性、可接受性和变现性上不如货币资金，但是也是企业流动性较高的资产，随着商业信用的发展而在资产负债表中占据重要一席。企业应严格将不同内容的应收款项和预付账款分类加以核算，以正确反映、监督各种短期债权的发生及收回情况，保证企业这部分资产的安全完整，保证以上流动债权所代表的经济利益能够及时流入企业。

在本章中，我们主要学习以下内容：

（1）应收账款业务中的常见错弊及查证？
（2）预付账款的常见错弊及查证？
（3）应收票据中的常见错弊及查证？
（4）其他应收款的错弊及查证？

7.1 应收账款业务中的常见错弊及查证

7.1.1 应收账款的核算概述

应收账款是指企业因销售商品、产品、提供劳务等，应向购货单位或接受劳务单位收取的款项。

企业发生应收账款时，按应收金额，借记"应收账款"，按实现的营业收入，贷记"主营业务收入"等科目，按专用发票上注明的增值税额，贷记"应交税金——应交增值税（销项税额）"科目；收回应收账款时，借记"银行存款"等科目，贷记"应收账款"。

企业代购货单位垫付的包装费、运杂费，借记"应收账款"，贷记"银行存款"等科目；收回代垫费用时，借记"银行存款"科目，贷记"应收账款"。

如果企业应收账款改用商业汇票结算，在收到承兑的商业汇票时，按票面价值，借记"应收票据"科目，贷记"应收账款"。

7.1.2 应收账款的常见错弊及其查证

1. 应收账款入账过程中的常见错弊及其查证

（1）常见错弊：应收账款的入账金额不实，根据会计制度的规定，在存在销货折扣与折让的情况下，应收账款的入账金额采用总额法，在实际工作中可能出现按净额法入账的情况，以达到推迟纳税或将正常销售收入转为营业外收入的目的。

（2）查证措施：复核有关销货发票，看其与"应收账款""主营业务收入"等账户记录是否一致，确定问题之所在。

第7章 会计错弊的"顽症"——应收款项的常见错弊及查证

2. 应收账款占用额中的常见错弊及其查证

（1）常见错弊：应收账款平均占用额过大。一般来讲，应收账款余额在企业流动资产中的比率不能过大，否则，意味着企业大部分周转资金被其他企业占有，不利于本企业的资金周转，从而影响正常的生产经营活动。

（2）查证措施：

①计算企业应收账款余额占流动资产的比率，如果比率过高，说明企业应收账款管理中存在问题。

②通过查阅应收账款明细账，确定哪些客户欠款过多，原因是什么；是否存在有关人员损公肥私、收受回扣的情况等，并根据掌握的资料向企业提出改进建议，加强对应收账款的管理。

3. 坏账损失计提中的常见错弊及其查证

（1）常见错弊：对坏账损失的处理不合理。按照现行会计制度的规定，企业可以采用直接转销法，也可以采用备抵法，但选用某种方法后年内不得随意变更，以保持前后各期口径一致。但在实际工作中，存在着两种方法交替使用的情况。

（2）查证措施：

①查阅账簿或询问确定所采用的方法。

②抽查"坏账准备""管理费用"等账户及对应账户，确定其实际的处理方法是否前后各期一致。

4. 使用备抵法中的常见错弊及其查证

（1）常见错弊：备抵法的运用不正确。备抵法是指企业应按年末应收账款余额的3‰～5‰计提坏账准备，计入"管理费用"账户，发生坏账损失时，冲抵"坏账准备"，收回已核销的坏账时，增加"坏账准备"。年末，再根据年末应收账款余额并结合"坏账准备"账户年末余额方向及金额大小进行清算，但在实际工作中存在着多种多样的问题，主要表现在：

①人为扩大计提范围和标准。如将"应收票据""其他应收款"等一并计入计提基数，虚列应收账款余额等，以达到多提坏账准备，多列费用，

减少当期损益的目的。

②年终清算时未考虑"坏账准备"账户的余额情况。

③未按坏账损失的标准确认坏账的发生，如将预计可能收回的应收账款作为坏账处理，以换取个人或局部的利益；将应为坏账的应收账款长期挂账，造成资产不实。

④收回已经核销的坏账时，未增加坏账准备而是作为"营业外收入"或"应付账款"。

（2）查证措施：运用审阅法、复核法检查"应收账款"账户年末余额和"管理费用"账户有关明细账发生额，检查坏账准备计提是否正确，有无通过少提或多提来调节当期收益的情况；审核"坏账准备"借方发生额及有关原始凭证，查证有无人为多冲或少冲坏账准备的情况；审核"坏账准备"贷方发生额或相应账户及有关原始凭证。查证是否存在收回已核销的坏账而未入账或未记入规定账户的情况。

5. 直接转销法使用中常见错弊及其查证

（1）常见错弊：直接转销法运用不正确。直接转销法指企业在实际发生坏账损失时将其直接列入"管理费用"，收加已核销的坏账时，冲减"管理费用"的方法。在实际工作中，往往会出现不按坏账标准及时确认坏账，长期挂账，随意列支坏账，虚增当期管理费用的情况，在已核销的坏账又收回时，未冲减管理费用，而是将其私分。

（2）查证措施：审核"管理费用——坏账损失"明细账发生额，看其列支的坏账损失与有关原始凭证是否相符，有无有关部门审批意见；分析"应收账款"有关明细账有无账龄过长、长期挂账的问题。

6. 应收账款记录中的常见错弊及其查证

（1）常见错弊：应收账款记录的内容不真实、不合理、不合法。应收账款反映的内容应真实、正确地记录企业因销售产品、提供劳务等应向购货方收取的货款、增值税款和各种代垫费用情况。但在实际工作中，"应收账款"账户往往成为有些企业调节收入、营私舞弊的"调节器"，成为掩盖各种不正常经营的"防空洞"。如通过"企业账款"账户虚列收入，将应在"应收票据""其他应收款"等账户反映的内容反映在"应收账款"账户，以达到多提坏账准备金的目的等。

（2）查证措施：查阅"应收账款"账户的有关明细账及记账凭证和原始凭证，如果属于虚列收入，则可能记账凭证未附记账联，或未登明细账；如果是将应反映在其他账户的业务反映在"应收账款"账户，可以查阅提要内容，必要时再查阅该笔业务的原始凭证。

7. 应收账款回收中的常见错弊及其查证

（1）常见错弊：应收账款回收期过长，周转速度慢，应收账款的回收期是指某笔应收账款业务从发生时间到收回时间的间隔期。从理论上讲，应收账款是变现能力最强的流动资产之一，因此，其回收期不能过长，否则会影响企业正常的生产经营活动。有时，也发生应收账款迟迟不能收回的情况。

（2）查证措施：

①将该企业具体业务情况，结合客户路途远近，确定每一地区应收账款的标准回收期。

②以确定的标准回收期与企业"应收账款"账户有关明细账资料作对比，对于超过标准回收期的款项再作进一步调查，看是否存在款项收回后通过不正当手段私分的情况。

7.2 预付账款的常见错弊及查证

7.2.1 预付账款的核算概述

预付账款是指企业按照购货合同规定预付给供应单位的款项。其主要的账务处理规定如下：

（1）企业因购货而预付的款项，借记本科目，贷记"银行存款"科目。

（2）收到所购物资时，根据发票账单等列明应计入购入物资成本的金额，借记"物资采购"或"原材料""库存商品"等科目，按专用发票上注明的增值税额，借记"应交税金——应交增值税（进项税额）"科目，按应付金额，贷记本科目。补付的款项，借记本科目，贷记"银行存款"科目。

（3）退回多付的款项，借记"银行存款"科目，贷记本科目。

（4）预付款项情况不多的企业，也可以将预付的款项直接记入"应付账款"科目的借方，不设置本科目。

7.2.2 预付账款的常见错弊及其查证

1. 反映范围中的常见错弊及其查证

"预付账款"账户应反映按购货合同规定，在取得商品材料之前预先支付给销货方的定金或货款，因此，不属于该范围的其他一切支付或收入款项均不得在该账户进行核算。

（1）常见错弊："预付账款"所反映的内容，存在不真实、不合理、不合法的情况，如将企业正常的销售收入、其他业务收入和营业外收入作为预付账款业务进行核算，造成账户对应关系混乱，从而达到截留收入，推迟纳税或偷税的目的。

（2）查证措施：

①审阅"预付账款"账户摘要或对应账户的记录。

②再查阅记账凭证和原始凭证，调查询问有关人员。

2. 账户处理中的常见错弊及其查证

（1）常见错弊：将"预付账款"与其他债权账户混淆使用，如销售材料的贷款、存出保证金等业务，应分别在"应收账款"账户借方和"其他应收款"账户借方反映，但会计人员将上述业务反映在"预付账款"账户的借方，混淆了两种不同业务的性质。

（2）查证措施：通过"预付账款"账户明细账的摘要，对应账户记录及相关会计凭证中得到查证，并予以调整。

3. 回收中的常见错弊及其查证

（1）常见错弊：企业预付货款后，未能按期或未能收到商品、材料，给企业造成另一种形式的坏账损失。这种情况的发生往往是由于本单位对销货方信誉、货源情况不够了解，或受骗上当，或与销货方签订的合同不合法、不合理。

（2）查证措施：审阅"预付账款"明细账的账龄长短及相关的记账凭证、原始凭证，必要时审阅本单位与销售方签订的合同，调查询问有关人员和单位，以查证问题，进行正确处理。

案例分析 7-1　预付账款长期挂账将形成坏账

查账人员在查阅某企业 2011 年 4 月"预付账款"明细账时，发现有一笔预付款业务账龄较长，数额较大，这和预付账款一般的挂账时间不应超过半年的常识大不相同，决定进一步查证。

查证人员查阅有关会计凭证，并调查询问当事人，得知该企业在 2009 年年初为购进一批紧缺的材料，与供货方 C 企业签了购货合同，并预付定金 500 000 元，约定交货期为对方收到定金 3 个月后，但到期供货方以停产和资金困难为由拒绝交货和退还定金，由于双方签订合同后未对合同进行公正，给追款造成困难，造成"预付账款"账户挂账 2 年未决，查证人员进一步审阅了双方签订的合同，认定情况属实。

被查企业在对供货方生产及货源、信誉情况了解不够充分的情况下即与供货方签订合同并预付定金，特别是合同又不经过公证，给企业造成了较大的经济损失，说明该企业在管理上比较混乱，相关的业务人员存在严重的渎职行为。

另外，在支付此笔预付账款时，财会人员未能严格把关，很草率地就进行了款项的支付，查账人员应督促被查企业妥善解决，吸取教训并追究有关人员责任。

7.3 应收票据中的常见错弊及其查证

7.3.1 应收票据的核算概述

应收票据是指企业因销售商品、产品、提供劳务等而收到的商业汇票，包括银行承兑汇票和商业承兑汇票。企业应在收到开出、承兑的商业汇票时，按应收票据的票面价值入账；带息应收票据，应在期末计提利息，计提的利息增加应收票据的账面余额。关于应收票据的账务处理规定如下：

（1）企业因销售商品、产品、提供劳务等而收到开出、承兑的商业汇票，按应收票据的面值，借记"应收票据"科目，按实现的营业收入，贷记"主营业务收入"等科目，按专用发票上注明的增值税额，贷记"应交税金——应交增值税（销项税额）"科目。

（2）企业收到应收票据以抵偿应收账款时，按应收票据面值，借记"应收票据"科目，贷记"应收账款"科目。

如为带息应收票据，应于期末时，按应收票据的票面价值和确定的利率计算计提利息，计提的利息增加应收票据的账面余额，借记"应收票据"科目，贷记"财务费用"科目。

（3）企业持未到期的应收票据向银行贴现，应根据银行盖章退回的贴现凭证第四联收账通知，按实际收到的金额（减去贴现息后的净额），借记"银行存款"科目，按贴现息部分，借记"财务费用"科目，按应收票据的票面余额，贷记"应收票据"科目。如为带息应收票据，按实际收到的金额，借记"银行存款"科目，按应收票据的账面余额，贷记"应收票据"科目，按其差额，借记或贷记"财务费用"科目。

第 7 章 会计错弊的"顽症"——应收款项的常见错弊及查证

贴现的商业承兑汇票到期，因承兑人的银行账户不足支付，申请贴现的企业收到银行退回的应收票据、支款通知和拒绝付款理由书或付款人未付票款通知书时，按所付本息，借记"应收账款"科目，贷记"银行存款"科目；如果申请贴现企业的银行存款账户余额不足，银行作逾期贷款处理时，应按转作贷款的本息，借记"应收账款"科目，贷记"短期借款"科目。

（4）企业将持有的应收票据背书转让，以取得所需物资时，按应计入取得物资成本的价值，借记"材料采购"或"原材料""库存商品"等科目，按专用发票上注明的增值税额，借记"应交税金——应交增值税（进项税额）"科目，按应收票据的账面余额，贷记"应收票据"科目，如有差额，借记或贷记"银行存款"等科目。

如为带息应收票据，企业将持有的应收票据背书转让，以取得所需物资时，按应计入取得物资成本的价值，借记"材料采购"或"原材料""库存商品"等科目，按专用发票上注明的增值税额，借记"应交税金——应交增值税（进项税额）"科目，按应收票据的账面余额，贷记"应收票据"科目，按尚未计提的利息，贷记"财务费用"科目，按应收或应付的金额，借记或贷记"银行存款"等科目。

（5）应收票据到期，应分别情况处理：

①收回应收票据，按实际收到的金额，借记"银行存款"科目，按应收票据的账面余额，贷记"应收票据"科目，按其差额，贷记"财务费用"科目（未计提利息部分）。

②因付款人无力支付票款，收到银行退回的商业承兑汇票、委托收款凭证、未付票款通知书或拒绝付款证明等，按应收票据的账面余额，借记"应收账款"科目，贷记"应收票据"科目。

③到期不能收回的带息应收票据，转入"应收账款"科目核算后，期末不再计提利息，其所包含的利息，在有关备查簿中进行登记，待实际收到时再冲减收到当期的财务费用。

7.3.2 应收票据的常见错弊及其查证

票据是买方或接受劳务的一方在未来日期支付货款或劳务费的一种书面承诺。应收票据就是卖方或提供劳务方应收回的票据标定的货款或劳务费。关于应收票据会计操作业务漏洞及审核与调整方法如下所述:

(1) 账目设置不合理,核算不详细、不清楚。对于应收票据应设置"应收票据"账户进行总分类核算。另外,还应设置"应收票据备查簿",逐笔登记每一商业汇票的种类、号码、签发日期、票面金额、交易合同号和付款人、承兑人、背书人的姓名或单位名称、到期日、贴现日和贴现净额,以及收款日期和收回金额等详细资料。商业汇票到期结清票款后,应在备查簿内逐笔注销。

在实际工作中存在着账目设置不合理,对其核算不详细、不清楚的问题。例如,有的企业对应收票据业务未设置"应收票据"科目进行专门核算,而是将其与应收账款混在一起,在"应收账款"账户内核算。从而不利于提供应收票据和应收账款各自的财务信息。还有的企业虽然设置了"应收票据"账户,但未设置"应收票据备查簿",未能对每一商业汇票的详细情况及资料进行登记和反映,从而造成对应收票据核算不详细、不清楚的问题。

对于此类问题,审核人员只需要审阅检查被查单位的账户设置情况便可发现。对此,审核人员应建议被查单位设置一套完善的核算应收票据的账,以便能对其进行详细、清楚的核算,但不需作出账务调整。

(2) 应收票据到期其款项未能收回。这主要是指商业承兑汇票可能造成的问题,银行承兑汇票不会发生这种问题。发生应收票据到期后未能收回款项的问题,主要是由于企业与无商业信用或无支付能力的单位进行商品交易或其他业务往来造成的,这固然有付方的责任,但与该企业(收款单位)的经济观念也不无关系。如在未搞清对方商业信誉及偿债能力如何的情况下,便盲目与之发生业务往来并收取其商业承兑汇票。在这种情况下，如果要求对方签发银行承兑汇票就不会发生这种问题。

这种问题发生后，会使"应收票据"账户挂账，或"应收票据备查簿"中所记录的实际收款日期和收款金额与应收款日期和金额不相符。审核人员在审阅、核对会计资料时发现这种线索或疑点后，通过调查询问便可审核这种问题。

对于被查单位长期未能收到款的应收票据，应促使其查明情况并进行妥善处理。若确属无法收回的，可作坏账损失处理，即作调整账务如下：

借：坏账准备　　　　　　　　　　　　　　　　×××
　　贷：应收票据　　　　　　　　　　　　　　　×××

如果该款项已从"应收票据"账户转到"应收账款"账户，那么，上述贷方应为"应收账款"账户。

（3）应收票据回收不及时，长期挂账。企业贴现的商业承兑汇票到期时，因承兑人的银行存款余额不足支付，贴现款被贴现银行从银行存款中扣除。造成这种问题固然主要是付款人（承兑方）的责任，但毫无疑问也有收款人（贴现申请人，即被查单位）经济观念不强的原因。

上述问题发生后，在"应收账款""银行存款"或"短期借款"账户会有所记载或反映。因为企业在收到已贴现商业承兑汇票拒付通知时，企业作借记"应收账款"账户、贷记"银行存款"或"短期借款"账户转账处理了。审核人员只需审阅上述这些账户中的摘要等内容，核对账证记录便可审核问题。

对于该拒付款若时间已久，应督促被查单位与承兑方联系妥善解决。若确属收不回的款项，可以作坏账损失处理：

借：坏账准备　　　　　　　　　　　　　　　　×××
　　贷：应收账款　　　　　　　　　　　　　　　×××

（4）列作应收票据的经济事项不真实、不合法。在实际工作中，有的企业将不属于应收票据的经济事项列作应收票据处理，或虚减应收票据业务，利用"应收票据"账户从事舞弊行为。如某企业为了在1993年度少纳销售税及所得税，于年末利用"应收票据"账户虚拟销售收入500 000元，即作如下账务处理：

　　借：主营业务收入　　　　　　　　　　　　500 000
　　　　贷：应收票据　　　　　　　　　　　　　　500 000

该企业于1994年年初又作了冲转处理：

　　借：应收票据　　　　　　　　　　　　　　500 000
　　　　贷：主营业务收入　　　　　　　　　　　　500 000

"应收票据"所反映该"经济事项"的摘要说明模糊不清，与"应收票据"对应的账户（如上述"主营业务收入"账户）所反映的"经济事项"的摘要说明也不清楚，据以登记"应收票据"账户及对应账户的会计凭证不真实、不完整，甚至只有记账凭证没有原始凭证，表现为账证、证证不符等。审核人员在审阅、核对会计资料时若发现上述线索或疑点，可在进一步审核相关会计资料，调查询问有关单位及人员的基础上追踪审核问题。

如对于上述利用"应收票据"账户虚减销售收入的问题，审核人员在审阅"应收票据"或"主营业务收入"账户时可能会发现问题的线索或疑点，在审阅核对会计凭证时也可能会发现线索或疑点。

发现线索或疑点后，可以将该笔事项进行账证，证证详细核对，调查询问被查单位的会计人员及有关人员，一般便可很快审核问题。

此类问题审核后，应根据具体形态作出恰当的账务调整。

如对于上述虚减销售收入的问题，由于2011年年初对上年年末虚减的销售业务作了冲账处理，因此，对这两个账户可以不再作调整处理。但是，如果该企业由此少纳了税或从费用或收益中多提取了有关款项，那么，应作补税或冲销所多提款项的调整。

第 7 章 会计错弊的"顽症"——应收款项的常见错弊及查证

7.4 其他应收款的错弊及其查证

7.4.1 其他应收款业务错弊

其他应收款指企业除应收票据、应收账款和预付账款以外的其他各种应收、暂付款项。包括各种赔款、罚款、备用金、存出保证金及应向职工收取的各种垫付款项等。其他应收款金额一般比应收账款金额小，但其对于整个会计信息的标准性仍有很大的影响，而且常常被舞弊者所利用。

7.4.2 其他应收款业务中错弊的查证

其他应收款会计核算的漏洞及查证方法如下：

（1）占用在其他应收款的款项主要有各种赔款、罚款、存出保证金、备用金、应向职工收取的各种垫付款项等。在实际工作中存在着应收的上述有关款项金额过大，如为职工垫付的有关款项的金额过大，以致影响了企业的正常业务活动。在"其他应收款"账上存在至检查日尚未收回的已超过正常收款期限的款项，这种款项甚至已形成损失，仍挂在"其他应收款"账上。如应向有关单位或个人收取的各种赔款、罚款长期未能收回，有的存出保证金已超过正常的收款期限而仍然未能收回，有的已属无法收回的内容，形成了损失等。对于此类问题，查证人员应审阅"其他应收款"明细账记录内容，根据其金额、日期及摘要说明判断是否存在上述问题，或有无上述问题的线索或疑点。发现线索或疑点后，再调阅会计凭证，进行账证核对，经过调查分析再断定是否存在上述问题。

对于其他应收款占用金额过大的问题，应给被查单位提出改进建议；对于其他应收款检查日仍未收回的已属长期未收回的款项，应督促被查单位主动与付款单位或个人取得联系，尽快收回该笔款项。若确属无法收回的其他应收款，应研究列作损失，记入管理费用中，即作如下账务调整：

借：管理费用　　　　　　　　　　　　　　　×××
　　贷：其他应收款（有关明细账）　　　　　　×××

（2）列作其他应收款的经济业务不真实、不合法，利用"其他应收款"账户从事舞弊行为。

在实际工作中发生这类问题的形式很多，这里列举一种形式，并说明其查证与调整方法。

案例分析 7-2　利用其他应收款挪用资金

某公司行政事业部经理李某为解决自己装修新房急用现金 10 000 元的问题，便编造网络公司需要预交空间服务费 10 000 元的理由，并填写了一张借款单，骗取了本公司财务经理的签字，金额为 10 000 元。会计部门根据借款单将款借给了沈某，并作如下账户处理：

借：管理费用　　　　　　　　　　　　　　　10 000
　　贷：现金　　　　　　　　　　　　　　　　10 000

上述问题发生后，留下的线索或疑点是，李某借款后长期未报账，造成"其他应收款"账户挂账，直至检查日仍未报账。

分析：如果预交网络公司空间服务费，李某应在取得对方公司的发票之后，及时到会计部门报账，但从借款到报账的时间间隔已经超出了正常情况。另外，借支的 10 000 元现金也超出了现金支付限额，即使真的预交费用，也应采用银行转账的办法。

查账人员在审阅检查会计账簿时，若发现上述一个或几个线索或疑点后，应进一步详细审阅，核对有关会计资料，调查询问李某及有关会计人员，从而查证问题。

李某借支的 10 000 元到检查日尚未报账，应责令其将款退回，退回后应作冲账处理：

借：现金　　　　　　　　　　　　　　　　　10 000
　　贷：其他应收款——行政事业部李某　　　　10 000

第 8 章 盈利源头需重视
——存货业务的常见错弊及查证

本章导读

如果说货币资金是企业经营的血液,那么存货可以称为企业的骨髓——具有造血的功能。存货是实业企业的盈利来源,企业将材料加工成产品,推向市场而实现收入获得增值和盈利。

一提到存货,人们往往想到企业可销售的产成品,其实存货的范围很大,包括各类材料、在产品、半成品、产成品、商品,甚至废料等。存货在企业流动资产中占有很大比重,其流动性强、种类杂、数量多、计价方法多样、收发频繁,存在于采购、入库、保管、领发、使用等生产经营运动中,在企业中占用时间长,与价值运动及增值的过程密切相关,核算账户多、内部流转和结算关系复杂,在管理和核算上存在一定难度,是容易产生问题的薄弱环节,因而常成为违法乱纪人员作案的常用对象。

在本章中我们主要解决以下问题:

(1) 存货包括哪些类别,如何进行会计核算?

(2) 存货的盘点制度是怎样实施的?

(3) 存货取得环节的常见错弊及查证?

(4) 存货发出环节的常见错弊及查证?

(5) 存货结转环节常见的错弊及查证?

(6) 存货储存环节常见的错弊及查证?

8.1 存货的核算概述

8.1.1 存货的概念与类别

存货,是指企业在日常生产经营过程中持有以备出售,或者仍然处在生产过程,或者在生产或提供劳务过程中将消耗的材料或物料等,包括各类材料、商品、在产品、半成品、产成品等。存货的具体类别如下:

(1)商品,指企业为销售而购入的物品。商品在其销售以前,保持其原有实物形态。

(2)产成品,指企业加工生产并已完成全部生产过程,可以对外销售的制成产品。

(3)自制半成品,指企业部分完工的产品。它在销售以前还需进一步加工,它也可以作为商品对外销售。

(4)在产品,指企业正处于加工过程中,有待进一步制造的物品。

(5)材料,指企业用于制造产品并构成产品实体的购入物品,以及购入的供生产耗用的不构成产品实体的辅助性材料等。外购的零部件,一般也归入此类。

(6)包装物和低值易耗品,指为了包装本企业产品而储备的各种包装容器和由于价值低、易损耗等原因而不能作为固定资产的各种劳动资料。

8.1.2 存货的核算原则

存货应当按照以下原则核算:

(1)存货在取得时,应当按照实际成本入账。实际成本按以下方法确定:

①购入的存货,按买价加运输费、装卸费、保险费、包装费、仓储费等费用、运输途中的合理损耗、入库前的挑选整理费用和按规定应计入成本的税金以及其他费用,作为实际成本。

商品流通企业购入的商品,按照进价和按规定应计入商品成本的税金,作为实际成本,采购过程中发生的运输费、装卸费、保险费、包装费、仓储费等费用,运输途中的合理损耗,入库前的挑选整理费用等,直接计入当期损益。

②自制的存货,按制造过程中的各项实际支出,作为实际成本。

③委托外单位加工完成的存货,以实际耗用的原材料或者半成品以及加工费、运输费、装卸费和保险费等费用以及按规定应计入成本的税金,作为实际成本。

商品流通企业加工的商品,以商品的进货原价、加工费用和按规定应计入成本的税金,作为实际成本。

④投资者投入的存货,按照投资各方确认的价值,作为实际成本。

⑤接受捐赠的存货,按以下规定确定其实际成本。

捐赠方提供了有关凭据(如发票、报关单、有关协议)的,按凭据上标明的金额加上应支付的相关税费,作为实际成本。

捐赠方没有提供有关凭据的,按如下顺序确定其实际成本:同类或类似存货存在活跃市场的,按同类或类似存货的市场价格估计的金额,加上应支付的相关税费,作为实际成本;同类或类似存货不存在活跃市场的,按该接受捐赠的存货的预计未来现金流量现值,作为实际成本。

⑥企业接受的债务人以非现金资产抵偿债务方式取得的存货,或以应收债权换入存货的,按照应收债权的账面价值减去可抵扣的增值税进项税额后的差额,加上应支付的相关税费,作为实际成本。涉及补价的,按以下规定确定受让存货的实际成本:

收到补价的,按应收债权的账面价值减去可抵扣的增值税进项税额和补价,加上应支付的相关税费,作为实际成本。

支付补价的，按应收债权的账面价值减去可抵扣的增值税进项税额，加上支付的补价和应支付的相关税费，作为实际成本。

⑦以非货币性交易换入的存货，按换出资产的账面价值减去可抵扣的增值税进项税额后的差额，加上应支付的相关税费，作为实际成本。涉及补价的，按以下规定确定换入存货的实际成本：

收到补价的，按换出资产的账面价值减去可抵扣的增值税进项税额后的差额，加上应确认的收益和应支付的相关税费，减去补价后的余额，作为实际成本。

⑧支付补价的，按换出资产的账面价值减去可抵扣的增值税进项税额后的差额，加上应支付的相关税费和补价，作为实际成本。

⑨盘盈的存货，按照同类或类似存货的市场价格，作为实际成本。

（2）按照计划成本（或售价，下同）进行存货核算的企业，对存货的计划成本和实际成本之间的差异，应当单独核算。

（3）领用或发出的存货，按照实际成本核算的，应当采用先进先出法、加权平均法、移动平均法、个别计价法或后进先出法等确定其实际成本；按照计划成本核算的，应按期结转其应负担的成本差异，将计划成本调整为实际成本。低值易耗品和周转使用的包装物、周转材料等应在领用时摊销，摊销方法可以采用一次摊销或者分次摊销。

（4）存货应当定期盘点，每年至少盘点一次。盘点结果如果与账面记录不符，应于期末前查明原因，并根据企业的管理权限，经股东大会或董事会，或总经理（厂长）会议或类似机构批准后，在期末结账前处理完毕。盘盈的存货，应冲减当期的管理费用，盘亏的存货，在减去过失人或者保险公司等赔款和残料价值之后，计入当期管理费用，属于非常损失的，计入营业外支出。

盘盈或盘亏的存货，如在期末结账前尚未经批准的，应在对外提供财务会计报告时先按上述规定进行处理，并在会计报表附注中作出说明；如果其后批准处理的金额与已处理的金额不一致，须按其差额调整会计报表相关项目的年初数。

（5）企业的存货应当在期末时按成本与可变现净值孰低计量，对可变现净值低于存货成本的差额，计提存货跌价准备。在资产负债表中，存货项目按照减去存货跌价准备后的净额反映。

8.1.3 存货的盘点制度

盘点也叫实物清查、盘存、清点，它是通过对财产物资的清点、计量和技术测算等手法，来证实账面记录的财物是否真实和确实存在的查账技术。它是实施于账实核对之先，是检查财产物资、收取实物证据，证明账面数据，落实查账结果的重要手法。

盘点法按照其具体做法不同，可分为直接盘点和间接盘点。直接盘点也叫亲自盘点，是查账人员亲临盘点现场，组织和实施盘点，并要求被查单位有关人员协作的盘点方法；间接盘点也叫监督盘点、会同盘点，是查账人员不亲自执行盘点，而是由被查单位的有关业务人员或保管人员实施盘点，查账人员在现场对其盘点进行指导、观察、监督的盘点方法。在实际运用中，除一些特殊情况外，查账人员一般采用间接盘点法。

盘点法是检查有形资产的方法，对无形资产的盘点无效。

对于查账盘点的范围，查账人员应根据财产物资品种的多少和其内部控制的强弱程度以及查账环境来决定。

一般来说，对现金、有价证券和贵重物资、稀缺物品等应采用详细盘点的方法，全部实施盘点和核对；对原材料、商品、产品、在产品、低值易耗品、包装物、半成品、备件、零部件等，其价值活动中，品种繁多、收支频繁、储存地点分散、数量繁杂，要根据查账人力、财力的情况和查账目的要求，判断采用抽样盘点或随机抽样盘点法，也可以将两者结合起来，或采用 ABC 盘点法。

判断抽样和随机抽样结合实施盘点，一般是先采用判断抽样，确定重点盘点项目，诸如对财产保管、内部控制薄弱环节、涉嫌错误或舞弊的财产物资、长期存放但不经常使用的财物、贵重物资或市场紧缺物资、将要移作生活用途的物品等，将其列为第一序列，全部进行盘点检查；然后对品种、规格、数量、型号繁多、价值适中的存货资产，列为第二序列，实施随机抽样盘点，部分进行检查。

ABC 盘点法是运用 ABC 分析法原理对财产物资进行分类盘点检查的方法。ABC 盘点法原本是企业物资分类管理的科学方法，根据这一原理，将企业所有物资划分为 A、B、C 三类，分别采取不同的管理对策实施控制，查账过程中查账人员可以利用被查单位内现成的划分，根据查账计划要求确定各类物资盘点的比重，直接计算出需要抽查的品种和数量。这种方法既简便可行，又安全可靠。如果被查单位未实行 ABC 管理法，查账人员可以利用该法的原理，将其财产物资进行科学划分，并依此进行分层盘点检查；具体的办法是：

首先，理出被查单位应查物资的品种和数量，并列出清单；

其次，按照其价值大小（同时列出品种、数量、消耗等标志）进行排序，按金额由大到小排列；

最后，按照重要性划分三个层次，A 类物资系单位价值高、用量多、消耗金额比重大和保管条件差（或保管条件要求苛刻）的材料，作为重点盘点物资，C 类物资系单位价值低、用量少、消耗金额比重小和保管条件要求一般，作为随机抽样盘查的一般物资；列入 A 类和 C 类之间的是 B 类物资，实施判断抽样盘点。一般 A 类物资价值占全部物资价值的 75% 以上，其品种或数量占总数的 10% 左右，C 类物资价值占全部价值的 10% 以下，其品种或数量占全部的 50% 以上，其间是 B 类物资。

对各类物资的盘点检查，其基本程序是相近或相同的，它们是：进行盘点准备工作—实施盘点—总结盘点结果。

在盘点财产物资时，要注意以下问题：

（1）盘点应尽量采用突击盘点的方式，特别是对被查单位重要的财产物资（主要是流动资产，如货币资金、贵重金属、有价证券、有关票据单证、易移为生活用途的物资等）进行清查更是如此。突击盘点的效果有时是通知盘点无法比拟的，突击使被查单位的有关保管人员和财会人员事先无法"布防"，尚来不及填补便置于检查之下；因为有些财产物资造假、对付盘点检查十分容易，只需几分钟即可完成，如对付现金盘点，财务部门可以从本部门财会人员口袋里拼凑出足够的现金垫入金库，而查账人员对此难以辨识；企业也还可以将其财产物资从一处迅速移动到另一处，以应付检查；所以实施突击的盘点能取得攻其不备的效果，为保证这一效果对同类物资的盘点应实施同步检查，对不能同步盘点的，应采取封存等暂时的保全方法。

（2）妙用监督盘点。通知盘点时，查账人员要与被查单位有关人员商议盘点的分工，由查账人员提出盘点清单，交被查单位执行，同时静观其反映，对被查单位反映强烈或冷淡的盘点物资，查账人员应特别注意盘查监督；在监督盘点中发现异常的物资，而被查单位有意回避或转移视线的，应改为查账人员亲自盘点；对查账盘点后发现错假问题不大的物资，可中途交由被查单位盘点（改为监督盘点），监督盘点应有所侧重，对重要物资、容易出错的物资要严加监督，抽样复核，对一般物资可适当放宽。记住监督盘点的重点：不仅要监督物，还要监督人；不仅要视其结果，而且要分析其过程。

（3）盘点不仅对实施清点，而且还要检查与其相关的其他物件，如白条、票据、其他抵押物等，这些物品常常与财产物资的变动相关，查账人员应注意分析取证，发现异常、弄清事由；对物资的查证不但要检查其数量、价值，还要结合有关账面记录检查其归属性、质量和流动方向；经济领域违法乱纪活动的发生不仅出现于财产物资的数量和计价之中，而且经常出现于其所有权、使用权及其流转变动之中。

（4）盘点的时间一般选择于上班前或下班后，这不仅对被查单位正常业务的影响最小，而且对形成检查工作结论最为有利，例如果选择了上班时间实施盘点，经清点发现被查单位现金库中存放有大量现金，查账人员无法确定其是否为现金超限,因为被查单位存在着下班后解送银行的可能,因此发现时还不构成错误;但查账人员上班前或下班后查出其现金在库里"过夜",现金超限的事实清楚,容易作出定性和定量分析的结论。

(5)参加盘点的人选最好选配两人以上查账人员,至少一位被查单位财务部门(盘点现金)或仓库(盘点库存)保管部门的人员参加,但也不宜让被查单位派许多人介入,因为人多手杂,容易出现错误和混乱。参加盘点的人员不能完全听任被查单位指派,特别是不能让违法乱纪的嫌疑人员参与;在亲自盘点中,盘点的分工应由查账人员决定,被查单位有关人员也可以适当参与协作,在监督盘点中,查账人员应清楚盘点的程序,并严格按照既定的程序执行,任何改变程序、减少工作环节的举动都要被查单位有关人员作出说明。

(6)如遇到盘点日与被查单位结账日不一致,查账人员应对其进行调节,调节法经常使用于核对法和核实法之前,即先对一些不具可比性内容进行"处理",使之同处于一个起点,具有基本可比性。一般需要调节的内容有:计量单位、时间单位、计算方法、完工程度、价值、价格。

(7)区分对待固定资产盘点与存货(或其他流动资产)盘点。存货和固定资产具有不同性质,不同的核算和管理特点,具有不同错弊形式和表现,因此对其盘点检查也应体现出内容和形式的侧重。

存货盘点地点灵活,可于财务部门、生产部门、仓库等保管部门、销售部门和其他存货的存放地;而固定资产因为移动性差,对其盘点多于坐落地或动转地。

存货的盘点主要是对其数量和价值的清查,而固定资产的盘点主要是对其品名、型号、规格、新旧程度、使用年限、运行状况等的核对。

存货盘点主要采用清点、计量、盘查等方法,而固定资产盘点主要采用观察、询问、审阅等技术方法。

存货盘点大多应采取突击盘点,并需要较多的人员和时间,而固定资产盘点可不采用突击形式,所需的时间和精力相对要少。

8.2 存货业务中的错弊及其查证

8.2.1 存货取得环节的错弊与查证

1. 存货采购中的错弊与查证

（1）常见错弊：将应计入外购材料成本中的有关进货费用计入当期损益。根据会计制度的规定，工业企业外购材料所发生的进货费用及运输途中合理损耗均应计入所购材料的成本。但在实际工作中，有些企业将各种进货费用直接以"管理费用"列支，从而造成成本不实，影响本期及以后各期经营成果的准确性。

查证措施：查阅"银行存款日记账""管理费用"明细账摘要及相关的会计凭证发现疑点，在此基础上作进一步调查。

（2）常见错弊：将应计入当期费用的有关进货费用计入商品采购成本或将应计入进口商品成本的国外运保费计入当期费用。按照商品流通企业会计制度规定，出口商品和内销商品应以其原进价作为采购成本，购进环节发生的进货费用直接以"经营费用"列支；进口商品以其国外进价（CIF价）与进口税金之和作为采购成本。

查证措施：查阅"银行存款日记账"摘要记录及对应账户的内容，必要时调阅有关记账凭证和原始凭证。

2. 存货折扣的常见错弊及查证

（1）常见错弊：存在购货折扣的情况下，对购货折扣的处理不正确或前后各期不一致，影响商品购进成本的真实性和可比性。

（2）查证措施：查阅"银行存款日记账"摘要及对应账户发现线索，如果对购货折扣采用净额法入账，银行存款的对应账户必然表现为费用账户或支出账户,必要时再查阅会计凭证或相应的购货合同,以确定问题的性质。

3. 存货增值税的常见错弊及查证

(1) 常见错弊:在存货购进过程中对增值税的处理不正确。税制改革以后,企业购进存货的价格为不含税价格,在购进环节所支付的增值税额在核算上分两种情况,即一般纳税企业将支付的增值税反映在"应交税金——应交增值税(进项税额)"账户,购进过程中所支付的运费按10%扣增值税;会计核算不健全的小规模纳税企业将所支付的增值税款计入所购商品或材料的成本。在实际工作中,有时发生对增值税的处理不够规范,如将增值税计入存货成本,造成成本虚增,利润不实,加大消费者负担;或有意将存货购进成本中的内容反映在"进项税额"专栏,以达到多抵扣少交税的目的。

(2) 查证措施:查阅"应交税金——应交增值税"明细账及相关的会计凭证发现线索,特别是应重点审核增值税专用发票或普通发票,了解账证及证证是否相符。

4. 发生退货时的错弊与查证

(1) 常见错弊:在发生进货退出业务的情况下,有意将本应冲销"应交税金——应交增值税(进项税额)"的退回的增值税款作为"应付账款"或"营业外收入""其他业务收入"处理,从而达到多抵扣、少交税的目的。

(2) 查证措施:查阅"库存商品"明细账、"银行存款日记账"摘要记录及对应账户,必要时查阅有关的原始凭证,如果存在这类问题,往往会出现"库存商品""应付账款"(或有关收入账户)与"银行存款"对应的情况,或单独反映"应付账款"与"银行存款"对应,但一般无原始凭证。

5. 存货入库价格的错弊与查证

(1) 常见错弊:外购材料的入库价格不正确,使前后各期缺乏可比性。主要表现在材料按计划成本进行核算的企业，其计划成本的确定存在随意性和多变性，给材料的管理和核算带来一定的困难。

（2）查证措施：通过抽查的方法查找线索，比较某一种或几种材料前后各期入库价格是否一致，并在此基础上调查询问有关人员得到证实，并进行调整。

6. 对存货毁损处理中的错弊与查证

（1）常见错弊：对存货购进过程中发生的溢缺、毁损的会计处理不正确、不合理。如把应由责任人赔偿的短缺毁损损失作为企业的"营业外支出"或"经营费用""管理费用"处理；把属于供货方多发等原因造成的商品溢余私分。

查证措施：查阅"营业外支出"和有关费用明细账或审阅有关会计凭证。

（2）常见错弊：对包装物、低值易耗品等存货的购进核算不够严密，形成账外财产。这类问题在实际工作中比较普遍，有时为了简化核算，购进包装物或低值易耗品时直接以"管理费用"列支，形成大量的账外财产，造成企业资产流失和浪费。

查证措施：审阅"管理费用"明细账及"银行存款日记账"摘要内容，发现线索后再进一步查阅有关会计凭证，如果存在这类问题，往往会出现账证、证证不符。

8.2.2 存货发出环节的常见错弊及查证

存货在发出环节，由于计价等原因经常产生以下错弊：

（1）常见错弊：存货发出时选用的计价方法不合理、不适当。一些材料种类不多，材料管理制度不够健全的中小型工业企业选用计划成本对材料进行日常核算，造成材料计划成本的制定缺乏依据和稳定性，而一些材料品种较多的大型工业企业却采用实际成本进行材料的核算，从而增加了核算工作量，不能适应材料管理和核算的需要。

（2）查证措施：了解选用何种方法，然后调查材料管理和核算方面的基本情况，确定其选用方法的合理性。

（3）常见错弊：采用实际成本核算材料或商品产成品的工业企业，不能根据材料、商品的变动状况、物价走势、管理要求确定合理的存货发出计价方法。如存货的增减变动比较频繁，品种规格较多，一般应采用加权平均法计算发出成本，但却选用了个别计价法，从而增加了核算工作量，也给业务、仓库等部门的管理工作增加了难度。此类问题主要是由于企业没有将自身的实际情况与每种计价方法的适用范围、特点结合起来。

（4）查证措施：询问有关人员，了解其方法选用情况，在此基础上，调查企业材料、商品的变动情况并查阅有关存货明细账贷方记录及对应账户（如"生产成本""商品销售成本"）的记录，确定本企业选用的方法是否合理、正确。

（5）常见错弊：对产成品、商品采用实际成本计价的工业企业，计算产成品及商品销售成本时，不按照规定的程序和方法正确的应用计价方法，而是故意多转或少转销售成本。如采用加权平均法计价时，故意按高于或低于正确的加权平均单价的价格计算发出商品或产成品成本，再如根据企业的需要来确定每批商品的单价，达到人为调节成本水平的目的，而不是根据账面记录，按规定的程序和方法确定应采用的单价。

（6）查证措施：审阅有关资料，调查当事人，确定问题，并予以调整。

8.2.3 存货结转环节常见的错弊与查证

（1）常见错弊：月末结转材料成本差异时，故意以较低的成本差异率调整发出材料的计划成本，从而人为地调高了当期生产成本水平，进而加大产成品成本，隐匿利润；但有时则相反，有意确定较低的计划成本，并以较低的成本差异率调整发出材料的计划成本，达到虚报利润的目的，造成企业虚盈实亏。上述问题留下的线索一般表现为材料成本差异率与以前各期相比有较大波动，当期生产成本、销售成本、利润等指标呈现较大波动状况等。

（2）查证措施：审阅、核实会计资料，复核本企业有关计算结果，然后再作进一步的调查、询问和查证，并予以调整。

（3）常见错弊：采用售价金额核算制的零售企业，平时按售价结转商品销售成本并注销库存商品，但月末计算商品进销差价率时，故意通过减少"商品进销差价"数额、增加"库存商品"余额的方式，使当期进销差价率低于正常水平，这样，已销商品分摊的进销差价较少，从而达到多计销售成本，少计利润，少纳税金的目的。或作相反处理，达到虚报收益的目的。

（4）查证措施：

①对比各期销售成本及利润水平，看有无异常情况。

②复核各期商品进销差价率。

③对比各期的销售数量和成本水平，抽查并复核产成品、商品明细账贷方记录，特别是检查本企业单价的计算结果是否正确，从而发现上述问题。

（5）常见错弊：月末通过虚转成本的方法达到隐匿利润的目的。如有按实际成本核算材料月末虚拟领料业务，按虚假的原始凭证编制借记"生产成本"，贷记"原材料"的凭证，虚增当期生产成本；再如月末结转商品、产成品销售成本时，采用虚转的方法，借记"产品（商品）销售成本"，贷记"产成品"或"库存商品"，使当期销售成本虚增，隐匿利润，少交税款。上述问题发生后一般会表现为"库存商品""产成品""原材料"等账户总账与明细账不符、账实不符，生产成本或销售成本波动较大等。

（6）查证措施：审阅本企业有关存货账户，核对其账实、账账有无不符情况，对比前后各期成本水平，必要时审阅记账凭证和原始凭证，并询问有关业务、仓库当事人，核查有关部门所存在原始凭证（如领料单）与会计部门原始凭证是否一致，从中发现问题，并予以调整。

8.2.4 存货储存环节常见的错弊与查证

1. 存货盘存中的常见错弊及查证

（1）常见错弊：确定存货结存数量的方法选择不当。

①对应采用永续盘存制确定结存数量的存货却采用了实地盘存制，从而将大量计量误差、自然损耗、管理不善等原因造成的存货的短少挤入正常发出数中，不利于存货的管理。

②对应采用实地盘存制确定结存数量的存货却采用永续盘存制，增加了企业存货核算的工作量。

③未按规定的程序进行操作，未执行定期盘点制度，造成存货账实不符。

查证措施：

①调查询问采用了哪种确定存货数量的方法。

②审阅有关存货明细账结存栏中数量记录内容。

③分析存货具体情况，确定所采用的方法是否恰当、合理。

（2）常见错弊：存货账实不符。

查证措施：

①要求会计在所有经济业务登记入账的基础上，将存货的明细账与总账相核对，在账账相符的情况下编制存货账存清单。

②成立有关人员组成的盘点小组，采取科学、合理的方式方法对存货进行实地盘点，编制存货实存清单。

③将存货的账存清单和实存清单所列内容进行核对，以确定账实是否相符，如果不符，即为存货的盘盈或盘亏，应根据盘盈或盘亏的具体情况填制存货溢缺报告单，并将盘盈或盘亏金额反映在"待处理财产损溢"账户。

④采用调查、询问等方法了解查证存货溢缺的具体原因，并根据具体情况将其从"待处理财产损溢"账户转入有关账户，其中，盘盈的存货，经有关部门批准后冲减管理费用，盘亏、毁损和报废的存货，扣除过失人或保险公司赔款和残料价值后，计入管理费用；非常损失部分，扣除保险

公司赔款和残料价值后以"营业外支出"列支。

（3）常见错弊：未按规定的程序和方法及时处理存货的盘盈和盘亏。

查证措施：审阅"待处理财产损溢"账户及"营业外支出""管理费用"账户明细账并审查相对应的会计凭证。

2. 存货损失处理中的常见错弊及查证

（1）常见错弊：企业存货在储存过程中发生非正常损失时，相应的"进项税额"未转出，增加了增值税的抵扣额。按照有关规定的要求，企业存货发生非正常损失时，应将其在购进环节支付的增值税进项税额转出，与存货实际成本一起计入"营业外支出"。但在实际工作中，也有未按规定的办法执行，从而增加了增值税的抵扣额，达到了少交增值税的目的。

（2）查证措施：审阅存货明细账贷方记录及"营业外支出——非常损失"明细账发现线索，然后进一步审阅有关记账凭证和原始凭证，确定问题之所在。

3. 与存货数额相关的错弊与查证

（1）常见错弊：企业存货占压期长，占用资金数额大，结构不合理。存货在储存环节应该有一个合理的结存量以适应生产经营的需要。根据存货的特性，它应保持流动性、结构合理性。但在实际工作中存在一些问题，如占压期比较长，占压资金比较多，影响了企业资金周转，使存货成为事实上的长期资产；在存货构成上不够合理，质次价高、冷背积压、假冒伪劣存货占的比例较高。

（2）查证措施：审阅存货明细账及有关财务指标，根据其"存货周转率"判断企业存货是否过量以发现线索，同时应结合企业存货盘点工作，对存货结构进行审查并分类排除。计算畅销、平销、质次价高、假冒伪劣、冷背积压等存货在存货总额中的比例并广泛调查产生原因，确定本企业是否存在管理不善及业务人员损公肥私、收受回扣等违法行为，协助有关部门查清问题。

第 9 章 投资有风险，企业须谨慎
——对外投资的常见错弊及查证

本章导读

在市场经济特别是发展横向经济联合的条件下，企业对外投资已成为企业财务活动的重要内容。对外投资是指企业根据国家法律、法规的规定，以其所控制和拥有的资产向本企业以外的其他单位投入资本的行为。企业对外投资按投资目的、回收期和变现能力不同分为短期投资和长期投资。按投资性质不同分为股票投资、债券投资和其他投资。

对外投资错弊虽然不像存货、应收账款错弊那样频发，但是由于对外投资具有金额大，核算复杂，金融资产价值波动性大，收益的确认与实现形式与常规业务大不相同等特点，在内部监管上更有难度。对外投资一旦发生错弊，往往使企业损失惨重，不"错弊"则已，一"错弊"惊人。很多关联交易舞弊就是通过对外投资实现的。在本章中我们将学习以下内容：

（1）短期投资如何进行会计核算？
（2）短期投资的常见错弊及查证？
（3）长期投资如何进行会计核算？
（4）长期投资的常见错弊及查证？

9.1 短期投资的常见错弊及其查证

9.1.1 短期投资的会计核算概述

短期投资，是指能够随时变现并且持有时间不准备超过1年（含1年）的投资，包括股票、债券、基金等。短期投资应当按照以下原则核算：

（1）短期投资在取得时应当按照投资成本计量。短期投资取得时的投资成本按以下方法确定：

①以现金购入的短期投资，按实际支付的全部价款，包括税金、手续费等相关费用作为短期投资成本。实际支付的价款中包含的已宣告但尚未领取的现金股利、或已到付息期但尚未领取的债券利息，应当单独核算，不构成短期投资成本。

已存入证券公司但尚未进行短期投资的现金，先作为其地货币资金处理，待实际投资时，按实际支付的价款或实际支付的价款减去已宣告但尚未领取的现金股利或已到付息期但尚未领取的债券利息，作为短期投资的成本。

②投资者投入的短期投资，按投资各方确认的价值，作为短期投资成本。

③企业接受的债务人以非现金资产抵偿债务方式取得的短期投资，或以应收债权换入的短期投资，按应收债权的账面价值加上应支付的相关税费，作为短期投资成本。如果所接受的短期投资中含有已宣告但尚未领取的现金股利，或已到付息期但尚未领取的债券利息，按应收债权的账面价值减去应收股利或应收利息，加上应支付的相关税费后的金额，作为短期投资成本。涉及补价的，按以下规定确定受让的短期投资成本：

第9章 投资有风险，企业须谨慎——对外投资的常见错弊及查证

收到补价的，按应收债权账面价值减去补价，加上应支付的相关税费，作为短期投资成本。

支付补价的，按应收债权的账面价值加上支付的补价和应支付的相关税费，作为短期投资成本。

本制度所称的账面价值，是指某科目的账面余额减去相关的备抵项目后的净额。如"短期投资"科目的账面余额减去相应的跌价准备后的净额，为短期投资的账面价值。

（2）短期投资的现金股利或利息，应于实际收到时，冲减投资的账面价值，但已记入"应收股利"或"应收利息"科目的现金股利或利息除外。

（3）企业应当在期末时对短期投资按成本与市价孰低计量，对市价低于成本的差额，应当计提短期投资跌价准备。

企业计提的短期投资跌价准备应当单独核算，在资产负债表中，短期投资项目按照减去其跌价准备后的净额反映。

（4）处置短期投资时，应将短期投资的账面价值与实际取得价款的差额，作为当期投资损益。

企业的委托贷款，应视同短期投资进行核算。但是，委托贷款应按期计提利息，计入损益；企业按期计提的利息到付息期不能收回的，应当停止计提利息，并冲回原已计提的利息。期末时，企业的委托贷款应按资产减值的要求，计提相应的减值准备。

1. 短期投资的常见错弊

短期投资业务常见错弊主要有以下四点：

（1）短期投资购入业务常见错弊主要表现为购入短期投资的计价和核算不正确、不合规。按新的企业财务会计制度规定，购入的各种短期有价证券，包括各种股票和债券，应按取得时的实际成本记账，并按实际支付的价款入账核算。但有些单位却经常不将企业购入的短期有价证券入账，从而形成企业的账外资产。

（2）短期投资出售业务常见错弊。按新的企业财务会计制度规定，企业出售股票和债券，按照实际收到的金额，借记"银行存款"科目，按照实际成本贷记"短期投资"科目，按已收取的股利贷记"其他应收款"科目，按其差额，借记或贷记"投资收益"科目。债券到期收回本金时，借记"银行存款"科目，贷记"短期投资"科目。但企业在实际工作中，经常出现不按上述规定进行账务处理的现象。

（3）短期投资不入账。根据财务会计制度的规定，企业购入的各种短期有价证券，包括各种股票的债券，应按取得时的实际成本记账，并按实际支付的价款入账核算。但有些企业却经常不将企业购入的短期有价证券入账，从而形成企业的账外资产，使企业的会计核算出现遗漏。

例如，某企业负责人得到股市内幕消息，在大盘指数即将上涨时买入一制造业的股票，准备在一个月后卖出，该领导授意财务人员不作账务处理，待一个月后，卖出该股票将原银行存款补上，买卖差额存入"小金库"，逃避税务机关的检查。

（4）将已宣告股利，列入股票成本。根据财务制度的规定，企业购买股票或债券时，如在实际支付的款项中包括已宣告发放但未支付的股利和已到期尚未领取的债券利息时，作为其他应收款处理；而有些企业违反上述原则，在购买股票时将已宣告发放但尚未支付的股利也作为短期投资入账，按支付额借记"短期投资——股票（债券）投资"，贷记"银行存款"。

如某企业2019年7月10日按20元/股购入1万股，计20万元，另付手续费2万元该股份公司已于7月1日宣告发放现金股利，每股5元，7月20日起开始支付。企业作借：短期投资——股票投资22万元，贷：银行存款22万元的会计处理。7月20日收到分派的现金股利时，作出会计分录为借：现金5万元，贷：投资收益5万元的账务处理，造成虚增利润5万元。

2. 短期投资业务错弊的查证

对于短期投资业务中的错弊，查账人员应审阅"短期投资"有关明细账及会计凭证，核对有关会计资料，运用追踪、复核、调查等方法来查证问题。

9.2 长期投资业务中常见的错弊及其查证

9.2.1 长期投资的会计核算

长期投资，是指除短期投资以外的投资，包括持有时间准备超过1年（不含1年）的各种股权性质的投资、不能变现或不准备随时变现的债券、其他债权投资和其他长期投资。长期投资应当单独进行核算，并在资产负债表中单列项目反映。企业的长期投资应当在期末时按照其账面价值与可收回金额孰低计量，对可收回金额低于账面价值的差额，应当计提长期投资减值准备。在资产负债表中，长期投资项目应当按照减去长期投资减值准备后的净额反映。

1. 长期股权投资的会计核算概述

长期股权投资应当按照以下原则核算：

（1）长期股权投资在取得时应当按照初始投资成本入账。初始投资成本按以下方法确定：

①以现金购入的长期股权投资，按实际支付的全部价款（包括支付的税金、手续费等相关费用），作为初始投资成本；实际支付的价款中包含已宣告但尚未领取的现金股利，按实际支付的价款减去已宣告但尚未领取的现金股利后的差额，作为初始投资成本。

②企业接受的债务人以非现金资产抵偿债务方式取得的长期股权投

资,或以应收债权换入长期股权投资的,按应收债权的账面价值加上应支付的相关税费,作为初始投资成本。涉及补价的,按以下规定确定受让的长期股权投资的初始投资成本:

收到补价的,按应收债权的账面价值减去补价,加上应支付的相关税费,作为初始投资成本。

支付补价的,按应收债权的账面价值加上支付的补价和应支付的相关税费,作为初始投资成本。

③以非货币性交易换入的长期股权投资,按换出资产的账面价值加上应支付的相关税费,作为初始投资成本。涉及补价的,应按以下规定确定换入长期股权投资的初始投资成本:

收到补价的,按换出资产的账面价值加上应确认的收益和应支付的相关税费减去补价后的余额,作为初始投资成本。

支付补价的,按换出资产的账面价值加上应支付的相关税费和补价,作为初始投资成本。

④通过行政划拨方式取得的长期股权投资,按划出单位的账面价值,作为初始投资成本。

(2)企业的长期股权投资,应当根据不同情况,分别采用成本法或权益法核算。企业对被投资单位无控制、无共同控制且无重大影响的,长期股权投资应当采用成本法核算;企业对被投资单位具有控制、共同控制或重大影响的,长期股权投资应当采用权益法核算。通常情况下,企业对其他单位的投资占该单位有表决权资本总额20%或20%以上,或虽投资不足20%但具有重大影响的,应当采用权益法核算。企业对其他单位的投资占该单位有表决权资本总额20%以下,或对其他单位的投资虽占该单位有表决权资本总额20%或20%以上,但不具有重大影响的,应当采用成本法核算。

(3)采用成本法核算时,除追加投资、将应分得的现金股利或利润转为投资或收回投资外,长期股权投资的账面价值一般应当保持不变。被投资单位宣告分派的利润或现金股利,作为当期投资收益。企业确认的投资收益,仅限于所获得的被投资单位在接受投资后产生的累积净利润的分配额,所获得的被投资单位宣告分派的利润或现金股利超过上述数额的部分,作为初始投资成本的收回,冲减投资的账面价值。

(4)采用权益法核算时,投资最初以初始投资成本计量,投资企业的初始投资成本与应享有被投资单位所有者权益份额之间的差额,作为股权投资差额处理,按一定期限平均摊销,计入损益。

股权投资差额的摊销期限,合同规定了投资期限的,按投资期限摊销。合同没有规定投资期限的,初始投资成本超过应享有被投资单位所有者权益份额之间的差额,按不超过10年的期限摊销,初始投资成本低于应享有被投资单位所有者权益份额之间的差额,按不低于10年的期限摊销。

采用权益法核算时,企业应当在取得股权投资后,按应享有或应分担的被投资单位当年实现的净利润或发生的净亏损的份额(法律、法规或公司章程规定不属于投资企业的净利润除外,如承包经营企业支付的承包利润、外商投资企业按规定按照净利润的一定比例计提作为负债的职工奖励及福利基金等)调整投资的账面价值,并作为当期投资损益。企业按被投资单位宣告分派的利润或现金股利计算应分得的部分,减少投资的账面价值。企业在确认被投资单位发生的净亏损时,应以投资账面价值减记至零为限;如果被投资单位以后各期实现净利润,投资企业在计算的收益份额超过已确认的亏损分担额以后,按超过未确认的亏损分担额的金额,恢复投资的账面价值。

企业按被投资单位净损益计算调整投资的账面价值和确认投资损益时,应当以取得被投资单位股权后发生的净损益为基础。

对被投资单位除净损益以外的所有者权益的其他变动,也应当根据具体情况调整投资的账面价值。

(5)企业因追加投资等原因对长期股权投资的核算从成本法改为权益

法，应当自实际取得对被投资单位控制、共同控制或对被投资单位实施重大影响时，按股权投资的账面价值作为初始投资成本，初始投资成本与应享有被投资单位所有者权益份额的差额，作为股权投资差额，并按本制度的规定摊销，计入损益。

企业因减少投资等原因对被投资单位不再具有控制、共同控制或重大影响时，应当中止采用权益法核算，改按成本法核算，并按投资的账面价值作为新的投资成本。其后，被投资单位宣告分派利润或现金股利时，属于已记入投资账面价值的部分，作为新的投资成本的收回，冲减投资的账面价值。

（6）企业改变投资目的，将短期投资划转为长期投资，应按短期投资的成本与市价孰低结转，并按此确定的价值作为长期投资初始投资成本。拟处置的长期投资不调整至短期投资，待处置时按处置长期投资进行会计处理。

（7）处置股权投资时，应将投资的账面价值与实际取得价款的差额，作为当期投资损益。

2. 长期债权投资的会计核算概述

长期债权投资应当按照以下原则核算：

（1）长期债权投资在取得时，应按取得时的实际成本作为初始投资成本。初始投资成本按以下方法确定：

①以现金购入的长期债权投资，按实际支付的全部价款（包括税金、手续费等相关费用）减去已到付息期但尚未领取的债权利息，作为初始投资成本。如果所支付的税金、手续费等相关费用金额较小，可以直接计入当期财务费用，不计入初始投资成本。

②企业接受的债务人以非现金资产抵偿债务方式取得的长期债权投资，或以应收债权换入长期债权投资的，应按应收债权的账面价值，加上应支付的相关税费，作为初始投资成本。涉及补价的，应按以下规定确定换入长期债权投资的初始投资成本：

收到补价的，按应收债权的账面价值减去补价，加上应支付的相关税费，作为初始投资成本。

支付补价的，按应收债权的账面价值加上支付的补价和应支付的相关税费，作为初始投资成本。

③以非货币性交易换入的长期债权投资，按换出资产的账面价值加上应支付的相关税费，作为初始投资成本。涉及补价的，应按以下规定确定换入长期债权投资的初始投资成本：

收到补价的，按换出资产的账面价值加上应确认的收益和应支付的相关税费减去补价后的余额，作为初始投资成本。

支付补价的，按换出资产的账面价值加上应支付的相关税费和补价，作为初始投资成本。

（2）长期债权投资应当按照票面价值与票面利率按期计算确认利息收入。

长期债券投资的初始投资成本减去已到付息期但尚未领取的债券利息、未到期债券利息和计入初始投资成本的相关税费，与债券面值之间的差额，作为债券溢价或折价；债券的溢价或折价在债券存续期间内于确认相关债券利息收入时摊销。摊销方法可以采用直线法，也可以采用实际利率法。

（3）持有可转换公司债券的企业，可转换公司债券在购买以及转换为股份之前，应按一般债券投资进行处理。当企业行使转换权利，将其持有的债券投资转换为股份时，应按其账面价值减去收到的现金后的余额，作为股权投资的初始投资成本。

（4）处置长期债权投资时，按实际取得的价款与长期债权投资账面价值的差额，作为当期投资损益。

9.2.2　投资范围中的常见错弊及其查证

（1）常见错弊：

①超出国家有关法律、法规规定的投资范围进行的对外投资。

②违反国家有关规定，以专项储备物资、许可证等进行对外投资。

③在没有保证能及时、足额地向国家缴纳各种税制和国家专项资金专项运用的前提下对外进行投资。

（2）查证措施：

①审阅"长期投资"账户下有关明细账户中的摘要记录以及有关内容，或直接在审阅核对会计凭证时发现问题。

②针对疑点中所反映出的用来对外投资的资产形态、性质以及其他有关问题，分析判断其能否用来对外投资，有无超出规定的范围进行对外投资的问题，进行正确处理。

9.2.3　投资计价中的常见错弊及其查证

（1）常见错弊：认购债券进行债券投资，不按规定以实际支付的价款计价，对价款中含有应计利息的，不按规定在实际支付的价款中予以扣除。

（2）查证措施：审阅"长期投资"账户下有关明细账户中有关价值与摘要内容的记录，审阅合同、协议等资料，检查债券或股票登记簿。

①根据会计资料中反映出的用来对投资的资产的具体形态及有关情况，研究、分析、估价其正确价值，以确定其真实、合理的计价。

②通过账证、证证核对，确定其对有关投资的计价情况。

③从中查处不真实、不合理的计价，针对疑点作进一步的查证，然后进行调整。

9.2.4　会计期间选择中的常见错弊及其查证

（1）常见错弊：对外投资入账时间的会计错弊。在进行股票或债券投资时，不按照规定，在已支付款项而尚未收到股票或债券的情况下，不作为对外投资增加的账务处理，而是等到收到票券时，再作为对外投资的账务处理。

（2）查证措施：了解有无"短期投资备查簿"和"长期投资备查簿"，

审阅其登记与注销情况，结合审阅核对"长期投资"账户内的有关内容与相应的会计凭证内容，在调查了解有关情况的基础上，发现线索或疑点，追踪查证问题，进行正确处理。

9.2.5　对外投资手续、文件与合同方面的常见错弊及其查证

（1）常见错弊：

①未按照规定，需要签订合同或协议的未予签订。

②所签订的合同或协议内容不真实、不完整、手续不健全，甚至不符合《合同法》及有关法规的规定。

③企业向境外投资时，未经批准以私人名义注册公司或购买房地产和开设账户，或者虽经批准，但未办理有关具有法律效力的产权归属手续。

④由于存在上述手续不健全，投资文件不完整，甚至不符合法定要求的问题，以致给投资者造成经济上或其他有关方面的损失。

⑤未能根据合同或协议规定，及时、足额地收取投资收益。

（2）查证措施：

①了解其是否与接受投资单位签订了合同或协议。

②审查所签订的合同或协议，了解其内容是否完整、真实，是否符合《合同法》及有关法规的法定要求。

③审阅、核对"长期投资"及有关账户与相应的会计凭证的记录内容，并在了解有关情况的基础上，发现并查证本单位有无由于未与接受投资企业签订合同或者协议，而给企业带来或造成经济及有关方面损失的问题。

④审阅检查合同或协议及其他有关资料文件，了解单位某项投资所应收取收入的金额及其具体时间。

⑤向有关人员了解应收未收投资收益的原因。

9.2.6 对外投资收入与损失会计处理中的常见错弊及其查证

（1）常见错弊：收入与损失会计处理错弊即不按照财务制度的要求，在对投资收入或损失的会计处理方法上，随意采用成本法或权益法进行核算。

（2）查证措施：

①审阅单位与接受投资方签订的投资合同或协议，调查询问有关单位及个人，了解有关情况，确定单位对接受投资的企业是否取得或拥有了控制权。

②审阅、核对"长期投资""投资收益"账户下有关明细账与相应的会计凭证的记录内容、确定本单位对某项投资的收入或损失所采用的核算方法是成本法还是权益法。

③核对查证本单位有无未按规定和要求采用成本法或权益法核算对外投资收入或损失问题。

第 10 章 企业根基要看牢
——固定资产业务中的常见错弊及查证

本章导读

在各类企业中,尤其是生产型企业中,固定资产是企业的核心资产。厂房、生产运输设备、办公场所等固定资产犹如企业的骨架一样支撑着企业各个环节工作的顺利开展。所以说,固定资产是企业发展的根基,它的价值形态是随着厂房、机器设备的逐渐损耗,逐步转移到产品成本中去,并最后实现收入和盈利。然而由于固定资产具有单位价值高,使用寿命长,维护支出大等特点,在固定资产业务的诸多环节如购进、折旧、修理和处置等,都可能出现严重的舞弊行为。"伤筋动骨一百天",固定资产错弊一旦出现,往往影响到其他业务活动的开展,因此必须加强固定资产业务的管理。

在本章中我们将解决以下问题:

(1)固定资产包括哪些类别?

(2)固定资产如何进行会计核算?

(3)取得固定资产环节的常见错弊及查证?

(4)固定资产增减业务的常见错弊及查证?

(5)固定资产折旧中的常见错弊及查证?

(6)固定资产修理中的常见错弊及查证?

10.1 固定资产的会计核算

10.1.1 固定资产的概念与分类

固定资产,是指企业使用期限超过1年的房屋、建筑物、机器、机械、运输工具以及其他与生产、经营有关的设备、器具、工具等。不属于生产经营主要设备的物品单位价值在2 000元以上,并且使用年限超过2年的,也应当作为固定资产。按照固定资产的用途,一般可以分为以下六类:

(1)房屋及建筑物。房屋是指公司各部门用房以及连同房屋不可分离的附属设备,如照明设备、暖气设备、电梯、卫生设施等。建筑物是指房屋以外的围墙、水塔和公司内花园、喷水池等设施。

(2)机器设备。是指用于经营服务的洗衣设备、排水泵;用于产生电力、冷暖气的各种设备等。

(3)家具设备。是指用于经营服务和经营管理部门的高级沙发、组合家具、办公桌等。

(4)交通运输工具。是指用于经营服务和公司内部运输的各种车辆,如小轿车、卡车、吊车、电瓶车等。

(5)电器设备。是指用于公园经营服务或管理用的电子计算机、电视机、电冰箱、冰柜、通信设备等。

(6)其他设备。是指不属于以上各类的其他经营管理、服务用的固定资产。

10.1.2 固定资产的会计核算概述

企业应当根据固定资产定义,结合本企业的具体情况,制定适合于本

第10章 企业根基要看牢——固定资产业务中的常见错弊及查证

企业的固定资产目录、分类方法、每类或每项固定资产的折旧年限、折旧方法,作为进行固定资产核算的依据。

1. 取得固定资产的会计核算

固定资产在取得时,应按取得时的成本入账。取得时的成本包括买价、进口关税、运输和保险等相关费用,以及为使固定资产达到预定可使用状态前所必要的支出。固定资产的入账价值中,还应当包括企业为取得固定资产而交纳的契税、耕地占用税、车辆购置税等相关税费。

固定资产取得时的成本应当根据具体情况分别确定:

(1) 购置的不需要经过建造过程即可使用的固定资产,按实际支付的买价、包装费、运输费、安装成本、交纳的有关税金等,作为入账价值。

外商投资企业因采购国产设备而收到税务机关退还的增值税款,冲减固定资产的入账价值。

(2) 自行建造的固定资产,按建造该项资产达到预定可使用状态前所发生的全部支出,作为入账价值。

(3) 投资者投入的固定资产,按投资各方确认的价值,作为入账价值。

(4) 在原有固定资产的基础上进行改建、扩建的,按原固定资产的账面价值,加上由于改建、扩建而使该项资产达到预定可使用状态前发生的支出,减去改建、扩建过程中发生的变价收入,作为入账价值。

2. 固定资产计提折旧的会计核算

企业应当根据固定资产的性质和消耗方式,合理地确定固定资产的预计使用年限和预计净残值,并根据科技发展、环境及其他因素,选择合理的固定资产折旧方法。

固定资产折旧方法可以采用年限平均法、工作量法、年数总和法、双倍余额递减法等。折旧方法一经确定,不得随意变更。如需变更,应当在会计报表附注中予以说明。

企业因更新改造等原因而调整固定资产价值的,应当根据调整后价值，预计尚可使用年限和净残值，按选用的折旧方法计提折旧。

企业一般应按月提取折旧，当月增加的固定资产，当月不提折旧，从下月起计提折旧；当月减少的固定资产，当月照提折旧，从下月起不提折旧。固定资产提足折旧后，不论能否继续使用，均不再提取折旧；提前报废的固定资产，也不再补提折旧。所谓提足折旧，是指已经提足该项固定资产应提的折旧总额。应提的折旧总额为固定资产原价减去预计残值加上预计清理费用。

3. 固定资产修理的会计核算

企业应当定期对固定资产进行大修理，大修理费用可以采用预提或待摊的方式核算。大修理费用采用预提方式的，应当在两次大修理间隔期内各期均衡地预提预计发生的大修理费用，并计入有关的成本、费用；大修理费用采用待摊方式的，应当将发生的大修理费用在下一次大修理前平均摊销，计入有关的成本、费用。固定资产日常修理费用，直接计入当期成本、费用。

4. 处置固定资产的会计核算

处置固定资产包括出售、报废或者毁损等原因造成的固定资产减少。由于报废或者毁损等原因而发生的固定资产清理净损益，计入当期营业外收支；由于出售而发生的固定资产清理净损益，计入资产处置损益。

企业对固定资产应当定期或者至少每年实地盘点一次。对盘盈、盘亏、毁损的固定资产，应当查明原因，写出书面报告，并根据企业的管理权限，经股东大会或董事会，或总经理（厂长）会议或类似机构批准后，在期末结账前处理完毕。盘盈的固定资产，计入当期营业外收入；盘亏或毁损的固定资产，在减去过失人或者保险公司等赔款和残料价值之后，计入当期营业外支出。

如盘盈、盘亏或毁损的固定资产，在期末结账前尚未经批准的，在对外提供财务会计报告时应按上述规定进行处理，并在会计报表附注中作出说明；如果其后批准处理的金额与已处理的金额不一致，应按其差额调整会计报表相关项目的年初数。

企业对固定资产的购建、出售、清理、报废和内部转移等，都应当办理会计手续，并应当设置固定资产明细账（或者固定资产卡片）进行明细核算。

10.2 固定资产的常见错弊及查证

10.2.1 取得固定资产环节的常见错弊及查证

1. 取得固定资产环节的常见错弊

（1）企业的固定资产未按上述标准和原则划分固定资产与低值易耗品的问题。

如有的企业将属于固定资产的物品列作低值易耗品，有的企业将属于低值易耗品的物品列作固定资产，造成二者核算上的混淆不清，也造成了二者的价值在向生产经营成本费用转移形式与水平上的不合理与不合规。因为固定资产是每月以折旧的形式向生产经营成本费用中转移其价值，而低值易耗品是以一次或多次摊销的形式向生产经营成本费用中转移其价值。由于二者的形式不同，在每期转移其价值多少的水平上也不一样。也正因如此，发生上述固定资产与低值易耗品划分不清的问题后，也就影响了生产经营成本费用与各期财务成果核算上的正确性与一致性等。

（2）固定资产分类不正确。企业对固定资产可根据实际情况进行分类，一般企业多采用按经济用途和使用情况分类。对固定资产的分类正确与否主要涉及企业对哪些固定资产应计提折旧，以及折旧费用的列支问题，这些问题都直接影响到企业费用与成本的计算，财务成果的确定与计算所得税的依据。

（3）固定资产计价错弊。企业有可能在计价方法和价值构成以及任意变动固定资产的账面价值方面出现问题。

①计价方法。按财务制度规定，企业新增加的固定资产，凡有原始价值的应按原始价值入账；无法确定原始价值的，按重置完全价值入账；而账面价值则主要用于计算盘盈、盘亏、毁损固定资产的溢余或损失。有些企业却不按上述规定采用正确的计价方法。

②价值构成。企业在固定资产价值构成方面发生的问题主要是任意变动固定资产价值所包括的范围。有些企业不按前述各项规定，在购入固定资产时，将与购入该固定资产无关的费用支出或虽有某些联系但不应计入固定资产价值的支出，统统作为固定资产的价值组成部分。

③任意变动固定资产的账面价值。有些企业不顾国家规定，任意调整、变动已入账的固定资产的账面价值。

2. 取得固定资产环节常见错弊的查证

（1）查证人员在审阅"固定资产"明细账时应注意检查其中有无可能属于低值易耗品的内容，在审阅"低值易耗品"明细账时应注意检查其中有无可能属于固定资产的内容；如发现疑点，应调阅会计凭证，进行账证、证证核对，在进一步审阅、核对有关会计资料的基础上查证问题。

（2）查清企业固定资产的分类情况，审计人员首先要认真审阅按固定资产分类别开设的明细账页——固定资产登记簿，将账内专栏所提供的保管使用单位与固定资产的类别进行核对，如发现有不一致的情况，可对保管使用单位及其所拥有的固定资产进行实地调查，以发现问题的症结。另外，审计人员还应认真阅读账簿中的摘要栏，以发现企业是否存在以下问题：

①企业将非生产经营用的固定资产归类于生产经营用固定资产。

②企业将采用经营租赁方式租入的固定资产与采用融资租赁方式租入的固定资产混为一谈，以达到降低或提高折旧费用，从而人为调整财务成果的目的。对企业采用经营租赁方式租入的固定资产按照有关规定，租入

企业是不计提折旧的,由租出企业计提折旧;而采用融资租赁方式租入的固定资产,租入企业是要按规定计提折旧的。如果对采用经营租赁方式租入的固定资产计提折旧,其结果只能是人为提高折旧费用,增加当期的生产成本或期间费用。如果对采用融资租赁方式租入的固定资产不计提折旧,其结果就是虚假地降低生产成本或期间费用。这两种结果都是对企业财务成果与纳税的人为干扰。

③对土地的分类出现错误。某些企业将因征地而支付的补偿费,不计入与该土地有关的房屋、建筑物的价值内,而将其单独作为"土地"入账,这样便人为降低了某项固定资产的原始价值,造成了固定资产分类中的混乱。

(3)查证人员可以在审阅固定资产明细账中反映固定资产增加业务的内容时,或在审阅核对反映固定资产增加业务的会计凭证及有关单据时发现线索或疑点,然后再进一步审阅、核对、复核有关会计资料,在此基础上查证问题。

(4)查证人员在审阅固定资产总账、固定资产卡片和固定资产登记簿时,对固定资产的增减业务要予以特别的注意,认真检查、分析其是否是真实的固定资产增减业务,还是属于对已入账的固定资产的账面价值进行任意调整与变动。如发现线索与疑点,需进一步通过账证、证证核对,调查询问有关单位与个人,了解有关真实情况,从而查证问题。

10.2.2 固定资产增减业务的常见错弊及查证

1. 固定资产增加业务中的错弊及查证

(1)固定资产增加业务的入账价值不正确、不合理。按照财务制度规定,增加的固定资产,有原始价值的按原始价值入账;没有原始价值的,按重置价值入账。具体是,购入的固定资产,以购入价加上企业负担的运输、装卸、安装调试、保险等费用计价,从国外购进的还应包括进口税金;自制、自建的固定资产,应按建造过程中的实际净支出计价;在原有固定资产基础进行改建、扩建的，按固定资产原值，加上改扩建发生的实际净支出计价；投资者投入的固定资产，按评估确认价值或按合同、协议约定的价格计价；以融资租赁方式租入的固定资产，按租赁协议规定的价款加由企业负担的运输、装卸、保险等费用计价；接受捐赠、从境外调入或引进的固定资产，以所附单据确定的金额加上由企业负担的运输费、保险费、安装调试费、缴纳的税金等计价。无发票账单的，按照同类固定资产的市场价格计价；盘盈的固定资产，按同类固定资产的重置完全价值计价。

在实际工作中存在着未按上述要求和规定对固定资产进行计价的问题。如某企业2011年10月购进设备一台，价款470 000元，在购进过程中，发生运输费400元，装卸费250元，安装调试费700元，该企业对此业务作如下账务处理：

①借：固定资产——生产用固定资产　　　　　　470 000
　　贷：银行存款　　　　　　　　　　　　　　470 000
②借：管理费用　　　　　　　　　　　　　　　1 350
　　贷：银行存款　　　　　　　　　　　　　　1 350

上述的问题表现在，所发生的1 350元的运输费、装卸费和安装调试费用构成固定资产的价值，不应作管理费用列入当期损益中。

对于以上问题，查账人员可以在审阅"固定资产"明细账反映固定资产增加的业务内容时，或在审阅核对反映固定资产增加业务的会计凭证时发现线索或疑点，然后在进一步审查、核对、复核有关会计资料的基础上查证问题。

此类问题查证后，应根据其具体形态作出正确的调整。

如对于上述问题，可以作如下调整：

借：固定资产　　　　　　　　　　　　　　　　1 350
贷：管理费用　　　　　　　　　　　　　　　　1 350

（2）固定资产增加后，对对应账户的处理不正确。无论是哪种形式构成固定资产的增加，都应根据其具体情况作出正确的会计处理。即在增记

"固定资产"账户的同时,根据固定资产的具体形式,在正确的对应账户上进行登记。

在实际工作中存在着固定资产增加后,对对应账户的处理不正确的问题。如果企业接受捐赠的电子计算机一台,所附单据已载原值为 35 000 元,运杂费、包装费共 300 元。由对方负担。估计折旧额 10 000 元。据此,该作如下的账务处理:

借:固定资产　　　　　　　　　　　　　　　　　35 300
　贷:累计折旧　　　　　　　　　　　　　　　　　10 000
　　　营业外收入　　　　　　　　　　　　　　　　25 300

上述问题表现在,接受捐赠的固定资产不应作营业外收入处理,而应作资本公积处理。又如,某企业盘盈机器一台,其重置完全价值为 60 000 元,估计已提折旧 25 000 元。该企业对此作了如下账务处理:

借:固定资产　　　　　　　　　　　　　　　　　 6 000
　贷:累计折旧　　　　　　　　　　　　　　　　　25 000
　　　资本公积　　　　　　　　　　　　　　　　　35 000

上述问题表现在,盘盈的固定资产不应作资本公积处理,而应先当作待处理损益处理,经批准后再转作营业外收入。

对于此类问题,查证人员可以在审阅标有"对方科目"内容的"固定资产"明细账中有关内容,或在审阅、核对反映固定资产增加业务的会计凭证时发现线索或疑点,然后在进一步审阅检查有关会计资料的基础上查证问题。此类问题查证后,应根据其具体形式作出恰当的账务调整。如对于上述接受捐赠固定资产的问题,可以作如下账务处理:

借:固定资产(或"本年利润"账户)　　　　　　 25 300
　贷:资本公积　　　　　　　　　　　　　　　　　25 300

对于上述盘盈固定资产的问题,可以作出如下账务调整:

借:资本公积　　　　　　　　　　　　　　　　　 3 500
　贷:营业外收入(或"本年利润"账户)　　　　　 3 500

（3）固定资产的增加业务不真实、不正确、不合规，以及在固定资产的增加业务过程中营私舞弊等。如某工业企业自营建造一小型工程项目，在建造过程中领用了生产用原料20吨，总金额512 800元，但该企业对此未记入"在建工程"账户，而将其作生产用材料记入"生产成本"账户。对工程管理人员工资4 160元也记入管理费用，即记入了"管理费用"账户。又如某企业向某单位购入设备一台，协商作价46 000元，但却按50 000元转账付款，然后，有关当事人从对方收取了2 000元的"好处费"，上述固定资产增加业务都存在着不真实、不正确的问题。

对于此类问题，查证人员应通过审阅、核对、复核反映固定资产增加业务的会计资料分析有关情况来发现并查证问题。如对于上述建造固定资产时挤占生产经营费用的问题，查证人员可以在审阅材料领用并将其与记账凭证进行核对时发现其线索或疑点，或者根据特定时期生产经营费用或产成品单位成本水平高于正常情况的迹象来发现其线索或疑点，然后根据所发现的线索或疑点进行追踪审查复核有关会计资料、调查分析有关情况，从而查证问题。

此类问题查证后，应根据其具体形态作出账务调整，如对于上述挤占经营费用的问题，可以作如下账务调整：

①借：在建工程（或"固定资产"账户）　　　　512 800
　　贷：生产成本（或"产成品""本年利润"账户）　512 800
②借：在建工程（或"固定资产"账户）　　　　4 160
　　贷：管理费用（或"本年利润"账户）　　　　4 160

对于上述在购进设备中收取回扣的问题，可以作如下账务调整：

　借：其他应收款　　　　　　　　　　　　　　4 000
　　贷：固定资产　　　　　　　　　　　　　　4 000

如果多付给售货方的2 000元无法收回，上述金额可改为2000元。为了简便或保持账证形式上的相符，对于上述问题也可以调整为：

　借：其他应收款　　　　　　　　　　　　4 000（或2 000）

贷：营业外收入　　　　　　　　　　　　　4 000（或2 000）

2. 固定资产减少业务中的错弊及查证

固定资产减少业务中的错弊及查证方法与上述增加业务类似，不做赘述。

10.2.3　固定资产折旧中的常见错弊及查证

1. 固定资产折旧核算中的错弊

（1）未按规定的范畴计提折旧。在实际工作中，有些企业不按照国家有关财务制度规定所划定的范围提取折旧，即任意扩大或缩小计提固定资产折旧的范围，以通过扩大或缩小折旧费用最终达到减少或扩大利润的目的。对于这类问题，查证人员首先应审阅被查企业的"固定资产折旧计算表"，然后将其中所列的计提折旧的固定资产的具体内容与"固定资产"账户所属的明细账和固定资产卡片逐一核对，必要时，可以对有关固定资产的使用情况、需用情况、大修理情况、出租情况、在建工程的完工情况等其他有关问题进行实地察看与了解，以确定其实际情况，从而查证被查企业有无任意或错误地扩大与缩小计提固定资产折旧的范围。固定资产的原值和预计净残值一经确定，是不能任意改动的，所以企业的固定资产若无增减变化，其计提的折旧额也是相对稳定的。

（2）未按规定选用折旧方法。在实际工作中，有些企业出现不按照国家有关财务制度规定选用折旧方法的问题。主要有以下三种情况：

①有的不属于国家允许选用加速折旧方法的企业，却采用了加速折旧的方法；有些企业将国家不允许采用加速折旧方法的某类固定资产选用了加速折旧的方法计提折旧；有些企业未经财政部批准，就擅自采用了加速折旧的方法。

②某些属于技术进步快的企业，却选用了平均年限法或工作量法，这样做显然不符合固定资产更新快的特点。

③某些企业适宜采用工作量法，或某类固定资产宜采用工作量法，但

企业却采用平均年限法，这样做同样不符合该类固定资产的特点。

（3）未按规定确定折旧年限。我国的财务制度对各类固定资产的折旧年限作出了明确规定，企业应严格按照有关规定确定各类固定资产的折旧年限。它直接影响着企业各期折旧费用的金额，进而影响到财务成果计算的标准性。

但是，在实际工作中，有些企业却不按已有明确规定的折旧年限计提折旧；有些企业按低于规定年限下限的年数计提折旧；有些企业按高于规定年限上限的年数计提折旧。

（4）折旧方法与折旧年限随意变动。在实际工作中，有些企业随意变更所采用或确定的折旧方式或折旧年限，或者确需进行变更，但未在年度以前提出申请，报经主管财政机关批准。比如，有的企业对某类或某项固定资产的折旧，由平均年限法改为加速折旧的年数总和法或双倍余额递减法；有的企业将某项固定资产已经确定的折旧年限由长改短，或由短改长等。凡此类问题的发生，均会影响到固定资产折旧核算的真实性和正确性，同时也会影响到财务成果的正确性。

（5）固定资产的净残值预计不符合规定。固定资产的净残值，是指资产报废时，其残值收入减去清理费用后的余额。国家已对净残值的比率做了明确规定。但是，在实际工作中，有些企业却不按此规定办理，比如，有些企业按高于固定资产5%的比例预计固定资产的净残值；有的企业在计算固定资产折旧率时不考虑净残值；等等。这些问题均会影响固定资产折旧率核算的正确性和真实性，进而也会影响到企业财务成果的真实性和合理性。

（6）月折旧额的计算不真实、不正确。企业每月计提的折旧额是根据固定资产的月折旧率与月初账面固定资产原值分项计算，然后汇总得出的。在实际工作中，有些企业却不照此办理，比如，有些企业在计算月折旧额时出现计算错误，甚至是人为计算错误（故意多计或少计折旧额）；有些企业在计算月折旧额时虚增虚减计提基数，将本月增加的固定资产不

第 10 章　企业根基要看牢——固定资产业务中的常见错弊及查证

计提折旧,或将本月减少的固定资产不计提折旧;等等。这些问题的发生,都会影响到月折旧额计算的真实性和正确性,进而影响到折旧费用与财务成果核算的真实性和正确性。

2. 固定资产折旧业务中常见错弊的查证

(1)查账人员应特别注意被查企业折旧额的变化与固定资产的增减业务,以免疏漏。

(2)查证人员可以首先通过审阅被查企业的"固定资产折旧计算表""固定资产卡片"和"固定资产登记簿"等会计资料,了解、确定其所采取的具体折旧方法,然后对被查企业的具体情况和固定资产的特点进行调查了解,再将上述情况进行综合分析,最后判断出被查企业对其各类固定资产所分别采取的折旧方法是否科学、是否合理、是否符合国家有关规定,并在进一步调查询问、了解有关情况的基础上查证问题。

(3)查证人员首先通过审阅"固定资产折旧计算表""固定资产卡片"和"固定资产登记簿"及有关会计资料,确定被查企业对某项固定资产所采用的折旧年限,然后将其与财务制度规定的该项固定资产的折旧年限对照分析,看其是否相符,从而查证企业有无未按财务制度规定的折旧年限计提折旧的问题。

(4)查证人员可以通过审阅被查企业的"固定资产折旧计算表""固定资产卡片"和"固定资产登记簿"等会计资料,发现线索或疑点,也可通过分析"累计折旧"各月贷方发生额的变化发现线索或疑点,然后再调阅会计凭证,进行账证、证证核对,并在调查询问、了解有关情况的基础上查证问题。

(5)查证人员首先应通过审阅"固定资产卡片"和"固定资产折旧计算表"等会计资料,复核其中所反映的固定资产折旧率的计算过程及计算结果,确定被查企业所采用的预计净残值率,然后分析被查企业的具体情况,对照财务制度的规定,查证被查企业对固定资产净残值的预计是否合理与符合规定。

（6）查证人员应复核"固定资产折旧计算表"或其他反映固定资产折旧计算过程的原始凭证中的有关计算过程，并将其中所反映的有关数字与"固定资产卡片"或"固定资产登记簿"中的有关数字进行核对，特别是对发生"固定资产登记簿"中的有关数字进行核对，尤其是对发生固定资产增减业务的当月与下月计算的月折旧额要认真核对，从而发现和查证问题。

10.2.4 固定资产修理中的常见错弊及查证

1. 固定资产修理业务中的错弊

（1）固定资产修理业务及其支出不真实。在实际工作中，有些企业假借固定资产修理及其支出之名，行某些不正当活动之实，造成企业会计资料所反映的业务不真实。

（2）固定资产修理费用的列支不合理。固定资产无论属哪一类，其费用支出无论采用哪一种方法进行核算，均应按照前述规定办理，他们或是将应列入期间费用的修理费用支出列入了修理费用或辅助生产成本；或是将应列入修理费用或辅助生产成本的修理费用支出列入了期间费用；或是对待摊费用未按规定的期限进行摊销；或是将摊销期超过一年的修理费用支出列入"待摊费用"账户，而未列入"递延资产"账户；或是在实行预提办法时，对实际支付金额小于预提费用金额的差额，不及时冲减有关费用账户，或是对实际支付金额大于预提费用金额的差额，不及时补记有关费用账户；凡此等等，均影响到企业真实而正确地记录其费用支出和恰当地反映其财务成果。

2. 固定资产修理业务中错弊的查证

查账人员应通过仔细审阅企业有关费用支出的账簿，如"制造费用""生产成本""管理费用"等账户的明细分类账，从其摘要栏反映的业务是否清晰、真实与合理进行分析判断，从其金额栏所记录的金额的多少，是否真实与合理进行分析判断，找出疑点或问题。然后进一步调阅有关的会计凭证及所附原始凭证等有关会计资料，必要时还要对有关单位与个人进行调查询问，了解有关情况，从而查证此类问题。

查证人员应通过仔细审阅"制造费用""管理费用"等有关费用支出总分类账簿及其明细账簿，从摘要栏到金额栏，看其所反映的业务是否真实与合理，发现疑点和问题后再进一步调阅有关会计凭证及其他有关会计资料；进行查证，查账人员还应仔细审阅"预提费用"与"待摊费用"两个总分类账户及其明细账户，看其预提费用每月发生额和待摊费用每月发生额的连续性和变化是否符合实际情况；看其余额的处理是否及时与正确，从中发现疑点或线索，然后再进一步调阅有关会计资料查证问题。

第11章 智力成果须保护
——无形资产、递延资产的常见错弊及查证

本章导读

无形资产是企业拥有或控制的，看不见、摸不着，却又非常重要，能为企业带来超额未来经济利益，对其他生产力要素起着组合、驱动和放大功能的无形经济资源。它包括专利权、非专利技术、商标权、著作权、土地使用权等，多属于人类智慧的成果。

在知识经济迅猛发展的时代，知识产权等无形资产将成为企业最为重要的一类资产，加强无形资产的管理已成为企业发展的迫切需要。由于无形资产具有不具实物形态和高度不确定性等特点，无形资产的错弊空间很大，不法人员往往趁虚而入。

递延资产是指不能全部计入当期损益，应当在以后年度内分期摊销的各项费用。包括开办费、租入固定资产的改良支出以及摊销期限在一年以上的长期待摊费用。递延资产实质上是一种费用，但由于这些费用的效益要期待于未来，并且这些费用支出的数额较大，是一种资本性支出，其受益期在一年以上，若把它们与支出年度的收入相配比，就不能正确计算当期经营成果，所以应把它们作为递延处理，在受益期内分期摊销。

在本章的学习中我们将解决以下问题：

（1）无形资产包括哪些类别？

（2）无形资产如何进行会计核算？

（3）无形资产计价的常见错弊及查证？
（4）无形资产摊销的常见错弊及查证？
（5）无形资产转让中的常见错弊及查证？
（6）什么是递延资产，如何进行会计核算？
（7）待摊费用的常见错弊及查证？
（8）开办费的常见错弊及查证？
（9）大修理费用的常见错弊及查证？

第 11 章　智力成果须保护——无形资产、递延资产的常见错弊及查证

11.1　无形资产的会计核算

11.1.1　无形资产的概念与特点

无形资产指企业为生产商品、提供劳务、出租给他人，或为管理目的而持有的没有实物形态的非货币性长期资产。无形资产包括专利权、非专利技术、商标权、著作权、土地使用权、特许权、商誉等。无形资产具有以下特点：

（1）无形资产不具有实物形态。无形资产通常表现为某种权力、技术或获取超额利润的综合能力。它没有实物形态，却能够为企业带来经济利益，或使企业获取超额收益。不具有实物形态是无形资产区别于其他资产的显著特征。

（2）无形资产属于非货币性长期资产。区别于货币性资产和非货币性流动资产，无形资产的另一个显著特征在于，其属于非货币性长期资产。因此，无形资产不仅仅是没有实物形态，而且还应是非货币性长期资产。

（3）无形资产是为企业使用而非出售的资产。企业持有无形资产不是为了出售而是为了生产经营，即利用无形资产来提供商品、提供劳务、出租给他人或为企业经营管理服务。

（4）无形资产在创造经济利益方面存在较大不确定性。

11.1.2　无形资产的分类

（1）按无形资产是否可以辨认，可分为可辨认无形资产和不可辨认无形资产，前者包括如专利权、非专利技术、商标权、著作权、土地使用

权、特许权,后者包括商誉。

(2)按无形资产的取得方式,可分为外部取得无形资产和内部自创无形资产两大类。其中外部取得无形资产又可分为:外购无形资产、通过非货币性交易换入无形资产、投资者投入无形资产、通过债务重组取得无形资产、接受捐赠取得无形资产等;内部自创无形资产指企业自行研究与开发取得的无形资产。

(3)按无形资产的使用期长短,可分为有有效期限的无形资产(如专利权、商标权等)和无有效期限的无形资产(如商誉)。

11.1.3 无形资产的核算概述

1. 取得无形资产时的计价

企业的无形资产在取得时,应按取得时的实际成本计量。取得时的实际成本应按以下规定确定:

(1)购入的无形资产,按实际支付的价款作为实际成本。

(2)投资者投入的无形资产,按投资各方确认的价值作为实际成本。但是,为首次发行股票而接受投资者投入的无形资产,应按该项无形资产在投资方的账面价值作为实际成本。

(3)自行开发并按法律程序申请取得的无形资产,按依法取得时发生的注册费、聘请律师费等费用,作为无形资产的实际成本。在研究与开发过程中发生的材料费用、直接参与开发人员的工资及福利费、开发过程中发生的租金、借款费用等,直接计入当期损益。

已经计入各期费用的研究与开发费用,在该项无形资产获得成功并依法申请取得权利时,不得再将原已计入费用的研究与开发费用资本化。

(4)企业购入的土地使用权,或以支付土地出让金方式取得的土地使用权,按照实际支付的价款作为实际成本,并作为无形资产核算;待该项土地开发时再将其账面价值转入相关在建工程(房地产开发企业将需开发的土地使用权账面价值转入存货项目)。

第 11 章 智力成果须保护——无形资产、递延资产的常见错弊及查证

2. 无形资产的账务处理

在不同的业务情况下，无形资产的账务处理如下：

（1）购入的无形资产，按实际支付的价款，借记"无形资产"科目，贷记"银行存款"等科目。

（2）投资者投入的无形资产，按投资各方确认的价值，借记"无形资产"科目，贷记"实收资本"或"股本"等科目。为首次发行股票而接受投资者投入的无形资产，应按该项无形资产在投资方的账面价值，借记本科目，贷记"实收资本"或"股本"等科目。

（3）自行开发并按法律程序申请取得的无形资产，按依法取得时发生的注册费、聘请律师费等费用，借记"无形资产"科目，贷记"银行存款"等科目。

企业在研究与开发过程中发生的材料费用、直接参与开发人员的工资及福利费、开发过程中发生的租金、借款费用等，直接计入当期损益，借记"管理费用"科目，贷记"银行存款"等科目。

（4）企业购入的土地使用权，或以支付土地出让金方式取得的土地使用权，按照实际支付的价款，借记"无形资产"科目，贷记"银行存款"等科目，并按本制度规定进行摊销；待该项土地开发时再将其账面价值转入相关在建工程（房地产开发企业将需开发的土地使用权账面价值转入开发成本），借记"在建工程"等科目，贷记本科目。

（5）企业出售无形资产，按实际取得的转让收入，借记"银行存款"等科目，按该项无形资产已计提的减值准备，借记"无形资产减值准备"科目，按无形资产的账面余额，贷记"无形资产"科目，按应支付的相关税费，贷记"银行存款""应交税金"等科目，按其差额，贷（或借）记"资产处置损益"科目。

3. 无形资产摊销年限的确定

无形资产应当自取得当月起在预计使用年限内分期平均摊销，计入损益。如预计使用年限超过了相关合同规定的受益年限或法律规定的有效年

限，该无形资产的摊销年限按如下原则确定：

（1）合同规定受益年限但法律没有规定有效年限的，摊销年限不应超过合同规定的受益年限。

（2）合同没有规定受益年限但法律规定有效年限的，摊销年限不应超过法律规定的有效年限。

（3）合同规定了受益年限，法律也规定了有效年限的，摊销年限不应超过受益年限和有效年限二者之中较短者。

摊销无形资产价值时，借记"管理费用——无形资产摊销"科目，贷记本科目。若预计某项无形资产已经不能给企业带来未来经济利益，应当将该项无形资产的账面价值全部转入当期管理费用。

11.2 无形资产的常见错弊及查证

11.2.1 无形资产计价的常见错弊及查证

（1）常见错弊：对无形资产的计价不正确。

（2）查证措施：

①投资者作为资本金或合作条件投入的无形资产，按评估或合同、协议及企业申请书约定的金额计价。

②购入的无形资产，按照实际支付的价款计价。

③自行开发并且依法申请取得无形资产，按照开发过程中发生的实际净支出计价。

④接受捐赠、从境外引进的无形资产，按照所附单据或参照市场同类无形资产价格经法定机构评估计价。

无形资产在计价时，须备详细资料，包括所有权或使用权证书的复制件、作价的依据和标准等。其中非专利技术和商誉的计价，应经法定评估机构确定。商誉只有在企业合并或接受商誉投资时才能评估计价。

在实际中存在着对无形资产计价不合理、不合规的问题。主要是无形资产计价过高或过低；对无形资产计价时没有经法定手续进行评估或确认，而是随意计价；对无形资产计价时，没有合理的作价依据和标准；对非专利技术和商誉的计价，未经法定评估机构评估确定，而是自我随意确定其价值；在没有企业合并或接受其他单位商誉投资时，而对商誉作价入账等。

11.2.2 无形资产摊销的常见错弊及查证

无形资产从开始使用之日起，按照国家法律法规、有效的合同、协议或企业申请书的规定期限及有效的使用年限分期摊销。有效使用年限按照下列原则确定：

法律法规、合同或企业申请书分别规定有法定有效期限和受益年限的，按照法定有效期限与合同或企业申请书规定的受益年限孰短的原则确定。

法律法规没有规定有效期限，企业合同或企业申请书中规定了受益年限的，按照合同或企业申请书规定的受益年限确定。

法律法规、合同或企业申请书均未规定法定有效期限和受益年限的，按照不少于10年的期限确定。无形资产的摊销期限一经确定，不得随意变动。无形资产应摊入管理费用中。

（1）常见错弊：在实际工作中存在着对无形资产的摊销不合理、不合规的问题。主要是摊销期限确定的不合理、不合规；对已确定的合理的摊销期限任意变动；将无形资产未摊入管理费用中，而是摊入生产费用或销售费用中；任意多摊或少摊无形资产、人为地调节财务成果的高低等。

（2）查证措施：

①审阅、检查"无形资产""管理费用"等明细账中反映的无形资产的

摊销情况来发现此类问题的线索或疑点。

②调阅会计凭证，进行账证、证证核对，从而查证。

11.2.3　无形资产转让中的常见错弊及查证

根据制度规定，企业转让或出售无形资产取得的净收入，除国家法律法规另有规定外，应计入企业的其他业务收入。即企业向外转让或出售的无形资产，其转让收入，记入"其他业务收入"账户；其转让成本，记入"其他业务支出"账户。

（1）常见错弊：在实际工作中存在着企业对转让无形资产的会计处理不正确、不合规的问题。如某工业企业向外转让专有技术一项，取得转让收入 50 000 元，该专有技术的账面价值是 25 000 元。该企业对上述业务作了如下账务处理：

①借：银行存款　　　　　　　　　　　　　　　50 000
　　贷：资产处置损益　　　　　　　　　　　　50 000
②借：资产处置损益　　　　　　　　　　　　　25 000
　　贷：无形资产　　　　　　　　　　　　　　25 000

上述问题表现在，将应列入"其他业务收入"和"其他业务支出"账户中的业务都作"资产处置损益"列账，从而漏交了此项收入的增值税。

（2）查证措施：

①在审阅"无形资产"明细账贷方记录的转让或出售的业务内容与该账记录所标明"对方科目"时，分析其是否存在正确的账户对应关系，从而发现问题的线索或疑点。

②在审阅检查"资产处置损益"及有关结算账户时，也注意查找此类问题的线索或疑点，发现线索或疑点后，通过调阅会计凭证，核对账证、证证来发现问题。如对上述问题，在审阅"资产处置损益"账户时可发现线索或疑点，然后追踪查证问题。此类问题查证后，应根据其具体形态作出账务调整。

第 11 章 智力成果须保护——无形资产、递延资产的常见错弊及查证

11.3 递延资产的常见错弊及查证

11.3.1 递延资产的会计核算概述

递延资产是指不能全部计入当期损益，应当在以后年度内分期摊销的各项费用，包括开办费、租入固定资产的改良支出以及摊销期限在一年以上的长期待摊费用。递延资产实质上是一种费用，但由于这些费用的效益要期待于未来，并且这些费用支出的数额较大，是一种资本性支出，其受益期在一年以上，若把它们与支出年度的收入相配比，就不能正确计算当期经营成果，所以应把它们作为递延处理，在受益期内分期摊销。

1. 递延资产的内容

通常，递延资产包括开办费、租入固定资产改良支出，以及摊销期在一年以上的长期待摊费用等。

（1）开办费。开办费是企业在筹建期间实际发生的各项费用。包括筹建期间人员的工资、差旅费、办公费、职工培训费、印刷费、注册登记费、调研费、法律咨询费及其他开办费等。但是，在筹建期间为取得流动资产、无形资产或购进固定资产所发生的费用不能作为开办费，而应相应确认各项资产。开办费应当自公司开始生产经营当月起，分期摊销，摊销期不得少于 5 年。

（2）租入固定资产改良支出。企业从其他单位或个人租入的固定资产，所有权属于出租人，但企业依合同享有使用权。通常双方在协议中规定，租入企业应按照规定的用途使用，并承担对租入固定资产进行修理和改良的责任，即发生的修理和改良支出全部由承租方负担。对租入固定资

产的大修理支出，不构成固定资产价值，其会计处理与自有固定资产的大修理支出无区别。对租入固定资产实施改良，因有助于提高固定资产的效用和功能，应当另外确认为一项资产。由于租入固定资产的所有权不属于租入企业，不宜增加租入固定资产的价值而作为递延资产处理。租入固定资产改良及大修理支出应当在租赁期内分期平均摊销。

（3）长期待摊费用。长期待摊费用是指开办费和租入固定资产改良支出以外的其他递延资产。包括一次性预付的经营租赁款、向金融机构一次性支付的债券发行费用，以及摊销期在一年以上的固定资产大修理支出等。长期待摊费用的摊销期限均在一年以上，这与待摊费用不同，后者的摊销期限不超过一年，所以列在流动资产项目下。

2. 递延资产的账务处理

账务处理上，企业发生的长期待摊费用，应借记"长期待摊费用"科目，贷记有关科目；摊销时，应按费用发生的用途，借记"制造费用""营业费用""管理费用"等科目，贷记"长期待摊费用"科目。

另外，企业在筹建期间内发生的费用，即开办费，包括人员工资、办公费、培训费、差旅费、印刷费、注册登记费以及不计入固定资产价值的借款费用等，首先应在长期待摊费用科目中归集；待该企业开始生产经营的当月，一次计入开始生产经营当月的损益，作借记"管理费用"科目，贷记"长期待摊费用"科目的账务处理。

11.3.2 待摊费用的常见错弊及其查证

1. 待摊费用反映内容中的常见错弊及查证

（1）常见错弊：将不属于待摊费用的内容列作待摊费用。如将开办费、超过一年摊销期的固定资产修理支出和租入固定资产改良支出及摊销期在一年以上的其他费用列作待摊费用核算。利用这种手法企业借以达到调节有关会计期间经营利润，迟纳所得税及有关款项的目的。

查证措施：审阅"待摊费用"明细账中的记录，确定支付的实际业务

第 11 章 智力成果须保护——无形资产、递延资产的常见错弊及查证

内容；根据该业务内容分析确定其受益期限，看其是否超过一年；在综合分析、核对的基础上确定问题，进行更正。

（2）常见错弊：将属于待摊费用的内容未列作待摊费用。如待摊销期在一年以内的固定资产修理费用或其他费用作为递延资产核算，人为地调节有关会计期间的费用和经营成果。

查证措施：审阅"递延资产"或其他有关费用明细账户时发现疑点或线索。如在审阅账簿摘要内容时了解到列入"递延资产"账户的支付是固定资产小修理，这样，可以其作为问题的疑点；发现疑点后，应再根据账户记录的其他内容（如金额等），调查了解该项经济业务的具体内容及发生与记录过程，进行更正。

（3）常见错弊：待摊费用的摊入对象不正确。待摊费用根据具体内容而决定其是摊入制造费用，还是产品销售费用、产品销售税金及附加、管理费用、其他业务支出等。如将应摊入管理费用的待摊费用却摊入了制造费用，这样，便压低了当期的纳税所得及经营成果，少纳了有关税款。

查证措施：审阅"待摊费用"明细账确认待摊费用发生的具体业务内容；确定其应摊入哪个项目（会计科目）中；将确定摊入的项目与本单位实际摊入情况进行对照，从而查证问题，并进行更正。

（4）常见错弊：待摊费用在会计报表上反映不正确。如当"预提费用"账户期末有借方余额时，未将其反映在"待摊费用"项目内，而是以反方向将余额反映在"预提费用"项目内等。

查证措施：将"资产负债表"内的"待摊费用""预提费用"等项目金额与"待摊费用""预提费用"等账户相对应期末余额相核对，便可发现疑点，然后再进行综合分析、核对，从而确定问题并调整。

2. 待摊费用摊销期的常见错弊及查证

（1）常见错弊：任意变更待摊费用的摊销期。如为了使本期及以后近几期的纳税所得及经营成果降低，便缩短已入账的待摊费用的摊销期限，

摊入管理费用或其他在当期抵减收益的费用、支出在本期及以后近几期多摊入；或为了使本期及以后几期的纳税所得及经营成果提高，便延长已入账的待摊费用的摊销期限，使摊入管理费用或其他在当期冲减收益的费用、支出在本期及以后近几期少摊入。

（2）查证措施：审阅"待摊费用"明细账某项目前后几期的贷方记录金额，分析其有无不相等的情况来发现疑点或线索；根据疑点或线索，运用复核法对有关几期待摊费用的摊销额进行重新验算；将复算结果与账面摊入金额相核对，从而确定其多摊或少摊的具体数额及严重程度。

3. 待摊费用计算中的常见错弊及查证

（1）常见错弊：待摊费用的计算不真实、不正确。如为了使当期多摊或少摊待摊费用，在计算当期应摊待摊费用时，故意多计或少计。

（2）查证措施：运用复核法根据本单位"待摊费用"明细账中所反映的有关资料重新计算检查期的应摊销的待摊费用金额；将其与本单位"待摊费用"账面反映的该期实际摊销额相核对，以确定其是否相符，如果二者相差太大，应进行再次验证，确定问题并调整。

11.3.3 开办费的常见错弊及其查证

1. 支出开办费的常见错弊及其查证

（1）常见错弊：支出内容不正确，存在虚列或不正当费用项目。

（2）查证措施：审阅"递延资产——开办费"明细账中所列入的费用内容，来查找将不应列作开办费的支出错误列入本账户的线索和疑点。应注意投资者各方在商谈筹办企业时发生的差旅费用；投资者以贷款形式投入企业的资本金所发生的利息支出；购进其他资产发生的各项费用，如买价、运输费、安装调试费等；专为购进固定资产借款的利息，用外汇结算形式购进固定资产、无形资产发生的汇兑损益等，均不得在开办费中列支。此外，尚需查明在投入生产经营后，有无将生产经营期内发生的费用列入开办费的错误情况。

2. 开办费支付标准的常见错弊及其查证

（1）常见错弊：开办费支出的标准不正确。主要体现在企业各项费用支出没有合法的原始凭证，各项费用的支出标准超过国家或本企业的有关规定。

查证措施：实施详细的方法，从明细账追查至有关原始凭证，至少也要对其中数额较大的支出进行详细审查。

（2）常见错弊：开办费的摊销期限及摊销账务处理不合理、不合规。在实际工作中往往存在企业不按国家规定的五年以上的摊销期限，任意缩短或延长开办费的摊销期限，出现因摊销期过长而使此项虚无资产长期留在资产负债表中，影响资产负债的真实性，或因摊销期限过短而使分摊年度负担重影响损益正确计算的不合理现象。另外企业在摊销开办费时不按制度规定摊入管理费用，而是随意计入其他成本费用项目的错弊也时有发生。

查证措施：要注意对开办费的摊销期限是否少于 5 年，是否适当合规。同时应查明"生产成本""制造费用"账户中有没有错列的开办费摊销项目。

11.3.4 大修理费用的常见错弊及查证

（1）常见错弊：大修理支出不真实。

查证措施：审查大修理支出明细账，对支出内容含混不清的可追至原始凭证，谨防以大修理支出作为调节成本的"蓄水池"。

（2）常见错弊：大修理支出和固定资产更新改造及固定资产日常中小修理划分不清。

查证措施：将修理支出明细账、固定资产明细账及成本费用明细账相互核对，严格区别各支出界限，保证核算结果的真实、正确、合法。

（3）常见错弊：大修理支出实行预提、待摊并用。一方面预提大修理费用，另一方面在大修理费用发生时又计入递延资产、逐年摊入成本重复列支。

查证措施：审核在各年间大修理支出采用的核算方法是否符合一致性原则，对于重复列支的错误处理要监督企业冲回多计的支出，正确调整损益。

（4）常见错弊：大修理支出摊销不正确、不合规。

查证措施：查清摊销期限是否和受益期一致。

第12章 欠人财物要厘清
——负债项目的常见错弊及查证

本章导读

负债，是指过去的交易、事项形成的现时义务，履行该义务预期会导致经济利益流出企业。企业的负债应按其流动性，分为流动负债和长期负债。

流动负债，是指将在1年（含1年）内或者超过1年的一个营业周期内偿还的债务，包括短期借款、应付票据、应付账款、预收账款、应付职工薪酬、应付福利费、应付股利、应交税金、其他暂收应付款项、预提费用和1年内到期的长期借款等。

长期负债，是指偿还期在1年或者一个营业周期以上的负债，包括长期借款、应付债券、长期应付款等。

负债是应付给别人的，通常人们认为负债项目不存在错弊问题，所以往往不重视对负债项目的查账。然而不法人员往往利用人们的这种心理，为了使财务报表更加"漂亮"或者达到隐藏或者虚增负债等其他不法目的，实施的负债舞弊行为的表现形式主要有有意拖欠货款；短期借款利息多摊或少摊成本；虚列应付款；利用预提费用账户人为地调节产品成本和盈亏；预收货款长期不结算；冒领工资存入"小金库"或据为己有；偷逃应付税款等。

在本章中，我们将学习以下内容：

（1）长期借款业务的常见错弊及查证？

（2）应付职工薪酬的常见错弊及查证？

（3）应付福利费业务的常见错弊及查证？

（4）预提费用的常见错弊及查证？

12.1 长期借款业务的常见错弊及其查证

长期负债是指偿还期在 1 年或者一个营业周期以上的债务，包括长期借款、应付债券、长期应付款等。

12.1.1 长期借款的会计核算概述

为了总括地反映和监督长期借款的借入、应计利息以及本息的归还情况，企业应设置"长期借款"科目。该科目的贷方登记借款本金和利息的增加数，借方登记借款本金和利息的减少数，贷方余额表示尚未归还的长期借款的本金和利息。该科目应按借款单位设置明细科目，并按借款种类进行明细核算。

1. 取得长期借款时的账务处理

企业取得长期借款时，如果将款项存入银行，借记"银行存款"科目，贷记"长期借款"科目；如果将款项直接用于购置固定资产或支付工程项目的支出，借记"固定资产""在建工程"科目，贷记"长期借款"科目。

2. 长期借款费用的账务处理

借款费用是指企业因借款而发生的利息、折价或溢价的摊销和辅助费用，以及因外币借款而发生的汇兑差额。在我国，对借款费用处理的原则是，允许借款费用在符合条件的情况下，计入资产的成本（也称为借款费用的资本化），其他借款费用则作为当期的费用计入当期损益（也称为借款费用的费用化）。

具体说来，长期借款费用的账务处理，分为以下几种情况：

第一，属于筹建期间的，计入长期待摊费用，借记"长期待摊费用"

科目，贷记"长期借款"科目；

第二，属于生产经营期间的，计入财务费用，借记"财务费用"科目，贷记"长期借款"科目；

第三，属于发生的与固定资产购建有关的专门借款的借款费用，在固定资产达到预定可使用状态前按规定应予以资本化，借记"在建工程"科目，贷记"长期借款"科目；

第四，固定资产达到预定可使用状态后所发生的借款费用以及按规定不能予以资本化的借款费用，借记"财务费用"科目，贷记"长期借款"科目。

12.1.2 编制长期借款计划时的会计错弊与查证

（1）常见错弊：编制长期借款计划或计划编制不合理。

（2）查证措施：通过对所制定的长期借款计划分项进行审阅、比较分析，来查明借款计划是否合理或是否制订了该类计划，作为审查长期借款的依据，判别借款的真实性和必要性。

12.1.3 使用长期借款时的会计错弊与查证

（1）常见错弊：长期借款未按规定用途使用。

（2）查证措施：根据"长期借款"有关明细账贷方记录与相应的会计凭证进行核对，检查账户。如果已先将长期借款转入"银行存款"户，应根据实际工程价值的增加与长期借款的增加进行核对，通过比较分析，查明有无挪用借款或长期占用借款。同时，还应查明长期借款的项目之间是否互相占用资金，无法使项目正常进行。

12.1.4 计提长期借款利息时的常见错弊及查证

（1）常见错弊：长期借款利息会计处理不正确，主要有以下几种情况：

①未按会计期间预提借款利息。

②每期长期借款利息计算不准确。

③企业计算的应付利息列入预提费用。

（2）查证措施：对"长期借款——应计利息"明细账中对各期借款利息是否正确计算，并与借款计划核对，以查明借款利息计算的准确性。审查"预提费用"明细账，查明有无将长期借款利息记入该账户。

12.1.5 归还长期借款中的错弊与查证

（1）常见错弊：长期借款的归还不及时，所用资金不正确。

（2）查证措施：调查、分析和评价有关情况及经济活动确定其偿还长期借款时所应用的资金来源，并审阅"长期借款"有关明细账中所反映的增减余额和日期。

12.2 应付职工薪酬的常见错弊及查证

12.2.1 应付职工薪酬的会计核算

为了总括反映应付职工薪酬的结算与分配情况，企业应设置"应付职工薪酬"科目。该科目核算企业应付职工的工资总额。凡构成工资总额的内容，都必须通过该科目核算。

该科目的贷方登记本月实际发生的工资总额，即工资的分配数，借方登记本月实际支付的工资数以及从应付职工薪酬中代扣代缴的各种款项；月末余额可能在借方也可能在贷方，如为借方余额，表示实发工资大于应付职工薪酬的差额，即多发放工资；如为贷方余额，表示应付职工薪酬大于实发工资的差额，即已分配尚未支付工资。不过由于企业应付职工的工资一般当期发生,当期就要支付,所以"应付职工薪酬"科目期末一般无余额。

企业应按照劳动工资制度的规定,根据考勤记录、工时记录、产量记录、工资标准、工资等级等,编制"工资单"(亦称工资结算单、工资表、工资计算表等),计算各种工资。"工资单"的格式和内容,由企业根据实际情况自行规定。

财务部门应将"工资单"进行汇总,编制"工资汇总表",按规定手续向银行提取现金,借记"库存现金"科目,贷记"银行存款"科目。

支付工资时,借记"应付职工薪酬"科目,贷记"库存现金"科目。从应付职工薪酬中扣还的各种款项(如代垫的房租、家属药费、个人所得税等),借记"应付职工薪酬"科目,贷记"其他应收款""应交税金——应交个人所得税"等科目。职工在规定期限内来领取的工资,由发放的单位及时交回财务部门,借记"库存现金"科目,贷记"其他应付款"科目。

企业按规定将应发给职工的住房补贴专户存储时,借记"应付职工薪酬"科目,贷记"银行存款"等科目。月度终了,应将本月应发的工资进行分配:

(1)生产、管理部门的人员(包括炊事人员、工会人员)工资,借记"生产成本""制造费用""管理费用"科目,贷记"应付职工薪酬"科目。

(2)应由采购、销售、费用支出的人员工资,借记"营业费用"科目,贷记"应付职工薪酬"科目。

(3)应由工程负担的人员工资,借记"在建工程"等科目,贷记"应付职工薪酬"科目。

(4)应由职工福利费支出的人员工资,借记"应付福利费"科目,贷记"应付职工薪酬"科目。

企业应当设置"应付职工薪酬明细账",按照职工类别分设账页,按照工资的组成内容分设专栏,根据"工资单"或"工资汇总表"进行登记。

12.2.2 应付职工薪酬计算中的常见错弊及查证

常见错弊：应付职工薪酬的计算不正确。其主要形态有：

（1）将不能列入应付职工薪酬内的支付给职工的有关款项列作应付职工薪酬，如将医药费、福利费列入应付职工薪酬。

（2）采用计划工资的单位，考勤不准，造成计时工资的计算不正确；采用计件工资的单位，产量、质量不准，造成工资计算不正确。

（3）奖金分配办法不合理，如平均分配，失去了奖金的本来作用。

（4）有关津贴的支付不符合国家规定的标准，如提高副食品价格补贴标准。

（5）代扣款项的计算不准确，如应列入"工资表"中的代扣除项目未扣除。

（6）有关会计人员利用会计部门内部管理不健全，虚列职工姓名或者原始凭证与记账凭证不一致进行贪污等。

查证措施：审阅"工资结算单"、考勤记录、产量记录及其他有关会计资料，检查其通过"应付职工薪酬"核算的内容是否确属工资总额的项目，有无将不属"应付职工薪酬"的支出列入了"应付职工薪酬"账户内；考勤记录、产量及质量记录是否正确，有无多记多列情况；将"工资结算表"中的职工姓名与单位劳动人事部门的职工名册相核对，检查有无虚列职工姓名进行贪污的行为；运用复核法核对"工资结算表"内的有关项目进行重新验算，检查其计算是否准确。

12.2.3 应付职工薪酬发放中的常见错弊及查证

常见错弊：应付职工薪酬发放过程中发生的会计错弊。其主要形态有：

（1）按应发工资数向银行提取现金，套取银行现金。

（2）发放工资手续不健全。

查证措施：运用核对法将"工资结算表"中的实发数与现金日记账中的现金提取数核对，检查其是否相符，有无错误地按应发数提取现金的问题；审阅"工资结算表"中的职工签名，分析检查有无签章或伪造签章进行冒领的问题。

12.3 应付福利费业务的常见错弊及查证

应付福利费主要包括企业按工资总额的一定比例，从成本、费用中提取的准备用于职工福利方面的资金，主要用于企业职工的医药费（包括企业参加职工医疗保险交纳的医疗保险金）、医疗机构人员的工资、医务经费、职工因工伤赴外地就医的交通费、职工生活困难补助、生活福利部门（理发室、浴室、托儿所）人员的工资以及按国家规定支出的其他职工福利支出。外商投资企业按规定从税后利润中提取的职工奖励及福利基金、用于支付职工的非经常性奖金和职工集体福利的，也作为应付福利费核算。

12.3.1 应付福利费的会计核算概述

为了反映和监督应付福利费的提取和使用情况，应设置"应付福利费"科目。该科目贷方登记应付福利费的提取额，借方登记福利费的使用额，期末贷方余额表示福利费的结存额。

提取福利费时，借记"生产成本""营业费用""管理费用"等科目，贷记"应付福利费"科目。

支付的职工医疗卫生费用、职工困难补助和其他福利费以及应付的医务、福利人员工资等，借记"应付福利费"科目，贷记"库存现金""银行存款""应付职工薪酬"等科目。

外商投资企业按规定从税后利润提取的职工奖励及福利基金，应在"应付福利费"科目下设置明细科目核算。企业按照确定的分配方案，从税后利润中提取职工奖励及福利基金时，借记"利润分配——提取职工奖励及福利基金"科目，贷记"应付福利费"科目；按照规定支用时，借记"应付福利费"科目，贷记"银行存款"等科目。

12.3.2 计提应付福利费中的错弊与查证

常见错弊：超额提取的应付福利费部分不作应纳税。

查证措施：利用核对法查明可从税前提取的福利费部分。通过计算本期按计税工资计算的应提福利费与本期实际提取的福利费对照，如果前者小于后者，应进一步查明多提部分是否调整了企业应纳所得税，有无偷漏税款现象。

12.3.3 使用应付福利费中的错弊与查证

（1）常见错弊：不按应付福利费的用途使用的错弊。主要表现有：
①利用福利费发放奖金。
②平均分配福利费。
③将福利费用于报销业务招待费等其他用途。

查证措施：审阅"应付福利费"账户内的减少记录内容，再抽调会计凭证进行账证、证证核对。

（2）常见错弊：利用假发票或重报药费等贪污现金。

查证措施：审查"应付福利费"明细账的摘要，审查有无重复报销药费或报销不属于本职工药费；也可依据"应付福利费"中的摘要是否清楚，与原始凭证，并与收款单位核对，检查其有无利用假发票或者涂改发票贪污现金行为。

12.4 预提费用的常见错弊及查证

12.4.1 预提费用的会计核算概述

预提费用是指企业按照规定从成本费用中预先提取但尚未支付的费用，如预提的租金、保险费、借款利息、固定资产修理费用等。预提费用应按费用种类设置明细账，进行明细核算。"预提费用"期末贷方余额，反映企业已预提但尚未支付的各项费用；期末如为借方余额，反映企业实际支出的费用大于预提数的差额，即尚未摊销的费用。

按规定预提计入本期成本费用的各项支出，借记"制造费用""营业费用""管理费用""财务费用"等科目，贷记"预提费用"科目；实际支出时，借记"预提费用"科目，贷记"银行存款"等科目。实际发生的支出大于已经预提的数额，应当视同待摊费用，分期摊入成本。

12.4.2 计算预提费用中的常见错弊及查证

常见错弊：预提费用计算不准确，其主要的情况包括：多提预提费用，少纳所得税；少提费用，增加利润和奖金。

查证措施：根据"预提费用"明细账中每期费用预提数，进行前后期比较，观察其有无波动情况。如果波动较大，应进行综合分析，并根据会计资料重新计算进行核对，以查明有无利用"预提费用"账户调节本年利润数额。

12.4.3 使用预提费用中的常见错弊及查证

（1）常见错弊：虚报预提费用。

查证措施：根据预提费用明细账中金额较大的记录调阅其原始凭证，

以证明问题是否存在并调整。

（2）常见错弊：预提费用长期挂账。如已预提完毕的预提费用不转账，支付费用有时直接用成本、费用账户转账，以达到增加费用的目的。

查证措施：审查每笔预提费用的期限，审查其有无长期挂账，多记费用现象。

（3）常见错弊：不预提应预提的费用。

查证措施：分析本期费用金额较大的有关项目，在账证、证证核对的基础上查明不按规定预提费用的问题。

第13章 保卫股东权益
——所有者权益的常见错弊及查证

本章导读

从法律意义上讲,企业全部属于股东,但从经济的角度讲,只有所有者权益部分属于股东,而其余部分是属于债权人的。所有者权益,是指所有者在企业资产中享有的经济利益,其金额为资产减去负债后的余额。在股份公司,所有者权益被称为股东权益,也称为净资产。所有者权益包括实收资本(或者股本)、资本公积、盈余公积或未分配利润等。一般来讲,由于企业成立或者增发时公司法、证券法等都会对股东出资的时间、比例、形式等进行较为严格和细致的规定,因此所有者权益的错弊较为少见。但是所有者权益由于是剩余权益与股东密切相关,因此我们也要加以重视。

在本章的学习中我们将解决以下问题:

(1) 所有者权益包括哪些类别?

(2) 如何对实收资本进行会计核算?

(3) 实收资本业务的常见错弊及查证?

(4) 如何对留存收益进行会计核算?

(5) 留存收益业务的常见错弊及查证?

13.1 实收资本业务中的常见错弊及查证

13.1.1 实收资本的会计核算概述

企业的实收资本是指投资者按照企业章程，或合同、协议的约定，实际投入企业的资本。有限责任公司的股东应按照合同、协议和章程规定的投资形式出资。下面分别以不同的投资形式说明有限责任公司投入资本的核算：

1. 以现金投入

当收到股东以货币资金出资时，应借记"银行存款"科目，贷记"实收资本——××股东"科目；若投入的金额超过占投资比例的部分，其超过部分如果属于资本溢价，应贷记"资本公积——资本溢价"科目。

2. 以非现金资产投入

（1）当收到投资者以原材料等存货出资时，应按存货的计划成本，借记"原材料"等科目，按专用发票上注明的增值税额，借记"应交税金——应交增值税（进项税额）"科目，按投资各方确认的价值，贷记"实收资本"和"资本公积"科目，按计划成本与投资各方确认的价值之间的差额，借记或贷记"材料成本差异"等科目。

（2）当收到投资者以固定资产出资时，应按投资各方确认的价值，借记"固定资产"科目，贷记"实收资本"和"资本公积"等科目。

（3）当收到投资者以无形资产出资时，应按投资各方确认的价值，借记"无形资产"科目，贷记"实收资本"和"资本公积"等科目。为首次发行股票而接受投资者投入的无形资产，一般应按该项无形资产在投资者的账面价值，借记"无形资产"科目，贷记"实收资本"和"资本公积"

等科目。

13.1.2 缴纳投资款时的常见错弊及查证

常见错弊：投资的缴纳时间、数额、比例不合规定。

查证措施：审阅"实收资本"各有关明细账中的记录：如出资人、出资时间、数额。再与营业执照、政府有关法规制度的规定对比，分析筹集情形。最后确定问题，并作出处理意见。

13.1.3 投资款的入账依据和价值的错弊与查证

（1）常见错弊：投入资本的入账依据和入账价值不正确。

查证措施：依据银行日记账与银行查对，必要时请银行协助核实。以外币作为投入资本，汇率的选定是否合理。依据银行账，确定其汇率，然后，与会计制度的规定或协议对比。

（2）常见错弊：资本增加、转让未按规定。

查证措施：查阅"实收资本"的明细账及有关对应的"银行存款"账户，看其是否合法合规，在此基础上，确定应正确记入哪个项目，或与合营他方协商，作出调整。

13.1.4 增减资本金的常见错弊及查证

常见错弊：随意增减资本金，违反资本保全原则。

查证措施：根据"实收资本"的借方发生额，查阅明细账，看其内容是否符合规定，如有关会计制度、向登记机关办理变更登记手续等，进行调整。

13.2 留存收益业务的常见错弊及查证

13.2.1 留存收益的会计核算概述

留存收益是指为所有者共有的、由收益转化而形成的所有者权益，主要包括法定盈余公积、任意盈余公积、法定公益金和未分配利润。

1. 法定盈余公积

法定盈余公积是企业按照税后利润和法定比例计提的盈余公积。法定盈余公积的主要用途是弥补亏损和转增资本。

企业计提法定盈余公积时，应借记"利润分配"科目，贷记"盈余公积——法定盈余公积"科目。按规定，企业计提的法定盈余公积达到注册资本的50%时，可以不再提取；超过注册资本25%以上的部分，可以用于转增资本。用法定盈余公积弥补亏损时，应借记"盈余公积——法定盈余公积"科目，贷记"利润分配——盈余公积补亏"科目；用法定盈余公积转增资本时，应借记"盈余公积——法定盈余公积"科目，贷记"实收资本"科目。

2. 法定公益金

法定公益金是指按照企业税后净利润和法定比例计提的公益金。法定公益金是用于购建集体福利设施的控制指标。企业计提法定公益金时，应借记"利润分配"科目，贷记"盈余公积——法定公益金"科目。企业购建集体福利设施时，其支出数额不得大于法定公益金的余额（控制指标）。发生购建集体福利设施的实际支出时，一方面，根据支出的用途，借记"固定资产"等有关科目，贷记"银行存款"等科目；另一方面，核减控制指标，将法定公益金转为任意盈余公积，借记"盈余公积——法定公益金"科目,贷记"盈余公积——任意盈余公积"科目。

3. 任意盈余公积

任意盈余公积是企业在提取法定盈余公积和法定公益金后,经股东大会决议,从税后利润中提取的盈余公积。企业在提取任意盈余公积时,借记"利润分配"科目,贷记"盈余公积——任意盈余公积"科目。任意盈余公积的用途与法定盈余公积相同。

4. 未分配利润

未分配利润是企业留待以后年度进行分配的结存利润。

企业应于年度终了,将"本年利润"科目的余额转入"利润分配——未分配利润"科目;同时,将"利润分配"其他二级科目的余额转入"利润分配——未分配利润"科目。经过上述结转后,"利润分配——未分配利润"科目的余额如果在贷方,即为未分配利润;如果在借方,则为未弥补亏损。未弥补亏损为所有者权益的抵减项目。

13.2.2 留存收益核算内容的常见错弊及查证

常见错弊:将不属于盈余公积金内容列入盈余公积。

查证措施:审阅"盈余公积"有关明细账贷方记录的摘要内容,看其是否符合规定。

13.2.3 留存收益计提基数和比例的常见错弊及查证

常见错弊:提取盈余公积的基数不是税后利润,提取的比例不合法。

查证措施:根据"盈余公积"贷方数额,与税后利润进行测算,或用"盈余公积"贷方余额与"实收资本"贷方余额进行对比,看其比例是否在25%之上。发现疑点后,对税后利润的分配进行复核。

13.2.4 使用留存收益时的常见错弊及查证

(1)常见错弊:盈余公积的使用不合法。如盈余公积转增资本后,低于注册资本的 25%。

查证措施：审阅"盈余公积"借方记录时对其具体内容进行审查。可用转增资本后的"盈余公积"的贷方余额与注册资本比例来衡量是否有问题。必要时还要看是否有一定的授权批准手续、是否依法办理增资手续，取得合法的增资文件等。

（2）常见错弊：混淆了公益金与一般盈余公积的界限。如用公益金支付职工集体福利设施建设后，没有转回为一般盈余公积。

查证措施：审查有关资产账户如"银行存款"贷方记录与此笔分录相关的有无另一笔转账分录，如果没有，则漏记了盈余公积内部的结转，使盈余公积核算不实，并予以调整。

第 14 章 循环系统的畅通
——收入、成本费用、利润的常见错弊及查证

本章导读

企业运转的过程，可以精炼地概括为：支出成本费用，获得收入，产生利润。这一过程不断地循环往复，就像人体的循环系统一样。这一过程的畅通与否直接决定了企业能否正常运转盈利，是企业最为主要的日常活动。在这一过程中，既有成本费用等经济利益的流出，又有以销售收入为主的经济利益的流入。对这一过程的管理与控制，直接关系到企业的利益是否合理的支出，又能否增值后流入企业，可以说是管理与控制中最为重要的一环。然而，企业营运过程错弊，尤其是收入方面的错弊，是最为常见的错弊形式。可以说，企业的收入、成本费用、利润是财务错弊爆发的集中地。

在本章的学习中我们将解决以下问题：

（1）主营业务收入中的常见错弊及查证？
（2）直接生产费用的常见错弊及查证？
（3）制造费用的常见错弊及查证？
（4）在产品成本的常见错弊及查证？
（5）产成品成本核算的常见错弊及查证？
（6）期间费用的常见错弊及查证？
（7）利润形成环节的常见错弊及查证？
（8）利润分配环节的常见错弊及查证？

14.1 主营业务收入业务中的会计错弊与查证

14.1.1 主营业务收入的会计核算概述

1. 主营业务收入的概念与分类

收入是指企业在销售商品、提供劳务及让渡资产使用权等日常活动中形成的经济利益的总流入。收入通常包括商品销售收入、劳务收入、利息收入、使用费收入、租金收入、股利收入等,但不包括为第三方或客户代收的款项,如增值税等。

收入可以有不同的分类。按照收入的性质,可以分为商品销售收入、劳务收入和让渡资产使用权(他人使用本企业的资产)而取得的收入等。按照企业经营业务的主次分类,可以分为主营业务收入和其他业务收入。不同行业其主营业务收入所包括的内容也不同,工业性企业的主营业务收入主要包括销售商品、自制半成品、代制品、代修品、提供工业性作业等所取得的收入;商品流通企业的主营业务收入主要包括销售商品所取得的收入;旅游企业的主营业务收入主要包括客房收入、餐饮收入等。其他业务收入主要包括转让技术取得的收入、销售材料取得的收入、包装物出租收入等。

2. 一般销售业务的账务处理

(1)实现主营业务收入的账务处理。企业销售商品、提供劳务符合收入确认原则的,应在收入确认时,将实现的收入记入"主营业务收入"科目,借记"银行存款""应收账款""应收票据"等科目,贷记"主营业务收入""应交税金——应交增值税(销项税额)"等科目。

(2)结转主营业务成本的账务处理。企业销售商品、提供劳务,通常在月份终了,汇总结转已销商品、已提供的各种劳务的实际成本。按结转的实际成本,借记"主营业务成本"科目,贷记"库存商品""劳务成本"等科目。

(3)主营业务税金及附加的账务处理。企业销售商品、提供劳务,应按规定计算销售商品、提供劳务应交的消费税、资源税、城市维护建设税和教育费附加,按以主营业务收入为基础计算得出的应缴纳的各种税金和附加费,借记"主营业务税金及附加"科目,贷记"应交税金(按各税金分列明细科目)""其他应交款"等科目。

14.1.2 主营业务收入中的常见错弊

主营业务收入是指企业销售商品或提供劳务等取得的营业收入,对生产型、销售型企业也称为销售收入,对服务其造假的主要方式有:

(1)产品销售收入入账时间不正确。根据《企业会计准则》及会计制度规定,企业发出商品,同时收讫货款或取得索取货款的凭证时,作为销售收入的入账时间,但是有的企业常常违反入账时间,人为地改变入账时间,改变当期计税基数。随意的调整当期的利润,影响了利润数据的真实性。

(2)发票管理不严格。发票是企业销售产品的主要原始凭证,也是计税的主要依据。有些企业不按发票管理办法严格管理发票,在发票的使用和保管过程中存在着许多问题,主要表现在开销售发票,开"阴阳票",代他人开票等。这样便给偷税、漏税、贪污盗窃、私设"小金库"留有了余地。

(3)产品销售收入的入账金额不实。某些企业销售商品时以"应收账款""银行存款"直接冲减"库存商品""产成品",从而随意变动记账的销售额,造成当期损益不实。

(4)故意隐匿收入。企业为了逃税,在发出商品,收到货款,但发票尚未给购货方的情况下,将发货联单独存放,而作为应付款下账。

(5)白条出库,作销售入账。企业应在发出商品、提供劳务,同时收讫货款或取得索取货款的凭证时，确认产品销售收入的实现。有的企业为了虚增利润，依据白条出库来确认销售收入的实现。

（6）预收货款提前转作销售收入。企业预先收到购货单位支付的货款，应通过"预收账款"账户进行核算，等发出商品时，进行冲减"预收账款"，同时，增加"主营业务收入"科目的核算。但企业为了调整利润，在产品还未发出时便作销售，视为销售收入的实现。

（7）向预付款单位发出商品时，不做销售处理。财务制度规定企业向购货单位预收货款后，应当在发出产品时，做实现销售的账务处理。但企业通常在预收购货单位的货款，向购货单位发出商品时，为了调整当期损益，直接记入"分期收款发出商品"而不记入"主营业务收入"。从而偷逃税金，转移了利润。

（8）虚设客户，调整利润。有的企业为了调增利润，便采取假设客户，编造产品销售收入的做法。

（9）延期办理托收承付，调整当年利润。企业采用托收承付的结算方式销售产品，当产品发出，托收手续已办妥并取得收取价款的凭据时，应作为销售收入处理。但企业为了控制利润数额，少交税，便采取了延期托收手续，故意减少当期产品销售收入的手法。

（10）销货退回，虚拟业务。按财务制度规定，对销售退回不论是本年度退回，还是以前年度的销售退回，均应冲减当月销售收入。但在工作中，有些企业为了不影响收入利润，对退回的产品不入账；形成账外物，或者直接虚拟往来，不冲减产品销售收入。

（11）延期结算代销产品，经办人员获利私吞。企业委托其他单位代销产品，代销清单应按企业与代销单位商定的日期按时提供来作为委托单位下账的原始依据。有的委托单位经办个人私欲强烈，私用职权，允许代销单位采用延期提供代销清单的不法行为。

（12）赊销商品转作收入，虚增存货周转率。企业将没有产生收入的赊销产品，按现销作为当期的收入办理，以至于提高了企业的存货周转率。

第14章 循环系统的畅通——收入、成本费用、利润的常见错弊及查证

（13）销售自制半成品，直接冲减生产成本。企业为了调整损益，将应入库后作销售的半成品，在未入库之前直接从车间发给客户，并将取得的销售收入直接冲减生产成本。

（14）低价出售产品，经办人员捞取回扣。在市场竞争中，企业在业务上允许销售人员根据情况，在给定的价格变动的幅度内上下浮动，这样使得有关经办人在销售价格上有机可乘。

（15）产品"以旧换新"，用差价计收入。企业采用"以旧换新"的促销方式，对新旧产品都应下账处理，对改进的旧产品作购进处理，对发出的新产品应作销售处理，但企业却用差价计算销售收入，使得企业少交税款。

（16）凭空填制记账凭证，将收入转为损失。企业在结账时，发现收入太大，税金过高，便凭空填制记账凭证，虚减产品销售收入，将收入转为财产损失计入当年损益。

（17）补收的销售额，直接计营业外收入。企业因报价错误，使企业少收了货款后，向购货方追缴货款的差额，企业直接计入"营业外收入"，从而来减少销项税额。

（18）对销售折扣与折让处理不规范来调整收入。按规定，工业企业发生的销售折扣及折让应抵减产品销售收入项目，商品流通企业则单独将其反映在"销售折扣与折让"账户。但企业在工作中经常虚设折扣与折让事项冲减收入。

（19）销售退回的运杂费一并混入销售冲销。企业销售货物，发生退回，经双方协议，退回运杂费由销货方承担。但企业将销售返回的运杂费一并冲销销售收入，使得企业虚减收入。

（20）用销售折扣与折让，截留纳入"小金库"。有的企业通常把属于销售收入的金额以"折让""折扣"名义擅自截留，存入"小金库"以便用在一些非法支出方面。

（21）来料加工节省材料，不作收入。工业企业对外进行加工、修理、

修配业务，按合同规定节省材料可留归企业所有，该企业将节省材料作价出售，却不作收入处理，留以后备用。

（22）工业性劳务，直接冲减成本。工业企业从事工业性劳务，属于主营业务，对其收入与成本应进行明细核算，劳务收入记入"主营业务收入"，期末结转其成本。有的企业将工业性劳务收入直接记入"生产成本"以冲减劳务成本，达到逃税的目的。

（23）在建工程领用产成品，不作销售处理。企业在建工程在领用自制产品时，应视同销售。结算时按产品售价，借记"在建工程"，贷记"主营业务收入"。有的企业为了降低固定资产的造价，在领用自制产品时，不做销售收入处理，而是直接冲减成本。

14.1.3 主营业务收入的查证

对销售收入的查证，主要包括入账是否及时，账实是否相符，款项是否及时收回，各项手续是否齐全等。具体地讲，需要从以下几个方面对销售收入进行查证：

（1）审查销售发票，特别是产品销售的正式发票。一般用抽查法，检查时应注意：是否是税务部门监印的统一发货票，空白发票是否有专人保管，发票的领用存数是否与实际相符，是否连号并装订成册，发票存根有无涂改及其他不正当的情况，作废发票应有份数是否完整，是否加"作废"字样的印章，一些紧俏性产品销售是否存在非正常情况，如大批量的合同外供货，价格偏低等。

（2）审查销售收入是否全部入账。企业除产品销售收入外，还有其他销售业务。应注意审查是否全部记入销售收入账内。比如，有的企业销售材料，直接借记银行存款，贷记材料，有的企业将应列入产品成本和销售价格内的包装价格，不列作销售收入，而直接抵减成本。还有的企业的各项工程、福利事业使用本企业的商品产品，直接贷记产成品，借记工程成本或福利单位费用而漏记销售收入等。

（3）审查销售收入是否及时入账。有的企业为了达到某种目的，如减少或扩大承包期经济效益，偷、逃税收等，人为地提前或推迟入账时间，比如在采用托收承付结算方式下，不管托收承付款是否到账，一律作为"发出商品"入账或者一律作为销售收入入账；在采用其他结算方式下款项入账时，通过"应收账款""应收票据"等科目看款账。检查的方法如下：

一是进行账表核对。即产品销售收入或其他业务收入账与会计报表互相核对，看账表是否相符。二是以账核账。一方面，根据成本明细账的完工产品数量核对产成品的入库数量，根据产成品明细账的销售数量，推算销售额，核对销售明细账；另一方面，与"银行存款"或"应收账款"予以核对看入账是否及时。三是进行检查调账记录核对，即核实年度内其他检查中发现的漏登收入账项，是否已作调账记录，补登产品销售列入销售账户。

案例分析 14-1　通过预收账款隐藏销售收入

据举报，××公司存在隐藏收入，以达到截流资金，进入"小金库"的目的。查账人员在对该公司的会计资料进行查证的过程中，根据"预收账款"明细账与销售合同核对，发现"预收账款——B 企业"无销售合同，在摘要中也未注明发货日期或偿还期。查账人员疑其为隐藏的收入。

查账人员调记账凭证，其记录为：

借：银行存款　　　　　　　　　　　　　　　　6 000
　　贷：预收款项——B 企业　　　　　　　　　　　 6 000

通过调阅原始凭证进账单和发货票，发现该笔收入为盘盈商品的销售收入，货已经发出，货款已经取得，只是由于购货方属于小建筑队，未向该公司索取正式的发票，使该公司有了隐藏收入的可能性。在调查有关人员时，被查单位领导承认了收取的销售款未反映主营业务收入，截留了此项收入。

调账应将预收账款调整为销售收入。其分录为：

借：预收款项——B企业　　　　　　　　　　　6 000

　贷：主营业务收入　　　　　　　　　　　　　6 000

案例分析 14-2　通过其他支出名目隐藏"营业外收入"

查账人员在查阅××公司2019年10月"银行存款"日记账时，发现10月15日摘要中说明不清楚，决定进一步查证。

查账人员调阅了10月15日4#记账凭证，凭证内容如下：

借：银行存款　　　　　　　　　　　　　　　12 000

　贷：应付职工薪酬　　　　　　　　　　　　 12 000

该凭证账户对应关系引起了查账人员可疑，一般应付职工薪酬只能和成本费用类科目相对应，经进一步询问并查阅了原始凭证，确认该企业将本单位一辆汽车失窃而从保险公司获得的赔款收入12 000元记入了"应付职工薪酬"账户，并已在10月25日作为津贴实际发给了职工，分录如下：

借：库存现金　　　　　　　　　　　　　　　12 000

　贷：银行存款　　　　　　　　　　　　　　 12 000

借：应付职工薪酬　　　　　　　　　　　　　12 000

　贷：库存现金　　　　　　　　　　　　　　 12 000

被查企业违反会计制度的规定，将应列入营业外收入的索赔收入作为应付职工薪酬核算，造成当期利润减少，少纳税款。

如果上述问题在10月被查清，应编制调账分录如下：

借：其他应收款　　　　　　　　　　　　　　 2 000

　贷：营业外收入　　　　　　　　　　　　　 12 000

14.2 成本核算中的常见错弊及查证

14.2.1 成本的会计核算概述

成本是指企业为生产产品、提供劳务而发生的各项耗费，如材料耗费、工资支出、折旧费用等。费用是指企业为销售商品、提供劳务等日常活动所发生的经济利益的流出。

为了贯彻配比原则，企业应当合理划分成本和期间费用的界限。成本应当计入所生产的产品、提供劳务的成本；期间费用应当直接计入当期损益。

1. 产品成本的内容

产品成本按其经济用途可分为直接材料、直接工资、其他直接支出和制造费用。

（1）直接材料，是指用来构成产品主要部分的材料的成本，包括企业生产经营过程中实际消耗的原材料、辅助材料、备品配件、外购半成品、燃料、动力、包装物以及其他直接材料。

（2）直接工资，是指在生产过程中对材料进行直接加工使其变成产成品所用人工的工资。直接工资包括企业直接从事产品生产人员的工资、奖金、津贴和补贴。

（3）其他直接支出，是指直接从事产品生产人员的职工福利费等支出。

（4）制造费用，是指在生产过程中发生的那些不能归入直接材料、直接工资、其他直接支出的各种费用。制造费用包括企业各个生产单位（分厂、车间）为组织和管理生产所发生的生产单位管理人员工资、职工福利费、生产单位房屋建筑物和机器设备等的折旧费、原油储量有偿使用费、油田维护费、矿山维护费、租赁费（不包括融资租赁费）、修理费、差旅费、运输费、保险费、设计制图费、试验检验费、劳动保护费、季节性修理期间的停工损失以及其他间接生产费用。

2. 产品成本核算的一般程序

工业企业生产费用的发生过程，就是产品生产成本形成的过程。产品生产成本核算的过程，就是各种要素费用按其经济用途进行分配和归集，最后计入本月各种产品生产成本，按成本项目反映完工产品和月末在产品成本的过程。因此，工业企业生产成本核算的一般程序为：

（1）对生产费用进行审核和控制，确定应否支出，支出的费用应否计入产品生产成本。

（2）将应该计入本月产品生产成本的各项要素费用在各种产品之间，按照成本项目进行分配和归集，计算各种产品生产成本。

（3）对于有月初、月末在产品的产品，还应将月初在产品成本与本月生产费用之和，在完工产品和月末在产品之间进行分配和归集，即将本月生产费用加上月初在产品成本，减去月末在产品成本，计算各种完工产品的生产成本。

14.2.2 直接生产费用的常见错弊及查证

（1）常见错弊：将不属于产品成本负担的费用支出列入直接材料费等成本项目，列入直接材料。

查证措施：审阅企业"在建工程"的明细账，根据"在建工程"明细账的记录，进行业务内容分析。从工程成本的材料成本水平、动力费水平和工资水平等，找出疑点，进一步成本计算明细，并作调整。

（2）常见错弊：将不属于本期产品成本负担的材料费用支出一次全部列作本期成本项目。

查证措施：审阅产品成本计算单，发现直接材料费成本项目有的月份高，有的月份低，从而可以发现疑点。根据成本"直接材料费"项目忽高忽低现象，进一步查阅生产统计报表，扣除由于产量的变动造成材料成本的高低变化，随后到材料库查询有关材料明细账，经调查后确定问题。

（3）常见错弊：将对外投资的支出记入成本、费用项目中。

查证措施：审阅银行存款日记账，根据银行存款日记账的摘要栏记录的字样——单位的大综汇款，再进一步调阅凭证，取得凭证后，再调查、查询该笔汇款是否是汇来的投资收益，确定问题。

（4）常见错弊：将应属于成本项目费用支出列入其他支出中。

查证措施：审阅"在建工程"明细账，发现工程造价超过工程预算比较多。应调查修理费的处理方式，根据调查结果，进一步审阅"待摊费用"明细账或"预提费用"明细账后，确定问题，并作出调整。

（5）常见错弊：将应由福利费支出的费用列入成本项目。

查证措施：

①审阅工资计算单及工资费用分配表。检查费用支出标准是否合理。

②再审阅工资费用分配表，确定问题，并进行调整。

（6）常见错弊：将回收的废料收集起来，不去冲减当月的领料数，而作为账外物资处理。

查证措施：进行实地盘点，了解账外物资的情况。

14.2.3 制造费用的常见错弊及查证

1. 制造费用核算内容的常见错弊及查证

（1）常见错弊：将不属于制造费用内容的支出列作制造利润。

查证措施：

①审阅制造费用明细账。

②审阅制造费用计划，若费用超支较多，可怀疑有错把不该列入制造费用的支出列入了制造费用项目。

③审阅"在建工程"明细账、工资费用分配表，确定费用支出的实际业务内容。

④进行核对、综合分析，确定问题，并作出调整。

（2）常见错弊：将属于期间费用的支出列作制造费用。

查证措施：审阅制造费用明细账，根据账中的摘要记录字样，确定费用支出的实际内容，经调阅记账凭证、查询，确定问题，并作出调整。

（3）常见错弊：将不属于当月列支的费用列入当月制造费用。

查证措施：审阅制造费用明细账中摘要的文字记录，确定支付的实际业务的经济内容，再与有关原始凭证核对，确定问题，并作出调整。

（4）常见错弊：将属于制造费用列支的费用未列作制造费用。

查证措施：审阅"在建工程""递延资产""无形资产"等有关明细账时，发现疑点或线索，根据核对原始凭证，调查了解该项经济业务的具体内容，并作出调整。

2. 制造费用计算中的错弊及查证

常见错弊：任意提高费用支出标准，加大成本的制造费用项目。

查证措施：审阅"累计折旧"明细账时，如发现某月提取的折旧额有变化，就带着这个问题去进一步审查固定资产总账及有关明细账，确定提取的折旧额的变化是因为设备增减造成的，还是因为折旧方法、折旧率变化所致，确定其问题，并作出调整。

14.2.4 在产品成本的常见错弊及查证

1. 在产品成本核算内容的错弊及查证

（1）常见错弊：将不属于在产品成本的费用，记入在产品成本。

查证措施：根据生产科报送的生产统计报表，了解在产品的加工情况，审阅生产成本计算单，确定问题，并作出调整。

（2）常见错弊：将属于在产品成本的费用，不记入在产品成本。

查证措施：审阅生产成本计算或明细账，检查完工产品与在产品费用的分配方法，然后再计算原材料成本占总成本的比重，即可确定问题，并作出调整。

2. 在产品成本分配与计算中的错弊及查证

（1）常见错弊：企业在完工产品与在产品费用分配方法选择上，不应采用在产品按定额成本计价法。

查证措施：审阅有关定额资料、查询，确定各项指标的准确性。如各项消耗定额、费用定额等，再进一步审阅月末在产品定额成本计价，即可确定问题。

（2）常见错弊：将在产品的完工程度有意估计过低。

查证措施：审阅生产成本计算单或明细账时，核实在产品的实在完工程度，进一步审阅各工序完工率的测算。判断完工程度的计算是否有意压低，确定问题，并作出调整。

（3）常见错弊：虚拟在产品数量，增加在产品的成本。

查证措施：审阅"在产品收发结存账"，根据该账记录与实物进行核对。

14.2.5 产成品成本核算的常见错弊及查证

1. 产成品成本核算内容的错弊及查证

（1）常见错弊：在产品成本核算中，有意加大产成品成本。

查证措施：审阅自制半成品的明细账，在审阅过程中发现有关产品的自制半成品的明细账期末余额为红字，需进一步查询，确定问题。

（2）常见错弊：把新开发的产品试制费，记入产成品的成本中，加大产成品成本。

查证措施：审阅生产计划，发现有新产品试制，再进一步审查新产品试制计划及成本计算单，经查询，落实后，确定问题，并作出调整。

2. 产成品成本核算方法的错弊及查证

常见错弊：不采用分类法进行产品成本核算，将副产品作为账外物资，将生产过程中的费用全部记入主要产品成本，加大了产成品的成本。

查证措施：

（1）对产品性质及产品生产工艺进行了解。

（2）在了解生产过程的情况下，再审阅生产报表和生产成本计算单，确定问题，并作出调整。

14.2.6 期间费用的常见错弊及查证

期间费用主要包括管理费用、营业费用、财务费用三个类别。管理费用是指企业行政管理部门为组织和管理生产经营活动而发生的费用。

营业费用是指企业在销售产品、提供劳务等日常经营过程中发生的各项费用以及专设销售机构的各项经费。包括运输费、装卸费、包装费、保险费、广告费，业务费以及为销售本公司商品而专设的销售机构的职工工资及福利费等经常性费用。

财务费用是指企业为筹集生产经营所需资金等发生的费用，包括利息支出（减利息收入）、汇兑损失（减汇兑收益）以及金融机构手续费等。

期间费用的常见错弊主要有以下几种情况：

（1）常见错弊：混淆生产成本与期间费用及支出的界限。

查证措施：审阅各种期间费用明细账、支出明细账及"生产成本""制造费用"明细账，发现线索，必要时调阅有关会计凭证作进一步查证；也可通过查阅有关存货明细账贷方记录及摘要发现疑点。

（2）常见错弊：任意扩大支出范围、提高支出标准。

查证措施：审阅有关期间费用明细账记录并对照有关制度规定，采用抽查法、核对法进行查证；也可以通过对比前后各期及与以前年度同期的费用水平，看其有无波动，原因是什么。

（3）常见错弊：利用报销费用、支出，采取多种方式进行经济犯罪。

查证措施：审查有关费用、支出明细账、"库存现金"及"银行存款"日记账，特别应注意对原始凭证的审核。

第14章 循环系统的畅通——收入、成本费用、利润的常见错弊及查证

（4）常见错弊：虚列有关费用和支出，人为降低利润水平。

查证措施：查阅有关的费用支出明细账，特别要检查原始凭证和记账凭证，了解该业务是否真实。

（5）常见错弊：私分商品或将产品、商品出售后作为"小金库"，其成本转入支出、费用账户。

查证措施：检查原始凭证，走访当事人，也可以审查有关明细账摘要内容等发现疑点。

（6）常见错弊：外币业务较多的企业，利用"汇兑损益"账户人为地调节利润水平。

查证措施：审查各外币账户明细账的有关记录并将其与人民银行公布的市场汇率及开户银行挂牌汇率相核对，核实所有汇率是否正确真实，有无随意调节利润的现象。

案例分析14-3 利用虚假报销骗取公司资产

查账人员在2011年12月1日审查××公司"管理费用"明细账时，发现一笔2011年7月，该公司采购部张某的报销差旅费10 000元。因为金额较大，查账人员怀疑张某利用假报销骗取公司资产。

查账人员调阅此笔报销的记账凭证和原始凭证，发现报销时间为2011年6月10日，凭证为现付字30#，金额10 000元。审查人员调阅该凭证，其记录为张某报销深圳差旅费，并有部门领导的签字。

查账人员决定追踪调查，在询问会计主管时，以忘了此事推辞，在询问部门负责人时，发现并没有派张某出差一事，进而核对笔迹，与该部门领导的签字有差异，必定是假冒。查账人员又询问会计主管，会计主管以审核不慎为由将现金报销给张某。

查账人员对调查结果进行分析，认为张某报销大额差旅费，不可能不认真审核。会计主管与张某可能有某种特殊关系。经调查，张某与会计主管是亲戚关系。在最后调查张某时，张某承认借用公款10 000元

用于个人开办的小卖部。

会计主管利用职务之便,放弃监督的职责,为他人骗取公司资产大开方便之门,属于严重的渎职行为,责令张某立即返还公款并处以罚款。在事实面前,会计主管对上述问题供认不讳,并同意接受处罚。

该公司收回被挪用的公款 10 000 元和罚金收入 1 000 元时,应作如下分录:

借:库存现金 11 000
  贷:其他应收款——张某 11 000
    营业外收入——罚款 1 000

案例分析 14-4 报喜不报忧,用资产损失冲减资本金

查账人 2011 年 1 月在审阅某工业企业 2010 年度账时,发现固定资产盘亏 300 000 元,因上一年度刚进行财会制度改革,查账人员对此特别注意,同时发现"实收资本"借方发生额 300 000 元,查账人员怀疑其有随意冲减资本金的问题。

查账人员审阅了"实收资本"总账,发现其摘要中注明 300 000 元发生额的原因是固定资产盘亏,对应科目为"待处理财产损溢"。

接着,查账人员调阅了对应的 28# 记账凭证,发现其会计分录是:

借:实收资本 300 000
  贷:待处理财产损溢 300 000

查账人员又调阅了待处理财产损溢借方发生额分录的记账凭证,发现其分录为:

借:累计折旧 50 000
  待处理财产损溢——待处理固定资产损溢 300 000
  贷:固定资产——模具 350 000

据此,查账人员认为该企业用固定资产盘亏冲减了资本金。经询

第 14 章 循环系统的畅通——收入、成本费用、利润的常见错弊及查证

问该企业会计人员，了解到备查单位为了完成当年的利润指标，获得职工全员的承包奖金，未能把此笔固定资产的损失计入当期损益，只能通过减少实收资本来解决。

14.3 利润形成与分配环节的常见错弊及查证

14.3.1 利润计算与分配的会计核算概述

利润是企业在一定期间的经营成果，即收入与成本费用相抵后的差额，如果收入小于成本费用，则为亏损。

1. 营业利润的核算

利润总额减去所得税后的金额为净利润。用公式表示如下：

公式1：利润总额（或亏损总额）= 营业利润 + 营业外收入 - 营业外支出

公式2：净利润 = 利润总额 - 所得税

（1）营业利润 = 营业收入 - 营业成本 - 税金及附加 - 销售费用 - 管理费用 - 研发费用 - 财务费用 + 其他收益 + 投资收益（- 投资损失）+ 净敞口套期收益（- 净敞口套期损失）+ 公允价值变动收益（- 公允价值变动损失）- 信用减值损失 - 资产减值损失 + 资产处置收益（- 资产处置损失）

（2）营业外收入是指企业发生的与其日常活动无直接关系的各项利得。主要包括非流动资产毁损报废收益、与企业日常活动无关的政府补助、盘盈利得、捐赠利得、债务重组利得等。

其中，非流动资产毁损报废收益，指因自然灾害等发生毁损、已丧失使用功能而报废非流动资产所产生的清理收益。

与企业日常活动无关的政府补助指企业从政府无偿取得货币性资产或

非货币性资产,且与企业日常活动无关的利得。

盘盈利得,指企业对现金等资产清查盘点时发生盘盈,报经批准后计入营业外收入的金额。

捐赠利得,指企业接受捐赠产生的利得。

(3)营业外支出是指企业发生的与其日常活动无直接关系的各项损失。主要包括非流动资产毁损报废损失、捐赠支出、盘亏损失、非常损失、罚款支出、债务重组损失等。

其中,非流动资产毁损报废损失,指因自然灾害等发生毁损、已丧失使用功能而报废非流动资产所产生的清理损失。

捐赠支出,指企业对外进行捐赠发生的支出。

盘亏损失,主要指对于财产清查盘点中盘亏的资产,查明原因并报经批准计入营业外支出的损失。

非常损失,指企业对于因客观因素(如自然灾害等)造成的损失,扣除保险公司赔偿后应计入营业外支出的净损失。

罚款支出,指企业支付的行政罚款、税务罚款,以及其他违反法律法规、合同协议等而支付的罚款、违约金、赔偿金等支出。

(4)所得税是指企业应计入当期损益的所得税费用。

2. 营业外收支的核算

(1)营业外收入的核算。企业应设置"营业外收入"科目,核算营业外收入的取得及结转情况。该科目贷方登记企业确认的营业外收入,借方登记期末将"营业外收入"科目余额转入"本年利润"科目的营业外收入,结转后"营业外收入"科目无余额。"营业外收入"科目可按营业外收入项目进行明细核算。

①企业确认处置非流动资产毁损报废收益时,借记"固定资产清理""银行存款""待处理财产损溢"等科目,贷记"营业外收入"科目。

②企业确认盘盈利得、捐赠利得计入营业外收入时,借记"库存现金""待处理财产损溢"等科目,贷记"营业外收入"科目。

第14章 循环系统的畅通——收入、成本费用、利润的常见错弊及查证

③期末应将"营业外收入"科目余额转入"本年利润"科目，借记"营业外收入"科目，贷记"本年利润"科目。结转后，"营业外收入"科目应无余额。

（2）营业外支出的核算。企业应设置"营业外支出"科目，核算营业外支出的发生及结转情况。该科目借方登记确认的营业外支出，贷方登记期末将"营业外支出"科目余额转入"本年利润"科目的营业外支出，结转后"营业外支出"科目无余额。"营业外支出"科目可按营业外支出项目进行明细核算。

①企业确认处置非流动资产毁损报废损失时，借记"营业外支出"科目，贷记"固定资产清理""无形资产"等科目。

②确认盘亏、罚款支出计入营业外支出时，借记"营业外支出"科目，贷记"待处理财产损溢""库存现金"等科目。

③期末应将"营业外支出"科目余额转入"本年利润"科目，借记"本年利润"科目，贷记"营业外支出"科目。结转后，"营业外支出"科目应无余额。

3. 利润的核算

为了进行本年利润的核算，企业应设置"本年利润"科目，核算企业本年度实现的利润（或亏损）。年度终了时，企业应将各收益类科目的余额转入本科目贷方，将各成本、费用、支出科目的余额转入本科目借方。结转以后，"本年利润"科目余额如在借方，则表示企业发生的亏损总额，余额如在贷方，则反映企业本年度累计实现的利润总额。

14.3.2 利润分配的核算

利润分配是指企业对税后利润按规定的程序进行的分配。

1. 税后利润的结转

税后利润是指企业的税前利润扣除所得税费用后的余额。税后利润一般通过"本年利润"科目进行核算。

企业应在每月月末将所有损益类科目的余额转入"本年利润"科目：借记所有收入类科目，贷记"本年利润"科目；借记"本年利润"科目，贷记所有费用类科目。经过上述结转后，损益类科目月末均没有余额，"本年利润"科目的贷方余额表示年度内累计实现的税后利润总额，借方余额表示年度内累计发生的亏损总额。采用账结法，账面上能够直接反映各月末累计实现的税后利润总额和累计发生的亏损总额，但每月结转本年利润的工作量较大。

2. 利润分配

企业税后利润分配的内容主要包括弥补以前年度亏损、提取盈余公积和向投资者分配利润等。

为了反映利润分配的数额，企业应设置"利润分配"科目，并设置"提取盈余公积""应付利润"和"盈余公积补亏"等二级科目。

（1）弥补以前年度亏损。按所得税法规定，企业某年度发生的亏损，在其后5年内可以用税前利润弥补，从其后第6年开始，只能用税后利润弥补。如果税后利润还不够弥补亏损，则可以用发生亏损以前提取的盈余公积来弥补（因为从发生亏损的年度开始，在亏损完全弥补之前不应提取盈余公积）。用盈余公积弥补亏损时，应借记"盈余公积"科目，贷记"利润分配——盈余公积补亏"科目。

（2）提取盈余公积。企业的税后利润在弥补了以前年度亏损以后，如果还有剩余，应按一定比例计提盈余公积，借记"利润分配——提取盈余公积"科目，贷记"盈余公积"科目。

（3）向投资者分配利润。企业当年的税后利润在扣除弥补以前年度亏损和提取盈余公积以后的数额，再加上年初未分配利润，即为当年可以向投资者分配利润的限额。企业可以在此限额内，决定向投资者分配利润的具体数额。结转应付投资者利润时，应借记"利润分配——应付利润"科目，贷记"应付利润"科目；实际支付利润时，借记"应付利润"科目，贷记"银行存款"等科目。

3. 利润结算

为了反映本年税后利润的形成及分配情况，应在"利润分配"科目下设置"未分配利润"二级科目进行利润结算的核算。年末，应将"本年利润"科目的余额转入"利润分配——未分配利润"科目，并将"利润分配"科目所属的其他二级科目的余额转入"未分配利润"二级科目。结算本年利润时，应借记"本年利润"科目，贷记"利润分配——未分配利润"科目；如为亏损，则编制相反的会计分录。结算本年分配的利润时，应借记"利润分配——未分配利润"科目，贷记"利润分配——提取盈余公积""利润分配——应付利润"科目；如果发生盈余公积补亏，则应借记"利润分配——盈余公积补亏"科目，贷记"利润分配——未分配利润"科目。经过上述结转以后，"本年利润"科目应无余额；"利润分配"科目所属的二级科目，除了"未分配利润"二级科目以外，其他二级科目也应无余额。"未分配利润"二级科目的贷方余额表示年末未分配利润；借方余额表示年末未弥补亏损。

14.3.3 利润核算环节的常见错弊及查证

1. 结转损益科目时的错弊及查证

（1）常见错弊：年末损益类账户未如实结转"本年利润"账户，还有不应有的余额。

查证措施：审阅总账，检查各损益类账户是否存在有不正常余额；发现疑点，即直接询问有关人员，确证问题；对"所得税"和本年利润科目进行调整。

（2）常见错弊："其他业务支出"科目的结转不正确。

查证措施：核查"其他业务支出"的总账，看是否留有借方余额；审查其明细如果留有借方余额，应首先查证该余额属于什么类型的项目。

2. 利润核算范围的常见错弊及查证

常见错弊：本年利润的形成包含其他非利润的形成因素。

查证措施：查阅净利润形成的会计凭证，检查其对方科目是否都属于前述损益类账户，是否存在不正常情况，发现疑点后再与会计主管人员核实，从而确定本年净利润的多计或少计额。

3. 利润计算中的常见错弊及查证

常见错弊：各月净利润的计算不正确。

查证措施：审阅总账各损益类科目，根据形成净利润的各科目的月末余额逐月加以复核，发现错误再进行有关调整。

14.3.4 利润分配环节的会计错弊与查证

1. 利润分配顺序中的常见错弊及查证

（1）常见错弊：利润分配顺序不正确。

查证措施：审阅核对企业利润分配的会计凭证，根据本年转入的净利润额，按正确分配顺序逐项计算核对，发现问题再找有关人员核实，确定问题的性质和严重程度，进行有关账项调整。

（2）常见错弊：亏损弥补不正确。主要是应由税后利润弥补的亏损计入了税前利润，从而影响应纳所得税及净利润的正确计算。

查证措施：审阅净利润形成的会计凭证，如果有用税前利润弥补亏损的情况，再追踪审计；调阅以前年度的有关报表或总账，了解亏损形成及弥补情况，推算是否超过规定的可以用税前利润弥补的期限；核实确定后，再进行有关利润形成和分配的账项调整。

（3）常见错弊：向投资者分配的利润不真实、不正确。

①分出利润所依据的投资协议不合理或已失效。

②多分或少分了投资者利润。

③账务处理上计入净利润形成而不是净利润分配，从而影响所得税的正确计算等。

查证措施：

①根据当年的判断应否向投资者分配利润；审阅实收资本明细账，查

第14章 循环系统的畅通——收入、成本费用、利润的常见错弊及查证

明外部投资的真实性；调阅投资协议，核实投资协议的合理性、有效性，了解有关利润分配的规定。

②根据有关协议与利润分配的会计凭证相核对，确定向投资者分配利润的真实与否，发现问题后向有关部门及外部有关投资者查询，确证。

③确定问题的性质及其严重程度，进行有关的账项调整。

2. 提取盈余公积时的常见错弊及查证

常见错弊：法定盈余公积金的提取金额不正确。

查证措施：审查"盈余公积金"账户，了解是否提取了法定盈余公积金；如果未提取，应计算法定盈余公积金是否已超过资本总额的50%；如果已提取，应按规定分配顺序和标准计算提取额是否正确；发现问题后即核实确证，并进行有关调整。

第15章 免疫系统有效吗
——评价企业的内部控制系统

本章导读

内部控制是指被审计单位为了保证业务活动的有效进行、保护资产的安全和完整，防止、发现、纠正错误与舞弊，保证会计资料的真实、合法、完整而制定和实施的政策与程序。它就像是人体的防疫系统，保卫企业的财产不受非法错弊的侵扰。在查账业务中，通过对企业内部控制系统的审查，及时发现企业管理中的漏洞，对于准确地把握查账的线索和突破口，具有事半功倍的作用。

在本章中我们将学习以下问题：

（1）什么是企业内部控制系统，它和查账具有什么关系？

（2）如何了解企业内部控制系统？

（3）如何评价企业内部控制系统，应把握哪些要点？

15.1 内部控制与查账

15.1.1 内部控制系统的概念

内部控制是指被审计单位为了保证业务活动的有效进行、保护资产的安全和完整,防止、发现、纠正错误与舞弊,保证会计资料的真实、合法、完整而制定和实施的政策与程序。从广义上讲,一个企业的内部控制是指企业的内部管理控制系统,包括为保证企业正常经营所采取的一系列必要的管理措施。

内部控制贯穿于企业经营活动的各个方面,只要存在企业经济活动和经营管理,就需要有相应的内部控制。

内部控制的职能不仅包括企业最高管理机构用来授权与指挥进行购货、销售、生产等经营活动的各种方式方法,也包括核算、审核、分析各种信息资料及报告的程序与步骤,还包括为企业经济活动进行综合计划、控制和评价而制定或设置的各项规章制度。

15.1.2 企业内部控制的内容

企业内部控制系统主要包括内部牵制和内部稽核两大部分。内部牵制主要着眼于业务流程中的职能分解和人员的职责分工,以便形成互相制衡、牵制的机制。

内部牵制的主要手段包括职责牵制、分权牵制、物理牵制和簿记牵制等。

职责牵制指的是合理划清职责并进行适当分工,使组织中的每一个职位都有专人负责,每一个人员都有明确的职责范围。

分权牵制指的是将每一项业务乃至每一个环节中不相容的职能予以分离，由两个或两个以上的部门或人员分别掌管，以避免由一个部门或人员单独处理某些业务的全部流程，造成舞弊的可乘之机。

物理牵制是指将特定的管理职责与相应的专门程序或专门工具结合起来，以便落实管理责任，排除其他部门或人员单独舞弊的可能性，从而使出现舞弊行为时易于追查原因。

簿记牵制是指利用处于不同加工处理阶段或置于不同载体之上的会计信息之间的内在联系所进行的牵制。

内部稽核或称内部审计，是指在企业内部设置专门的机构和人员，进行日常的查核和监督。

15.1.3　查账与内部控制系统的联系

被查单位内部控制系统的有、无、好、坏与查账工作风险呈因果关系。被查单位内部控制系统越是有效，就越能在较大程度上将会计核算中存在的错弊控制于核算程序之中，并及时消灭于查账工作开始之初。

查账人员的查账工作不仅可以对其形成信赖或部分信赖，可以相应减少工作量，而且还能够有效降低查账风险。反之，如果被查单位内部控制不存在或虽然存在但实际无效，那么查账人员不仅因为无法依赖其内部控制制度而增加了相应的工作量，同时还承受着较大的风险，查账人员将在较大的不确定性中完成查账工作程序。

内部控制系统是被查单位内部管理制度的重要组成，建立和健全内部控制制度不是查账人员的责任，而属于被查单位自身的管理责任和会计责任，也就是说，其内部控制的存在与否及其发挥作用的程度如何与查账人员职责无关。

但是被查单位内部控制的有无、好坏与查账工作存在密切联系，特别是与查账内容有直接关联，由此查账人员不是从自身职责，而是从查账工作及其管理的角度，关注被查单位的内部控制系统。

15.2 企业内部控制系统

15.2.1 企业内部控制系统概述

查账人员在了解内部控制时,应当合理利用以往的查账经验。对于重要的内部控制,通常还可实施以下程序:

(1)询问被审计单位有关人员,并查阅相关内部控制文件。

(2)检查内部控制生成的文件和记录。

(3)观察被审计单位的业务活动和内部控制的运行情况。

(4)选择若干具代表性的交易和事项进行穿行测试。(穿行测试就是追查几笔通过会计系统的交易)

大多数公司都有与内部控制有关的凭证和记录,比如,可能有内部控制政策和程序手册、流程图、原始凭证(包括销售发票、支票、凭单)、会计科目表和会计记录等,查账人员通过检查这些书面资料和询问被审计单位有关人员,可对内部控制获得足够的了解,以便充分计划查账工作。比如,预算控制程序通常要求编制预算报告,那么查账人员通过检查预算差异的调查记录,以及询问预算管理员有关调查的性质,就可了解程序的设计和实际运用与否多情况。

查账人员通过对内部控制系统的充分了解,应能够合理制订出查账计划。在了解过程中,查账人员应着重考虑:

(1)交易授权。

(2)职责划分。

(3)凭证与记录控制。

(4)资产接触与记录使用。

(5) 独立稽核。

查账人员对于调查了解到的内部控制情况,以及所作的控制风险初步评价应及时进行记录。

15.2.2 对企业内部控制系统进行调查记录的方法

内部控制调查记录的方法通常有四种,即调查表(问卷)、文字表述、流程图和核对表。查账人员可根据工作的需要和以往的经验来选择特定的记录方法。

以下着重介绍前三种方法。

(1)调查表。调查表就是将那些与保证会计记录的正确性和可靠性以及与保证资产的完整性有密切关系的事项列作调查对象,并设计好调查表,交由企业有关人员填写或由查账人员根据调查的结果自行填写。调查表大多采用问答式,一般要按调查对象分别设计。调查表的优点首先在于能对所调查的对象提供一个概括的说明,有利于查账人员做分析评价;编制调查表省时省力,可在审计项目初期就较快地编制完成。但是,这种方法也有其缺陷,表现在由于对被查单位的内部控制只能按项目分别考查,因此往往不能提供一个完整的看法;此外,对于不同行业的企业或小企业,标准问题的调查表常常显得不太适用。

(2)文字表述。文字表述是查账人员对被审查单位内部控制健全程度和执行情况的书面叙述。对内部控制进行书面叙述时,查账人员应按照不同的经济业务循环编写,简明各项工作的负责人、经办人员以及由他们编写和记录的文件凭证等。文字表述方式适用于内部控制程序比较简单、比较容易描述的小企业,其优点是可对调查对象作出比较深入和具体的描述,弥补调查表只能作出简单肯定或否定的不足。但缺点是有时很难用简明易懂的语言来描述内部控制的细节,因而有时文字表述显得比较冗赘,不利于为有效地进行内部控制分析和控制风险评价提供依据。

(3)流程图。流程图是用符号和图形来表示被审计单位经济业务和凭证在组织机构内部有序流动的文件。流程图十分有用，它能很清晰地反映出被审查单位内部控制的概况，是查账人员评价内部控制的有用工具。一份好的流程图，可使人直观地看到内部控制是如何运行的，从而有助于发现内部控制中的不足之处。与文字表述相比较，流程图最大的优点在于便于表达内部控制的特征，便于修改。它的缺点是编制流程图需具备较娴熟的技术和花费较多的时间；另外，对内部控制的某些弱点有时很难在图上明确地表达出来。查账人员可根据所审企业的业务经营特点，编制简明易懂的流程图。

15.3 如何评价企业内部控制系统的有效性

15.3.1 测试企业内部控制系统常用的方法

符合性测试通常采用的方法有：

（1）观察法。查账人员到工作现场观察工作人员处理业务的情况，了解业务处理过程是否遵守了内部控制制度的要求。例如，查账人员可以观察材料仓库的材料收发情况，确定其是否与规定的收、发料程序相一致，到财务部门观察其报销手续是否与规定相符，等等。

（2）实验法。查账人员选择有关业务进行分析，重新实施，以判断有关业务人员是否遵循了内部控制制度。例如查账人员要求重复执行有关发货手续，视仓库管理部门有关业务人员是否遵循有关清点、计量、记账等发货的程序，各项审核、检查工作是否确实执行，对不合理、不合法的发货领货是否进行了必要的把关。

（3）检查证据法。查账人员检查与有关业务有关的凭证和其他文件，沿着这些文件和凭证所留下的业务处理的踪迹进行检查，从而判断业务处理是否按内部控制制度的要求进行。例如业务发生后，按控制规定要求有关经办人员、审核人和批准人在凭证上签字，查账人员就着力检查凭证上有无签字，如发现多张凭证上无签字则可以认为该项内部控制未予执行。

符合性测试时应采取抽查方式进行，测试规模的大小可以由查账人员根据经验加以判断决定。查账人员完成符合性测试后，应对内部控制系统进行评价。

15.3.2 如何对企业内部控制系统进行测试

对内部控制系统的测试包括两个方面：

第一，测试被查单位的控制制度是否合理、适当，能不能防止或发现和纠正会计错误与舞弊。

第二，测试被查单位的内部控制制度是否实际发挥作用以及发挥作用的效果如何。

对于第一个方面，测试时所用的主要标准是：

（1）分析其全面性的完整性，视其是否从实际出发，建立了一个完整的控制体系，且体系内各类控制互相衔接、制约，最大限度地覆盖了被查单位生产经营管理及财务收支活动的全过程和主要方面，无遗漏、无空白、无相互矛盾之处。

（2）分析其责任性和可控性，视其是否体现责任原则，真正落实了有关部门和人员的责任，使业务经办人责、权、利相结合，既充分调动其主动性和积极性，同时又做到管而不死、控而不乱。

（3）分析其适度性和可行性，视其是否符合被查单位的实际情况，符合客观经济规律，符合人们的认识水平和管理水平，控制制度是否确实可行，被干部群众所认同并能得到切实的落实，将会计核算中的错弊降至最低程度。

（4）分析其科学性和严密性，视其是否先进合理，控制的内容和形式是否保持一致，控制制度是否简明易懂、易操作，操作使用无手续烦琐、程序不明、口径不当等情况，有无明显的空子可钻，控制制度有无误导等。

对于第二个方面,在测试时应着重查清以下三个问题:

(1)这项控制是怎样应用的?

(2)是否在年度中一贯应用?

(3)由谁来应用?

要弄清这三个问题,一般采取符合性测试。

符合性测试一般采取的步骤有业务测试和功能测试两类。所谓业务测试指查账人员按业务的类型,对单位重要的经济业务进行检查,以判明内部控制中应予控制的业务是否按要求进行了准确无误的控制;所谓功能测试是指对内部控制功能进行抽样检查,也即对业务关键点的控制作用的发挥情况进行检测。

15.3.3 企业内部控制系统中常见的错误

错误的表现类型很多,其常见的类型有:

(1)技术型错误。财会人员由于对财会工作的不熟练或对相应的法规运用不正确而造成的错误,如凭证填得不准确、借贷方搞错、小数点错位,红笔运用不当等。技术型错误常发生在刚参加工作不久的新人员身上。

(2)习惯性错误。指有些财会人员的不好习惯所造成的不同程度的操作差错。如将几个"0"连笔书写,6的上面太短而错认为0,5有时写得像3等;某些科目名称使用不准确、不规范,与其他行业会计制度混淆;有些字书写潦草,让人产生误解等。习惯性错误是可以改变的。只要让某些财会人员改掉相关的坏习惯,这种错误就不会再发生。

(3)条件性错误。即由于客观因素,主要是由于客观条件的不好而造成的错误,如缺乏计算器具、账簿纸质不良、复写纸质量低劣而造成的错误。

(4)操作性错误。即财会人员操作不当出现的错误。如按错计算器键、算盘误计、笔误或眼误等。操作性错误是财会人员在工作中经常发生的，且原因各异，无规律可循，是最难避免的错误之一。减小操作性错误所造成的损失的主要对策是加强各环节的复核工作。

（5）管理性错误。指由于管理薄弱、基础工作不齐备、有关财会人员的职责权限范围不明，而使财会人员犯的错误，如由于推诿扯皮而造成的记账延误，由于无领导签字造成该入账的未入账；管理性错误是财会人员及其领导协调和控制不力所造成的失误，也就是说，如果有关部门和领导加强管理，这类错误原本是可以避免的。

（6）责任性错误。指由于财务人员责任心不强所造成的本该可以消除的错误。如一些本应在复核中查出的错误，由于复核人员缺乏责任心而未复核出来。这类错误与财会人员的素质相关，也与内部管理的宽严及水平有关。

15.3.4　鉴别企业内部控制系统错误的技巧

错误是企业财会人员无意之中所造成的会计信息的虚假，区分它与舞弊的要点有：

（1）过失行为是无针对性和无目的性的，即其错误看不出有任何企图和不轨。过失是行为人无预谋的举动，是在无意识（未发觉或不可控制）下发生的。例如，某财会人员存在某些不良工作习惯，经常造成记账有误，这种错误的发生显然没有特殊的指向，从中未发现行为不良习惯以外的其他动机。

（2）过失一般是公开的。行为人没有进行掩饰和假装，过失无须进行"包装"，一般为行为人所不知道于查证下发生的，如果行为人事前、事中或事后知道其过失，应予以纠正和改进，所以在查账过程中对过失的查找，行为人或当事人的态度是积极的、配合的。例如在查账过程中发现某一错账，如系过失所为其必然呈正常状况，未经过加工、处理和人为的雕刻，更没有以一笔账掩饰另一笔账的现象。

（3）过失行为人对查账人员的检查一般无不良心态，即行为人对错账无不必要的戒备,对查账心态平稳、仪态从容;如经手人对查账人员的行踪存有超乎寻常的关心,对查账的进展特别热衷和敏感,对查账人员涉及自己经手的账务十分惊恐,则不是过失的正常反映。但是查账人员也要特别注意作假"老手"的故作镇静,从其言行中观察有关人员流露出的失态。

(4)过失与行为人的利益得失无关,这是判断错误与作弊的最重要尺度。即过失是行为人无意行为所致,行为人也不可能从中得到什么利益和好处,有时甚至还造成自身工作的损失和浪费,如需要调账,增加了相应的工作量,要被领导责怪,被同志们埋怨等;如果发现行为人或行为人所在单位团体,从行为人的"失误"中获得利益,并且经常地重复同一个或相类似"失误",这就有理由怀疑其属于别有用心。

(5)过失应是行为人尽力避免的,特别是行为人过去发生过的错误,或上一次查账发生过并已被查账人员提示的错误,过失应存在发生的原因和背景,存在其生成的条件和气候,如果重复发生一些低级错误,或是明知故犯,明知有错而不改,则有理由怀疑其有意性;如果发生过失的客观理由不能成立(如一位有经验的老财会人员发生原理性的错误,经几人反复核算的会计账面记录发生简单的计算性错误等),那么这类过失就不能不认为是有意为之。

15.3.5 评价企业内部控制系统有效性时应注意的问题

评价时,应着重注意这几个主要方面:

(1)被查单位发生过哪类错弊,其内部控制系统控制效果如何?在现有内部控制系统的工作状态下,哪一类差错或舞弊发生的可能性最大?

(2)通过何种内部控制可以有效地防止或及时发现这些错误或舞弊的发生?当内部控制失效时其错弊是否会失控?

(3)是否存在内部控制不健全或有严重缺陷的情况,如果结论是肯定的,这些隐患是否会导致错误或舞弊的发生?

通过对上述重点内容的分析评价之后,查账人员对被查单位的概况就

第15章 免疫系统有效吗——评价企业的内部控制系统

有了全面的了解,就可对其内部控制的可信赖程度作出适时和恰如其分的评价。对于内部控制的评价结果可以根据不同情况,分为三个层次:

①高度信赖程度,即具有健全的内部控制,并且均能发挥作用,经济业务的会计处理所发生的错误被压缩到最小程度。查账人员可以较多地信赖和利用内部控制制度,相应地减少对账证表单的查对工作程序的数量和范围。

②中等信赖程度,即内部控制较为良好,但也存在一定的缺陷,有可能影响会计记录的真实性和可靠性。查账人员应区分不同情况,决定扩大和压缩对账证表单的查对范围,增加或减少样本量(在抽样查账的情况下),追加或补充既定的查账程序。

③低信赖程度,即重要的内部控制明显失效,大部分经济业务及其会计处理处于失控状态,经济业务的记录经常出现差错,从而对内部控制难以依赖。查账人员要放弃对内部控制的信赖,扩大账证表单的查对范围,增添、完善、修正和补充原有查账程序,改变原查账方法(将抽样查账改为全面检查等),启用新查账技术,以取得充分、适当的查账证据,形成查账意见。

对被查单位内部控制制度进行评价,实质上是对被查单位的风险控制作出评价,是对查账的策略作出调整,对后续查账活动的基本定位;它对后续查账工作具有重要影响,查账人员绝不可小视对内部控制系统的测评检查。

附录1

××有限公司
内部审计管理办法

第一章 总则

第一条 为了加强内部审计工作的制度化、规范化,体现内部审计工作对公司运行的监督作用,依据国家相关法规和我公司的具体情况制定本办法。

第二章 审计机构和人员

第二条 内部审计机构和人员方案有:

1. 设立公司审计部,配置若干专职人员,该部门直接向公司监事会负责;

2. 在公司财务部下,设专职内部审计人员,接受财物部和监事会的双重领导;

3. 不设专职机构、专职人员,由公司监事会直接聘请外部中介机构审计人员。

由公司监事会根据具体的情况设置内部审计机构和人员,报公司股东大会批准后即可实施。

第三条 内审人员应具有一定的政治素质、审计专业职称、专业知识和审计经验。

第四条 内审人员可以通过公司员工轮岗的方式予以解决。

第五条 内审人员按审计程序开展工作,对审计事项应予保密,未经批准不得公开。

第六条 内审人员依法行使职权,受法律保护,任何部门、个人不得阻挠和打击报复。

第三章 审计对象、范围和依据

第七条 内部审计的对象:

1. 公司各职能部门、员工;

2. 公司全资子公司、分公司、控股公司;

3. 公司参股企业的派驻人员;

4. 公司监事会认为需要检查的其他事项和人员。

第八条 内部审计范围:

1. 与财务收支有关的经济活动;

2. 财务计划的执行和决算;

3. 公司资产的使用、管理及保值增值情况;

4. 基建工程预、决算的真实合法性;

5. 国家财经法律、法规执行情况;

6. 公司领导离任的经济责任;

7. 管理活动、行政活动;

8. 其他认定事项。

第九条 内部审计依据:

1. 国家法律、法规、政策;

2. 公司规章制度;

3. 公司经营方针、计划、目标;

4. 其他有关标准。

第四章 审计种类和方式

第十条 公司内部审计包括:

1. 财务收支审计。对被审单位财务收入的合法性、真实性进行监督检查。

2. 专案审计。对被审单位及人员违反公司经济纪律问题进行审计查处。

3. 专项审计。包括：

（1）管理审计。对被审单位管理活动的效率性进行审计。

（2）效益审计。在财务收支审主计基础上，对其经济活动效益性、合理性进行审计。

（3）任期审计。对被审单位负责人在任职期间履行职责情况进行审计。

（4）审计调查。对公司普遍存在的问题进行专题调查。

第十一条　公司内部审计方式有：

1. 报送（送达）审计。

被审单位接到审计通知书，应在指定时间将有关材料送审计机构接受审计检查。

2. 就地审计。

审计人员到被审单位进行审计，后者提供必要的工作、生活条件。

第五章　内部审计和内容

第十二条　内部审计的内容包括：

1. 财务计划及其预算的执行的决算；

2. 固定资产投资项目的立项、资金来源，以及预处算、决算、竣工、开工审计；

3. 资产管理情况；

4. 经营成果，财务收支的真实性、合法性、效益性；

5. 内部控制制度的健全、严密、有效性；

6. 重要经济合同、契约的签订；

7. 各部门、下属企业领导离任审计；

8. 联营、合资、合作企业和项目投入资金、财产使用及其效果；

第15章 免疫系统有效吗——评价企业的内部控制系统

9. 配合国家审计机关和审计（会计）师事务所，对公司、有关部门的审计；

10. 其他交办审计事项；

11. 向公司监事会、审计机关报送审计工作计划、报告、统计报表等资料。

第六章 内部审计的主要职权

第十三条 内部审计行使下列职权：

1. 召开本公司、部门、下属企业有关审计工作会议；

2. 参与重大经济决策的可行性论证或可行性报告事前审计；

3. 要求被审单位及时提供计划、预算、决算、合同协议、会计凭证、账簿等文件资料；

4. 检查被查计单位的凭证、账簿、报表、资产；

5. 对有关事项调查，有权要求有关单位和个人提供证明材料；

6. 提出改进管理、提高效益的建议；

7. 对违反财经法规行为提出纠正意见；

8. 对严重违反财经法规、造成严重损失浪费的人员，提出追究责任的建议；

9. 对审计工作中发现的重大问题及时向监事会、董事会、总经理报告；

10. 对阻挠破坏审计工作及拒绝提供资料的，有权向总经理提出建议，采取必要措施，追究有关人员责任；

11. 参与制定、修订有关规章制度。

第七章 内部审计工作程序

第十四条 内部审计工作程序：

1. 制订公司审计计划和工作方案，经公司监事会批准组织实施，必要时报送审计机关。

2. 书面通告被审计单位，说明审计内容、种类、方式、时间。

3. 实施审计。审计人员可采取审查凭证、账表、文件、资料、检查现金、实物、向有关单位和人员调查取证等措施。

4. 提出审计报告，得出审计结论及审计处理意见。

5. 下达审查处理决定。

6. 复审、被审单位、个人在接到审查处理决定15天内，向公司提出书面复审申请，经公司监事会批准，组织复议。

7. 进行后续审计。

第十五条　审计程序过程注意事项：

1. 审计前，应向被审计单位出示由公司监事会签章的审计通知书及授权审计通知书；

2. 审计处理决定由公司监事会批准下达；

3. 复议期间，原审计结论和决定必须照常执行；

4. 重大事项审计报告报董事会、监事会备案；

5. 审计过程中若发现问题，可随时向公司报告及时制止。

第八章　审计档案制度

第十六条　审计部门建立、健全审计档案管理制度。

第十七条　审计档案管理范围：

1. 审计通知书和审计方案；

2. 审计报告及其附件；

3. 审计记录、审计工作底稿和审计证据；

4. 反映被审单位和个人业务活动的书面文件；

5. 公司监事会对审计事项或审计报告的指示、批复和意见；

6. 审计处理决定以及执行情况报告；

7. 申诉、申请复审报告；

8. 复审和后续审计的资料；

9. 其他应保存的。

第十八条 审计档案管理参考公司档案管理、保密管理等办法执行。

第九章 奖励与处罚

第十九条 审计人员对被审计单位的人员之遵纪守法、效益显著行为向公司监事会提出各类奖励建议。

第二十条 审计人员对下列行为之一单位和个人，根据情节轻重，向公司监事会提出各类处罚建：

1. 拒绝提供有关文件、凭证、账表、资料和证明材料的；
2. 阻挠审计人员行使职权，抗拒、破坏监督检查的；
3. 弄虚作假、隐瞒事实真相的；
4. 拒不执行审计结论和决定的；
5. 打击报复审计人员或举报人的。

第二十一条 对有下列行为的审计人员，根据情节轻重给予各类处罚：

1. 利用职权谋取私利的；
2. 弄虚作假、徇私舞弊的；
3. 玩忽职守，给公司造成重大损失的；
4. 泄露公司秘密的。

第二十二条 对审计过程的以上行为，构成犯罪的，提请司法机关依法追究刑事责任。

第十章 附则

第二十三条 本办法由审计（财务）部门解释、补充，经公司董事会通过颁行。

附录2

××有限公司
工程项目内部审计管理办法

为完善和规范公司的工程审计制度，明确工作流程，根据上级有关文件规定，结合我公司情况，特制定本办法。

1. 审计部工程审计工作范围

（1）负责贯彻执行上级颁发的有关工程审计方面的方针、政策、规定和各处概（预）算定额及取费标准。并结合我公司的具体情况，制定必要的补充实施办法。

（2）负责本公司及属下独立核算、自负盈亏的公司（包括实行独立核算不自负盈亏的二级公司）所有工程预、结算的审计。较大工程的预、结算需报有关部门审定或裁定者，一律由审计部负责对外报批。

（3）负责本公司及属下公司内部预、结算的统一管理工作，制定公司内部统一的计费标准。

（4）检查预算的执行情况，帮助解决预算执行过程中存在的问题。

（5）监督检查各项基建程序是否合规合法。

（6）参与工程的投标招标会议，协助有关部门制定招标文件。

（7）参与工程的图纸会审和竣工验收。

（8）按时编报工程审计统计报表，定期向公司领导和上级审计部门汇报审计工作情况。

2. 工程审计人员职责

（1）审计人员要遵循"掌握政策、依法审计、坚持原则、客观公正、维护国家和公司利益"的指导思想，合理地审定造价。

(2）审计人员要对审计内容负责，严格监督执行标准定额和各项规定，审计时要做到依据充分，计价合理，计算准确。

（3）经常深入施工现场，掌握第一手资料，保证审计质量。

（4）廉洁奉公，忠于职守，严格遵守各项审计制度。

3．工作流程

（1）根据我公司工程审计的特点，工程审计采用报送审计的方法，即每项工程概预算由工程管理职能部门负责报送审计部审计。按该项工程哪个部门负责管理，由哪个部门报送的原则进行。报送前工程管理职能部门经办人员或随工人员必须自先审核（重点审核工程量），并由审核人员签署意见，本单位领导同意后才能送审计部审计。

（2）审计部门接到工程概预算后，首先要对报送资料和报建审批手续进行审核。若资料或报建手续不全者，则退回重新补办；若属巧立名目，未经批准擅自定项的工程，则通知送审单位，取消该项目，并报告公司领导。对资料齐全、手续完备的工程，则由受理登记人员及时受理，并交给专人审计。

（3）审计人员在审计过程中要坚持原则，审计要严肃认真，对一些重点疑点问题要认真调查。深入现场，一查到底。对审计内容要做到理由充分、数据准确、计价合理。被审单位和送审单位应给予积极配合。审计人员审计完毕签署审计意见后应交给有关人员进行审定、审批会签，并通知被审单位，没有意见后加盖审计专用章生效。

（4）审计结束后应及时通知送审单位领回概预算，对较重要的概预算审计部应有复印件存档，一般概预算审计部只在登记受理本上记录备查。

（5）工程竣工后应及时办理竣工结算。结算书由施工单位编制，送审方法和送审要求与第一条相同。

（6）审计部接到结算书后必须先对结算资料进行审核，对资料不全者则退回补办；对还未竣工或竣工验收没有通过的工程则不予结算；对资料齐全并已竣工验收通过的工程则及时登记受理，交由专人审计。

（7）结算的审计过程与第三、四条相同。

4. 工程审计具体要求

（1）对工程预、结算的内部管理要求。

①本公司内（包括实行独立核算自负盈亏的子公司）的所有工程概（预）、结算必须报审计部审计，经审计后的工程才能开工，工程竣工后必须办理竣工结算。但对2万元以下（含2万元）的零星工程（软件工程除外），若在施工过程中的工程数量和内容没有增减变化的工程，可以由工程管理职能部门按已经审计过的预算直接办理结算，但在竣工后所有工程必须办理竣工结算。财务部门必须要有审计部审计过的结算书才能付结算款。

②按公司有关规定，在报送预算前要由工程管理职能部门填制需求单，若属计划内工程金额在2万元以内（含2万元）的由部门经理批准，2万元以上的由公司主管领导批准，需求单须经财务部门审核。若属计划外工程则必须填制计划外工程审批表，报部门审核并经公司主管领导批准立项。

③软件工程应填制计划任务书，由工程管理职能部门经理批准，较大的工程应由公司主管领导批准。代办可由工程管理职能部门经理批准。

④实行独立核算自负盈亏的子公司工程立项由各子公司领导批准，预、结算也必须送公司审计部审计。各子公司应正式行文给审计部，明确分管领导及其签字字样。审计部将按规定收取审计费。

⑤工程竣工验收和图纸会审必须要有审计人员参加。

⑥工程投票招标会议必须要有审计人员参加。

⑦软件工程结算必须使用公司统一印制的表格。

（2）对送审预、结算的资料要求。

①根据审计工作需要，在送审预、结算的同时必须报送有关资料。

②送审概（预）算时必须提供的资料有：施工合同、设计图纸、有关

第15章 免疫系统有效吗——评价企业的内部控制系统

设计补充材料、经领导批准立项的需求单、工程计划任务书；由外单位施工的工程，如是第一次进我公司施工的，还应提供施工单位的营业执照和企业级别证明。

③送审结算时必须提供的资料有：经有关人员签署的竣工验收报告、原审定的预算书、设计变更资料、现场技术经济签证。还应提供仓库领料单，主要实物量完成表，包工不包料工程应提供工程材料管理表（需经仓管人员余料退库签名）。个别因仓库无货，批准施工单位自购材料的工程，还应出具物资供应部门批准自购的证明。

④在审计过程中的需临时提供的其他资料。

（3）对工程审计的审计时间要求。

①由于工程审计是基建流程中的重要一环，受工期的影响对时效性要求较强。因此，一般都应在规定的时间内完成。

②工程审计的时间，应根据不同复杂程度的工程规定不同的审计时间。一般规定：软件工程概（预）算7天，其他工程预算15天，100万元以上的结算工程20天。

③下列情形之一审计时间应顺延：

A. 在审计过程中需要被审单位或送审单位提供补充资料而影响审计进度时。

B. 审计结果与被审单位意见有分歧而未能统一，需报公司领导或市有关部门裁定时。

C. 在审计过程中遇到某些问题，需要被审单位或有关人员前来核对，通知后未能按时前来核对时。

④以上规定的审计时间是指正常情况而言，审计人员应以保质、高效为原则，确保不影响工程按时开工，审计人员应视工程的具体情况区别对待，灵活掌握。应急工程要随来随审，并尽快审计完毕。简单较小的工程也应提前完成。对问题较多、情况较复杂的工程，为保证审计质量，可根据实际需要，不受以上时间限制，查清楚为止。

5. 争议的裁定

（1）属本公司企业内部之间的争议，报公司监事会或主管公司领导裁定。

（2）涉及外单位的，由审计部提出我方的意见后，报公司公司监事会或主管公司领导批准，再送有关仲裁机关或审计部门裁定。

6. 本办法自发布之日起执行

参考文献

[1] 王婷，姚敏.查账实务大全［M］.北京：中国铁道出版社，2019.

[2] 平准.记账、查账、调账［M］.北京：人民邮电经济出版社，2019.

[3] 席君.怎样查账与调账［M］.北京：中国宇航出版社，2012.

[4] 凌辉贤.查账、调账跟我学［M］.广州：广东经济出版社有限公司，2011.

[5] 李怀森，黄爱玲.税务代理查账实训教程［M］.上海：上海财经大学出版社有限公司，2012.

[6] 王亚斌.会计查账基础知识习题（中华会计函授学校教材）［M］.北京：中国财政经济出版社，2008.

[7] 李慧琳.会计查账基础知识［M］.北京：中国财政经济出版社，2008.

[8] 吕成明.建账、记账、算账、报账、查账实务操作［M］.北京：民主与建设出版社，2010.

[9] 周晓平，凯书章.会计查账实务［M］.北京：中国财政经济出版社，2010.